Vertriebscontrolling

Mario Pufahl

Vertriebscontrolling

So steuern Sie Absatz, Umsatz und Gewinn

4., überarbeitete Auflage

Mario Pufahl
Wiesbaden
Deutschland

ISBN 978-3-8349-3347-8 ISBN 978-3-8349-3817-6 (eBook)
DOI 10.1007/978-3-8349-3817-6

Die Deutsche Nationalbibliothek verzeichnet diese Publikation in der Deutschen Nationalbibliografie; detaillierte bibliografische Daten sind im Internet über http://dnb.d-nb.de abrufbar.

Springer Gabler
© Gabler Verlag | Springer Fachmedien Wiesbaden 2012
Dieses Werk einschließlich aller seiner Teile ist urheberrechtlich geschützt. Jede Verwertung, die nicht ausdrücklich vom Urheberrechtsgesetz zugelassen ist, bedarf der vorherigen Zustimmung des Verlags. Das gilt insbesondere für Vervielfältigungen, Bearbeitungen, Übersetzungen, Mikroverfilmungen und die Einspeicherung und Verarbeitung in elektronischen Systemen.

Die Wiedergabe von Gebrauchsnamen, Handelsnamen, Warenbezeichnungen usw. in diesem Werk berechtigt auch ohne besondere Kennzeichnung nicht zu der Annahme, dass solche Namen im Sinne der Warenzeichen- und Markenschutz-Gesetzgebung als frei zu betrachten wären und daher von jedermann benutzt werden dürften.

Lektorat: Manuela Eckstein
Gedruckt auf säurefreiem und chlorfrei gebleichtem Papier.

Springer Gabler ist eine Marke von Springer DE. Springer DE ist Teil der Fachverlagsgruppe Springer Science+BusinessMedia
www.springer-gabler.de

Vorwort zur vierten Auflage

Controlling hat sich in den letzten Jahren – in jüngster Vergangenheit bedingt durch die schlechte Wirtschaftslage – zu einer festen Institution in den Unternehmen entwickelt. Man wird kaum ein Unternehmen finden, das keine eigene Abteilung oder zumindest einen Angestellten hat, die/der für das Controlling verantwortlich ist.

Der Begriff Controlling ist allerdings sehr weit gefasst. Die Anforderungen in den Unternehmen sind – nicht erst in jüngster Zeit – so komplex, dass sich das Controlling dezentralisieren muss, um seine Aufgabe erfüllen zu können. Der Controller wird als ein Beifahrer im Auto (Unternehmen) definiert, der den Fahrer (Manager) beim Steuern des Fahrzeugs unterstützt. Der Fahrer konzentriert sich auf das Steuer des Fahrzeugs und auf die möglichen Reaktionen. Der Fahrer sieht in der Regel auf die Straße und achtet auf alles, was aktuell im Straßenverkehr geschieht. Diese Aktivitäten verlangen seine volle Aufmerksamkeit, damit kein Unfall geschieht oder im schlimmsten Fall ein Totalschaden entsteht. Der Fahrer kann seinen Platz nur verlassen, wenn das Fahrzeug gestoppt wird und er aus dem Fahrzeug aussteigt. Er ist daher mit seiner Tätigkeit des Fahrens voll ausgelastet und kann keine anderen Tätigkeiten wie etwa Kartenlesen verrichten.

Der Beifahrer ist freier als der Fahrer. Er muss sich nicht auf den aktuellen Verkehr konzentrieren und kann daher nützliche Dinge tun, die den Fahrer unterstützen. Er kann dem Fahrer über eine Karte den richtigen Weg zeigen oder helfen, wenn er sich einmal verfahren hat. Der Beifahrer kann zudem während der Fahrt mehr hinter dem Fahrzeug als der Fahrer im Rückspiegel erkennen, da sein Blickwinkel nicht so stark wie der des Fahrers eingeschränkt ist. Letztendlich kann der Beifahrer während der Fahrt mit dem Fahrer reden, um ihm Mut zu machen oder einfach einmal einen anderen Standpunkt zu vertreten. Kurzum, der Beifahrer kann viele Dinge tun, die der Fahrer aufgrund seiner Aufgabe nicht tun kann. Die Befähigung zum Beifahrer hätte der Fahrer allerdings auch, die beiden müssten nur die Rollen tauschen.

Dieses Beispiel macht deutlich, dass jeder Mitarbeiter seine Position und die damit verbundenen Aufgaben erfüllen muss. Die Unternehmensleitung hat eine Fülle von Aufgaben und benötigt daher die Hilfe von anderen Mitarbeitern, um die Gesamtaufgabe zu meistern. Die Vertriebsleitung hilft der Unternehmensleitung, indem sie zum Erfolg durch Steuerung der Vertriebsaktivitäten aktiv beiträgt. Die Vertriebsleitung benötigt ihrerseits Helfer, beispielsweise die Vertriebsmitarbeiter, die die an sie delegierten Aufgaben erfüllen.

Zudem braucht die Vertriebsleitung aber auch interne Berater, die helfen, die Vertriebsaktivitäten zu steuern.

Die Vertriebsleitung braucht den Controller, um das nötige Werkzeug und Informationen zur Vertriebssteuerung parat zu haben. Die Vertriebsleitung könnte sich die Methoden und Informationen auch selbst beschaffen, ist aber durch die Ausübung des Tagesgeschäfts mehr als ausgelastet.

Die Frage, die sich in diesem Zusammenhang stellt, ist: Sind die Methoden und Informationen des allgemeinen Controlling geeignet, um der Vertriebsleitung bei speziellen Problemstellungen zu helfen, oder werden besondere Methoden für den Vertrieb benötigt?

Diese und weitere Fragestellungen sowie die Besonderheiten des Vertriebs aus Controllingsicht werden in diesem Buch erläutert. Darüber hinaus wird betrachtet, wie das moderne Vertriebscontrolling die heutigen technischen Möglichkeiten im strategischen und operativen Controlling nutzen kann. Antworten auf diese und andere Fragen finden sich in den einzelnen Kapiteln.

Die dritte Auflage dieses Buches enthielt weitreichende Ergänzungen zu analytischen Auswertungen der Vertriebsaktivitäten, Ergänzungen zum Verkaufsprojektmanagement, ein komplett überarbeitetes Kapitel zum Thema KPIs und Balanced Scorecard sowie zwei neue Fallstudien.

Die vierte Auflage hat eine neue Struktur, wurde durch eine Studie und eine Checkliste ergänzt und widmet sich inhaltlich insbesondere der Vertiefung des Kundenwertkonzepts als Instrument des Vertriebscontrollings, einer inhaltlichen Überarbeitung des Kapitels „Operatives Vertriebscontrolling" sowie der Erweiterung des Kapitels „Systemunterstützes Vertriebscontrolling". Darüber hinaus wurde eine ältere Fallstudie durch eine neue Fallstudie ersetzt.

Das Buch richtet sich an Führungskräfte und Praktiker aus Vertrieb und Controlling, die sich einen fundierten Überblick verschaffen und strukturierte Anregungen zu einzelnen Themenbereichen erhalten möchten.

Die Vollendung des Buches war mit großem Aufwand und persönlichem Einsatz verbunden. Ein Buch hat allerdings nie nur einen Autor, sondern viele Menschen, die im Team mitarbeiten. Die Menschen, bei denen ich mich bedanke, sind meine Frau Anetta, meine Familie und meine Freunde, die während des Schreibens dieses Buches eine große Stütze waren. Mein besonderer Dank gilt auch meiner Lektorin Manuela Eckstein vom Gabler Verlag, die mir ursprünglich vor Jahren den Anstoß zu diesem Buch gab. Zudem bedanke ich mich bei den Autoren der Fallstudien, die den tiefen Einblick in das Vertriebscontrolling durch ihre Beispiele beisteuerten.

Falls Sie Anregungen oder Fragen haben, so freue ich mich auf einen Kontakt mit Ihnen.

Düsseldorf, im August 2012   Mario Pufahl

Inhaltsverzeichnis

Abbildungsverzeichnis XI

Tabellenverzeichnis XIII

1 **Vertriebscontrolling ist unverzichtbar** 1
   1.1 Vertriebscontrolling ist so aktuell wie nie zuvor 1
   1.2 Self-Check Vertriebscontrolling 3
   1.3 Die Aufgaben des Vertriebscontrollings 5
       1.3.1 Informationsstrategien entwickeln 7
       1.3.2 Entscheidungsrelevante Informationen sammeln 10
       1.3.3 Gesammelte Informationen auswerten, aufbereiten
             und bereitstellen 10
   1.4 Das Vertriebscontrolling unterstützt Entscheidungen 13
   1.5 Die Restriktionen des Vertriebs in der Entscheidungsfindung 16
   1.6 Strategisches versus operatives Vertriebscontrolling 22

2 **Strategisches Vertriebscontrolling** 23
   2.1 Die vorausschauende Komponente 23
   2.2 Die Methoden für die richtige Strategie 25
       2.2.1 Relative Stärken und Schwächen kennen 25
       2.2.2 Märkte einschätzen 28
       2.2.3 Kunden analysieren 35
       2.2.4 Wettbewerber beurteilen 50
       2.2.5 Produkt- und Dienstleistungsangebote positionieren 57
       2.2.6 Vertriebsorganisation bewerten und ausrichten 66
       2.2.7 Vertriebsprozesse aufnehmen und verbessern 73
       2.2.8 Vertriebswege definieren und optimieren 83
       2.2.9 Risiken abwägen 97
   2.3 Ein Frühwarnsystem definieren und anwenden 102
   2.4 Die Vertriebsstrategie mittels Balanced Scorecard operationalisieren . . . 106

		2.4.1	Einführung und Nutzung der Balanced Scorecard in der Vertriebspraxis	107
		2.4.2	Beispielhafte Kennzahlen zur Nutzung in der Vertriebspraxis	111
3	**Operatives Vertriebscontrolling**			121
	3.1	Die steuernde Komponente		121
	3.2	Vertriebsplanung		124
	3.3	Die Blickwinkel des operativen Vertriebscontrollings		126
		3.3.1	Preiskalkulation	128
		3.3.2	Vertriebserfolgsrechnungen	136
		3.3.3	Break-Even-Analyse	143
		3.3.4	Abweichungsanalyse	146
		3.3.5	Standardisiertes Verkaufsprojektmanagement	152
4	**Organisatorische Verankerung eines Vertriebscontrollings**			163
	4.1	Träger des Vertriebscontrollings		163
	4.2	Organisatorische Einbindung		164
	4.3	Implementierung		165
5	**Vertriebsinformationssysteme (VIS)**			169
	5.1	Die unterstützende Komponente		169
		5.1.1	Back-End-Systeme in den 1980er-Jahren	169
		5.1.2	Front-End-Systeme in den 1990er-Jahren	170
		5.1.3	Systemintegration und Management Informationssysteme im neuen Jahrtausend	171
	5.2	Die systematische Informationsgewinnung		172
	5.3	Die systematische Informationsauswertung		182
	5.4	Die Vorteile einer vertrieblichen Nutzung der systematischen Informationsauswertung in der Praxis		189
	5.5	Systemunterstütztes Vertriebscontrolling im Außendienst		191
6	**Trends im Vertriebscontrolling**			197
7	**Fallstudien**			201
	7.1	Erfolgsfaktor „Verkäufer" von Michael Sturhan		201
		7.1.1	Wer denkt an den Mitarbeiter im Vertrieb?	201
		7.1.2	Zur Motivation von Verkäufern	202
		7.1.3	Strategisches Verkaufen	202
		7.1.4	Die Barrieren im Kopf des Verkäufers	203
		7.1.5	Wie die Barrieren im Kopf des Verkäufers überwinden?	204
	7.2	Verkaufsgebietsgestaltung anhand des „OPC Hotspot-Konzepts" von Eric Ringhut		204

		7.2.1	Einführung	204
		7.2.2	Ausgangslage und Problembeschreibung an einem Beispiel	205
		7.2.3	Hotspots und Verkaufsgebietsabgrenzung	207
	7.3		Vertriebscontrolling auf der digitalen Landkarte von Nicole Lahr	213
		7.3.1	Vertriebsabteilungen als Vorreiter in Sachen „Location Intelligence"	213
		7.3.2	Methodisches Vorgehen bei der Gebietsplanung	214
		7.3.3	Fallbeispiel: Gebietsplanung bei Atlas Copco	218
	7.4		Optimierung des Vertriebscontrollings am Beispiel eines Unternehmens im Telekommunikationsumfeld von Siegfried Schallenmüller und Hans Martin Czermin	219
		7.4.1	Einleitung	219
		7.4.2	Ausgangssituation	219
		7.4.3	Optimierte operative Vertriebssteuerung durch Einführung einer Balanced Scorecard mit erweiterten KPI-Elementen	221
		7.4.4	Potenzialanalysen	221
		7.4.5	Benchmarking	222
		7.4.6	Pipelineanalysen	223
		7.4.7	IT Enabled Sales Controlling	225
		7.4.8	Transformations- und Changeprozess	225
		7.4.9	Ergebnisse/Zusammenfassung	226

Literatur- und Quellenverzeichnis 227

Der Autor 229

Abbildungsverzeichnis

Abb. 1.1	Kein systematisiertes Vertriebscontrolling	2
Abb. 1.2	Positive Aspekte im Vertriebscontrolling	2
Abb. 1.3	Einschätzung von Nutzenpotenzialen im Vertriebscontrolling	3
Abb. 1.4	Verantwortungsbereiche des Vertriebscontrolling	3
Abb. 1.5	Relationsmodell	9
Abb. 1.6	Modulares Vertriebscontrolling	15
Abb. 1.7	Klassischer Planungsprozess	17
Abb. 1.8	Spezifischer Planungsprozess im Vertrieb	21
Abb. 1.9	Strategisches versus operatives Vertriebscontrolling	22
Abb. 2.1	Netto-Nutzen-Differenz beim komparativen Konkurrenzvorteil	27
Abb. 2.2	Kundenorientierte Analyse- und Optimierungspotenziale	36
Abb. 2.3	ABC-Analyse der Kundenumsätze	37
Abb. 2.4	Beispielhaftes Scoring eines Kundenwerts	43
Abb. 2.5	Berechnung des Kundenwerts nach Kundengruppen	44
Abb. 2.6	Darstellung des Kundenportfolios anhand des Kundenwerts	44
Abb. 2.7	Kumulierte Kundenprofitabilitäten	45
Abb. 2.8	Scoring-Modell für die Kundenanalyse	47
Abb. 2.9	Online-Kundenanalyse	49
Abb. 2.10	Dynamisches Wettbewerbsverhalten	53
Abb. 2.11	Produktlebenszyklus	59
Abb. 2.12	Produktlebenszyklus mit Wettbewerbsprodukten	62
Abb. 2.13	Programmstrukturanalyse	63
Abb. 2.14	Marktwachstums-Marktanteils-Portfolio	66
Abb. 2.15	Periodenübergreifendes Marktwachstums-Marktanteils-Portfolio	67
Abb. 2.16	Prozessanalyse	78
Abb. 2.17	Strategisches Prozess-Portfolio	80
Abb. 2.18	Prozess-Ablaufdiagramm	82
Abb. 2.19	Vertikale Vertriebsstruktur	84
Abb. 2.20	Apple Store	86
Abb. 2.21	Direkter versus indirekter Vertrieb	88
Abb. 2.22	Beispiel einer grafischen Standortanalyse	91

Abb. 2.23	Beispiel einer grafischen Gebietsplanung	93
Abb. 2.24	Optimierung von Vertriebsgebieten	96
Abb. 2.25	Unsicherheit der Daten	97
Abb. 2.26	Risikoprofil einer Vertriebsstrategie	101
Abb. 2.27	Zusammenspiel der Strategiedefinition und -operationalisierung im Closed-Loop-Ansatz	108
Abb. 2.28	Beispielhafte Darstellung Strategielandkarte	111
Abb. 2.29	Balanced Scorecard	118
Abb. 3.1	Kostenerfassung und -verrechnung	124
Abb. 3.2	Dauer des unterjährigen Forecast für den Vertrieb (Quelle: PwC 2011)	124
Abb. 3.3	Target Costing	135
Abb. 3.4	Break-Even-Analyse	144
Abb. 3.5	Soll-Ist-Vergleich mit der Break-Even-Analyse	146
Abb. 3.6	Primäre und sekundäre Abweichungen	149
Abb. 3.7	Grafische Abweichungsanalyse	151
Abb. 5.1	Historie der wesentlichen Vertriebsinformationssysteme (VIS)	170
Abb. 5.2	Grafische Vertriebsanalysen (Dashboard)	179
Abb. 5.3	Berichtsoptionen	182
Abb. 5.4	Grundlegende Architektur eines Data-Warehouse-Systems	189
Abb. 6.1	Funktionale Merkmale von CRM	198
Abb. 7.1	Die 4 Phasen sowohl bei unternehmerischer Tätigkeit als auch beim Strategischen Verkaufen	203
Abb. 7.2	Hotspot Atlanta	210
Abb. 7.3	Hotspots und Verteilung von A- und B-Kundenstandorten	211
Abb. 7.4	Veranschaulichung der Aggregation von Gebietsdaten	215
Abb. 7.5	Beispiel einer zweistufigen, grenzüberschreitenden Gebietsstruktur für Deutschland, Österreich und Tschechien	217
Abb. 7.6	Integrierter Planungsprozess	220
Abb. 7.7	ABC-Analyse	222
Abb. 7.8	Benchmark zwischen Regionen mit unterschiedlicher Branchenstruktur	223
Abb. 7.9	Pipelinestruktur Auftragsvolumen je Portfolioelement	224
Abb. 7.10	Datenstruktur und Integrationsanforderungen eines CRM-Systems	225

Tabellenverzeichnis

Tab. 1.1	Verfügbarkeit des Informationsfaktors	12
Tab. 2.1	Stärken-Schwächen-Analyse	27
Tab. 2.2	Sachliche Abgrenzung des relevanten Marktes	30
Tab. 2.3	Absatzprognosen	33
Tab. 2.4	ABC-Analyse der Kundendeckungsbeiträge	38
Tab. 2.5	Wertdimension und ihre Bestimmungsgrößen	40
Tab. 2.6	Potenzialdimension und ihre Bestimmungsgrößen	41
Tab. 2.7	Scoring-Modell für die Kundenanalyse	47
Tab. 2.8	Typologisierung konkurrenzgerichteten Verhaltens	51
Tab. 2.9	Produktlebenszyklus A	61
Tab. 2.10	Produktlebenszyklus B	61
Tab. 2.11	Vertriebsorganisation nach Funktionen	69
Tab. 2.12	Vertriebsorganisation nach Territorium	69
Tab. 2.13	Vertriebsorganisation nach Produkten	70
Tab. 2.14	Vertriebsorganisation nach Kundenklasse	70
Tab. 2.15	Vertriebsorganisation nach Kundenklasse und Produkten	71
Tab. 2.16	Definition der Vertriebsprozesse	75
Tab. 2.17	RACI-Matrix	77
Tab. 2.18	Datenanalyse	79
Tab. 2.19	Phasenansatz der Gebietsplanung	94
Tab. 2.20	Risikoprofilanalyse	101
Tab. 3.1	Verfahren der Kostenträgerstückrechnung	128
Tab. 3.2	Zuschlagskosten auf Grenzkostenbasis	129
Tab. 3.3	Betriebsergebnis nach UKV auf Grenzkostenbasis	137
Tab. 3.4	Soll-Ist-Vergleich mit der Break-Even-Analyse	145
Tab. 5.1	Informationstechnische Mittel zur systematischen Informationsgewinnung	181
Tab. 6.1	Kontrolle versus Verkaufsförderung	198
Tab. 7.1	Gebietskennzahlen	213

Vertriebscontrolling ist unverzichtbar

1.1 Vertriebscontrolling ist so aktuell wie nie zuvor

Die Sales-Verantwortlichen in den Unternehmen des deutschsprachigen Raums erwarten von einem professionellen Vertriebscontrolling mehrheitlich zwar deutlich spürbare Steigerungen des Umsatzes, die Voraussetzungen für höchstmögliche Controlling-Effekte bestehen aber häufig noch nicht. Diesen Widerspruch ermittelte eine Erhebung unter mehr als 300 Vertriebsmanagern (vgl. ec4u 2010).

Danach findet in fast drei Viertel der Unternehmen zumindest teilweise ein systematisches Vertriebscontrolling statt, allerdings nur bei 27 % sehr konsequent mit einem durchgängigen Ansatz. Die Verantwortung dafür liegt in einem Drittel der Fälle innerhalb der Vertriebsorganisation, bei 21 % der Firmen wird das Controlling zentral vorgenommen. Andere gängige Varianten bestehen darin, dass entweder ein externer Vertriebscontroller eingesetzt wird oder ein Nebeneinander verschiedener Verantwortungsmodelle – beispielsweise die Kombination von teilweise zentralen und dezentralen Aufgaben – besteht (vgl. Abb. 1.1).

Die Erhebung erbrachte aber vor allem, dass die Rahmenbedingungen für das Vertriebscontrolling vielfach noch nicht ausreichend sind. So gaben mehr als die Hälfte der befragten Vertriebschefs an, dass die strategische Positionierung des Vertriebscontrollings noch Mängel aufweist. Außerdem scheinen sich die Vertriebsmitarbeiter typischerweise nicht sehr wohl dabei zu fühlen, dass ihre Arbeitsergebnisse detailliert in Augenschein genommen werden: Nur in zwei von fünf Firmen besteht bei ihnen eine positive Akzeptanz des Vertriebscontrollings (vgl. Abb. 1.2).

Ähnlich viele haben auch die Kosten dafür noch nicht ausreichend im Griff und es bestehen keine zufriedenstellenden personellen Ressourcen für die operative Umsetzung. Dafür stechen bei der Erhebung zwei andere Aspekte hervor: Erstens ist die Hälfte der Sales-Verantwortlichen mit ihrer methodischen Qualität zufrieden, zweitens bewerten 55 % den Vertriebsnutzen des Controllings in Form von Umsatzsteigerungen positiv.

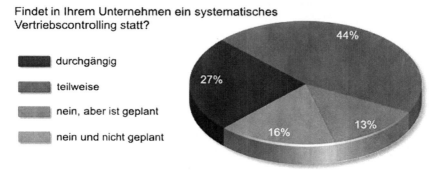

Abb. 1.1 Kein systematisiertes Vertriebscontrolling (Quelle: ec4u 2010)

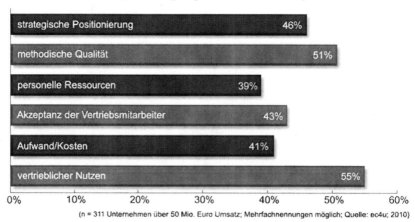

Abb. 1.2 Positive Aspekte im Vertriebscontrolling (Quelle: ec4u 2010)

Wenn trotz der oft noch nicht günstigen Bedingungen zufriedenstellende Umsatzeffekte entstehen, zeigt dies, welche Potenziale bei einer Optimierung des Controllings freigesetzt werden können. Diese Erwartung haben offenbar auch die Vertriebsmanager. Denn über die Hälfte von ihnen erwartet, dass dann als Konsequenz die Umsätze um über 65 % steigen würden. Ein Viertel der Befragten geht sogar von Zuwachsraten in zweistelliger Größenordnung aus (vgl. Abb. 1.3).

Voraussetzung dafür ist aber, dass vor allem eine klare strategische Ausrichtung geschaffen wird. Die in der Praxis häufig durchgeführte Vergangenheitsbetrachtung mittels operativem Vertriebscontrolling trägt zwar zum besseren Verständnis bei, ist allerdings nicht umfassend genug. Vielmehr muss eine moderne Vertriebssteuerung Ziele definieren,

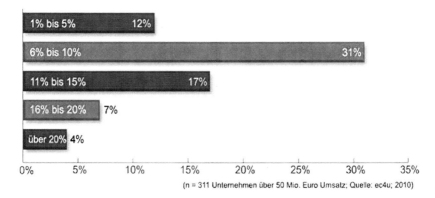

Abb. 1.3 Einschätzung von Nutzenpotenzialen im Vertriebscontrolling (Quelle: ec4u 2010)

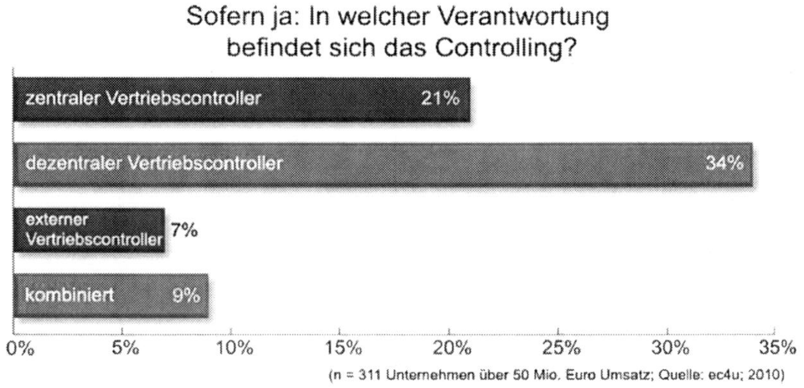

Abb. 1.4 Verantwortungsbereiche des Vertriebscontrolling (Quelle: ec4u 2010)

die Risiken prüfen und Alternativen vorgeben. Das operative Vertriebscontrolling sollte deshalb eine klare strategische Basis erhalten (vgl. Abb. 1.4).

Dieses Buch nimmt sich der aufgeworfenen Fragestellungen aus der Erhebung an und gibt Antworten für ein systematisiertes Vertriebscontrolling.

1.2 Self-Check Vertriebscontrolling

Die Optimierungspotenziale zur Effizienzsteigerung in Unternehmen können äußerst vielfältig sein und sind typischerweise von individuellen Bedingungen geprägt. Der nachfolgende Self-Check mit seinen 20 Fragen bietet einen vergleichsweise einfachen und pragmatischen Ansatz, um durch Identifikation von Problembereichen den Handlungsbedarf tendenziell zu ermitteln:

Frage	JA/NEIN
1. Hat das Vertriebscontrolling in Ihrem Unternehmen eine strategische Ausrichtung?	☐ ☐
2. Sehen Sie signifikante Potenziale für Umsatzsteigerungen durch ein intensiveres oder systematischeres Controlling?	☐ ☐
3. Bestehen dafür klar organisationsweit definierte Regeln, Verfahrensweisen, Kennzahlen und Prozesse?	☐ ☐
4. Sind in den methodischen Vorgehensweisen und Bewertungen alle Vertriebskanäle berücksichtigt?	☐ ☐
5. Weisen die Kennzahlen für die Auswertung einen ausreichenden Differenzierungsgrad auf?	☐ ☐
6. Wird das Vertriebscontrolling regelmäßig, systematisch und durchgängig über alle Vertriebsebenen durchgeführt?	☐ ☐
7. Sind die gesamten Controlling-Verfahren ausreichend praxisgerecht ausgerichtet?	☐ ☐
8. Besteht bei allen Vertriebsmitarbeitern ein präzises Verständnis zu den Methoden und Kriterien des Controllings?	☐ ☐
9. Bestehen ausreichende Ressourcen zur systematischen Durchführung des Controllings?	☐ ☐
10. Erfolgen regelmäßig Controlling-relevante Informationsprozesse und/oder Schulungen?	☐ ☐
11. Sind die Prozesse und Ergebnisse des Vertriebscontrollings ausreichend transparent?	☐ ☐
12. Wird die Ermittlung der relevanten Controlling-Daten über automatisierte Prozesse unterstützt?	☐ ☐
13. Erfolgen ausführliche Reports zu den Controlling-Ergebnissen in festem Rhythmus?	☐ ☐
14. Werden die Controlling-Maßnahmen von allen Beteiligten ausreichend akzeptiert und aktiv unterstützt?	☐ ☐
15. Genießen die Controlling-Verantwortlichen eine ausreichende und breite Akzeptanz?	☐ ☐
16. Werden die Ergebnisse des Vertriebscontrollings als Grundlage für strategische Planungen genutzt?	☐ ☐
17. Bestehen wirksame Anreizsysteme, die mit den Controlling-Ergebnissen verknüpft sind?	☐ ☐
18. Werden die Controlling-Methoden und -Prozesse regelmäßig überprüft, ob sie noch den Erfordernissen entsprechen?	☐ ☐
19. Nutzen Sie Benchmark-Methoden zur Absicherung der eigenen Controlling-Verfahren?	☐ ☐
20. Sehen Sie einen Optimierungsbedarf in den Methoden und/oder Rahmenbedingungen des Vertriebscontrollings?	☐ ☐

Sollten Sie mehr als zehn Fragen mit Nein beantwortet haben, dann haben auch Sie garantiert hohen Handlungsbedarf im Vertriebscontrolling.

1.3 Die Aufgaben des Vertriebscontrollings

Zu Beginn des letzten Jahrhunderts konnte jedes Produkt in großen Mengen produziert und abgesetzt werden. Wenige Anbieter standen einer großen Anzahl von Konsumenten gegenüber. Die Marktbedingungen waren recht überschaubar und relativ konstant. Die Unternehmen produzierten weitestgehend ein Produkt und konnten die Kosten gut zuordnen.

Der Vertrieb – soweit überhaupt vorhanden – beschäftigte sich mit der Fragestellung, auf welchem Weg die Waren zum Endkunden gelangen sollten. Der Preis richtete sich nach den Herstellungskosten zuzüglich eines Aufschlags, um den Unternehmergewinn sicherzustellen. Es handelte sich demnach um einen klassischen Verkäufermarkt, in dem die Unternehmen die Art der angebotenen Waren und die Konditionen bestimmten.

Im Zuge der Jahre traten immer mehr Unternehmen in den Wettbewerb ein, und die Produkt- und Variantenvielfalt nimmt bis zum heutigen Tag stetig zu. Der Käufer kann zwischen verschiedenen Produkten und Varianten wählen. Werden seine Anforderungen und Bedürfnisse durch ein Produkt nicht befriedigt, so bedient er sich einfach eines Produkts eines anderen Anbieters. Der klassische Verkäufermarkt entwickelte sich zum Endkundenmarkt, in dem die Produktnachfrage das Warenangebot bestimmt und den einzelnen Unternehmen der Preis weitestgehend vorgegeben ist.

Das eigentliche Kernprodukt, welches den originären Nutzen stiftet, verliert immer mehr an Bedeutung. Die Kernprodukte der einzelnen Anbieter sind aus Sicht des Endkunden oftmals gleichwertig. Die Nachfrager entscheiden daher über Kauf oder Nicht-Kauf anhand der angebotenen Zusatzleistungen. Das Produkt mit dem besten Preis-Leistungsverhältnis macht das Rennen im Wettbewerb um die Käufergunst.

Der Preis der angebotenen Waren wird durch das Gleichgewicht von Angebot und Nachfrage bestimmt. Ein Unternehmen kann also nur rentabel sein, wenn es ihm gelingt, die Kosten zu minimieren, um zu einem niedrigen Preis anbieten zu können oder sich vom Wettbewerb zu differenzieren (vgl. Porter 1999). Erreicht es dies nicht, so ist die nachhaltige Bestandsfestigkeit des Unternehmens gefährdet, und langfristig droht die Illiquidität des Unternehmens. Gelingt es, sich vom Wettbewerb zu differenzieren und die Kunden zu binden, dann kann das Unternehmen langfristig am Markt bestehen und seine Marktanteile ausbauen.

Die Unternehmen müssen sich heute in einem schwierigen Marktumfeld behaupten. Der Produktlebenszyklus wird immer kürzer. Den Unternehmen verbleibt weniger Zeit als bisher, um die Produkte gewinnbringend abzusetzen. Gleichsam werden die Investitionen, um neue Produkte zu entwickeln und im Markt zu platzieren, immer größer. Aus dieser Entwicklung entstehen wachsende Vertriebskomplexität und ein höheres unternehmerisches Risiko.

Dies hat sich insbesondere in den Jahren der schweren weltweiten Rezession 2008/2009 wieder bewahrheitet. Die Unternehmen standen hier vor einer besonders schwierigen Situation. In einigen Branchen wie der Automobil-, Chemie- oder Stahlindustrie brachen die Umsätze von einem Monat auf den anderen Monat um bis zu 70 % ein. Alle bisher bekannten Frühwarnsysteme des Vertriebscontrollings haben in dieser Situation versagt.

Die Vertriebsleitungen suchen nach Methoden, um dem wachsenden Margendruck und der Vertriebskomplexität zu begegnen. Fehleinschätzungen des Marktumfelds können den Unternehmensfortbestand gefährden, da größere Vorlaufzeiten und höhere Investitionen benötigt werden, um die Produkte zur Marktfähigkeit zu entwickeln.

Beispiel

Vertrieb von Personenkraftwagen Die Automobilfirmen planen die Einführung ihrer Fahrzeuge mehrere Jahre im Voraus. Meist werden schrittweise gesamte Fahrzeuglinien einem neuen Styling angepasst. Die Investitionskosten für die Fahrzeugentwicklung gehen in die Milliarden. Die Fahrzeuge müssen gleichzeitig hohe Sicherheitsstandards und die unterschiedlichen regionalen Vorlieben in den größten Absatzmärkten der Welt erfüllen, um die hohen Investitionskosten durch hohe Stückzahlen zu amortisieren. Werden die angestrebten Stückzahlen nicht erreicht, sind die Stückkosten zu hoch und die Produktion nicht rentabel.

Die Rezession 2008/2009 hat gezeigt, wie risikoreich dieses Vorgehen ist. Premiumhersteller wie Mercedes und BMW wurden stärker von der Krise betroffen als Kleinwagenhersteller wie VW, Opel oder Ford, da diese z. B. von der Abwrackprämie in Deutschland profitierten. Diese Entwicklung konnte allerdings nur bedingt vom Vertriebsmanagement vorhergesehen werden, da die Abwrackprämie nur ein Mittel aus der Politik war, um der Rezession in der Automobilindustrie in Deutschland zu begegnen.

Die hohen Anforderungen durch zunehmend dynamischere Marktbedingungen können von der Vertriebsleitung nicht mehr alleine bewältigt werden. Es bedarf einer systematischen Analyse der Vertriebsaktivitäten, um aus den bisherigen Aktionen die nötigen Schlüsse zu ziehen. Eine Vergangenheitsbetrachtung mittels operativem Vertriebscontrolling trägt dazu bei.

Die alleinige Analyse der Vergangenheitsdaten reicht allerdings nicht aus. Die gestiegene Marktkomplexität verlangt nach flexiblen Vertriebsstrategien. Eine moderne Vertriebssteuerung muss daher Strategien definieren, die Risiken prüfen und Alternativen vorgeben. Hierbei ist das strategische Vertriebscontrolling gefordert.

Das moderne Vertriebscontrolling stellt sicher, dass der Vertrieb den dynamischen Marktprozessen angepasst wird. Neben den Ergebniskontrollen umfasst das moderne Vertriebscontrolling eine Planfortschrittskontrolle über die Perioden und eine Überprüfung der Strategieprämissen.

1.3 Die Aufgaben des Vertriebscontrollings

Allgemein hat das Vertriebscontrolling folgende Zwecke

1. Information
2. Koordination
3. Kontrolle

Ein strategisches und operatives Vertriebscontrolling kann diese Zwecke allerdings nur erfüllen, wenn eine systematische Informationserfassung in einem Vertriebsinformationssystem (VIS) erfolgt. Die relevanten Informationen sind zu diesem Zweck zu definieren und aus der Informationsgesamtheit zu selektieren.

Der Vertriebscontroller unterstützt das Management, um die relevanten Informationen im Vertrieb in mehreren Schritten zu generieren:

1. Informationsstrategien entwickeln
2. entscheidungsrelevante Informationen sammeln
3. gesammelte Informationen auswerten, aufbereiten und bereitstellen

1.3.1 Informationsstrategien entwickeln

Die Informationsstrategie steht zu Beginn der Aufgabenkette eines modernen Vertriebscontrolling und bildet die Arbeitsgrundlage. Nur wenn es gelingt, die gewonnenen Informationen zu kategorisieren, diese auszuwerten und dem Management zur Verfügung zu stellen, wird Vertriebscontrolling effizient und erfolgreich sein Die Informationsstrategie ist demnach der Grundbaustein und entscheidet über Erfolg oder Misserfolg des Vertriebscontrollers, da dieser an der Qualität seiner Informationen gemessen wird.

Der Informationsbedarf im Vertrieb wird auf zwei Arten ermittelt:

▸ **induktiv** Die Vertriebsmitarbeiter wählen die Informationen, die sie zur Erfüllung ihrer Vertriebsaktivitäten benötigen, selber aus. Die Mitarbeiterbedürfnisse stehen im Mittelpunkt der Analyse. Diese Vorgehensweise birgt die Gefahr, dass die Mitarbeiter ihren Informationsbedarf falsch einschätzen und Informationsmissstände weiter bestehen.

▸ **deduktiv** Der Ausgangspunkt bei der deduktiven Vorgehensweise sind die Vertriebsprozesse. Die einzelnen Prozess-Schritte bestimmen, welche Informationen benötigt werden. Beispielsweise benötigt der Vertriebsmitarbeiter zur Auftragsbearbeitung ein Informationssystem mit den Kunden- und Auftragsstammdaten. Die deduktive Analyse kann mit Akzeptanzschwierigkeiten verbunden sein, wenn der ermittelte Informationsbedarf nicht mit den tatsächlichen Bedürfnissen aus Mitarbeitersicht übereinstimmt.

In der Praxis werden die induktive und die deduktive Methode gemeinsam angewendet, um den Informationsbedarf zu ermitteln und die jeweiligen Nachteile der Methoden auszugleichen.

Nachdem der Informationsbedarf bestimmt ist, sollten die benötigten Informationen weiter abgegrenzt werden:

1. Abgrenzung nach Zeit:

- Ist-Daten
- Plan-Daten

Werden Informationen aus der Vergangenheit oder Gegenwart in die Betrachtung einbezogen, so werden diese als Ist-Daten bezeichnet. Diese sind durch ihre Unveränderlichkeit gekennzeichnet. Jegliche Informationen, die die Zukunft betreffen, sind dem gegenüber unsicher und werden als Plan-Daten bezeichnet. Der Vertriebscontroller kann zu künftigen Entscheidungsfeldern nur Annahmen treffen und die Eintrittswahrscheinlichkeiten schätzen. Die Informationsgüte der Plan-Daten kann durch qualitativ hochwertige Informationen aus der Vergangenheit gesteigert werden, da diese Rückschlüsse für die Zukunft zulassen.

2. Abgrenzung nach Art:

- Stammdaten
- Zusatzdaten

Die Vertriebsdaten werden nach Stamm- und Zusatzdaten unterschieden. Die Kundenstammdaten sind beispielsweise Name und Anschrift. Je nach Bedarf werden darüber hinaus weitere Daten wie Kontonummer und bevorzugter Vertriebskanal gespeichert, die für das Unternehmen interessant sind. Je nach Branchenzugehörigkeit der Unternehmen können Informationen den Stamm- oder den Zusatzdaten zugehörig sein. Ein Merkmal der Stammdaten ist, dass es sich um relativ statische Daten handelt. In der Regel werden diese selten oder nie geändert.

Die Stamm- und Zusatzdaten sind individuell festzulegen. Die Vertriebsleitung muss mithilfe des Controllers festlegen, welche Detailinformationen in welchem Umfang gesammelt und gespeichert werden sollen. Ein logisches Datenmodell ist ein gutes Hilfsmittel, um einen generellen Überblick zu erhalten (vgl. Abb. 1.5).

Das Relationsmodell bildet die Beziehungen zwischen den einzelnen Objekten ab und wird in der Regel grafisch dargestellt, um die logischen Informationsverknüpfungen zu erfassen.

> **Beispiel**
>
> **Relationen** Das Relationsmodell in Abb. 1.5 beschreibt die Beziehungen zwischen Mitarbeitern, Kunden, Großhändlern und Aufträgen. In unserem kleinen Beispiel wird ein Großhändler immer von einem Regionalleiter (Mitarbeiter) betreut. Ein Kunde kann von mehreren Großhändlern kaufen. Ein Vertriebsmitarbeiter betreut hingegen

1.3 Die Aufgaben des Vertriebscontrollings

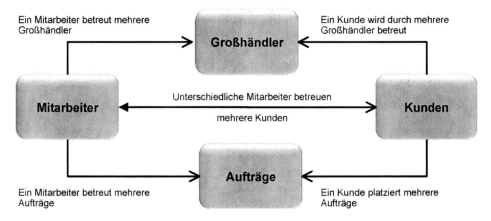

Abb. 1.5 Relationsmodell

einen Kundenstamm, der mehrere Großhändler und mehrere Kunden umfasst. Ein Kunde wird in der betrachteten Vertriebsstruktur aber nicht von einem Vertriebsmitarbeiter, sondern je nach Produktverantwortlichkeiten betreut. Ein Vertriebsmitarbeiter kann mehrere Aufträge gleichzeitig bearbeiten, ebenso wie ein Kunde mehrere Produkte in unterschiedlichen Aufträgen ordern kann. Ein Auftrag wird immer ausschließlich von einem Vertriebsmitarbeiter bearbeitet und kommt immer nur von einem Kunden.

3. Abgrenzung nach Quelle:

- intern
- extern

Der Vertriebscontroller muss zusätzlich mit der Vertriebsleitung entscheiden, welche Informationen für die Vertriebsaktivitäten entscheidungsrelevant sind und aus welchen Quellen die Daten bezogen werden. Üblicherweise wird zwischen internen und externen Datenquellen unterschieden.

Zu den internen Datenquellen zählen die im Unternehmen bereits vorhandenen Informationen (Kunden, Produkte, Zulieferer). Beispielsweise können Besuchsberichte genannt werden, die in Papierform oder elektronisch vorliegen.

Die externen Datenquellen wie Markt-, Konjunktur- und Konkurrenzdaten müssen zugekauft werden. Bekannte Marktforschungsunternehmen wie Gartner, Hoppenstedt, Gesellschaft für Konsumforschung (GfK), IDC oder Dataquest haben sich auf diesen Bedarf spezialisiert. Der Wert der externen Daten ist hoch, da die internen Informationen ergänzt und Entscheidungen auf einer größeren Informationsbasis getroffen werden können.

1.3.2 Entscheidungsrelevante Informationen sammeln

Die eigentliche Informationssammlung hat auf Basis des Relationsmodells zu erfolgen, das im vorherigen Schritt entworfen wurde. Die Mitarbeiter müssen angewiesen werden – beispielsweise durch Schulungen –, welche Informationen aus welchem Grund werthaltig für das Unternehmen sind. Wichtig ist, die vorher eingeschlagene Informationsstrategie in diesem Schritt operativ umzusetzen. Die Informationserfassung ist effizient, wenn die Erfassungsmöglichkeiten im Vertriebsinformationssystem eingegrenzt werden und es den Mitarbeitern nur erlaubt ist, Datensätze anzulegen, wenn bestimmte Pflichtfelder gefüllt sind.

> **Beispiel**
>
> **Auftragserfassung** Die Vertriebsinformationssoftware erlaubt dem Mitarbeiter durch so genannte „Pflichtfelder" die Auftragserfassung nur, wenn die Kundenstammdaten wie Name, Liefer- und Rechnungsanschrift ausgewählt werden und Kontakt, Auftragsvolumen, Währung und Liefertermin eingegeben werden. Zudem sollten die Dateninhalte und -formate mittels Datenvalidierungen geprüft werden.

Die Vertriebsleitung hat eine qualitativ hochwertige Datenerfassung zu gewährleisten. Damit ist gemeint, dass nur so viele Informationen wie nötig und möglich erfasst werden. Die Datenqualität hat somit Vorrang vor der Datenquantität. Die Datenqualität hat einen hohen Stellenwert, da die Vertriebsinformationen in anderen Systemen wie im Warenwirtschaftssystem oder im Rechnungswesen weiterverarbeitet werden. Sind die Daten lückenhaft, so entsteht ein großes Nachbearbeitungsaufkommen, welches im Voraus verringert werden kann.

Eine Integration der Vertriebsinformationen ist für das Controlling der Gesamtunternehmung von großem Nutzen. Eine Abstimmung mit anderen Bereichen hat daher einen hohen Stellenwert für den Vertriebscontroller, da er ebenfalls auf Informationen aus anderen Unternehmensbereichen, wie beispielsweise Herstellungskosten aus der Kostenrechnung, angewiesen ist.

1.3.3 Gesammelte Informationen auswerten, aufbereiten und bereitstellen

Die Informationen sind ein entscheidender Faktor im strategischen und operativen Vertriebscontrolling. Sind die Informationen gesammelt, so sind diese noch nicht aussagekräftig für den Planungs- und Entscheidungsprozess im Vertrieb. Die Informationen müssen daher ausgewertet und aufbereitet werden, um den größtmöglichen Nutzen zu stiften. Je nach Informationszweck wertet der Vertriebscontroller oder -mitarbeiter die gesammelten Informationen aus und bereitet diese auf, um den Planungs- und Steuerungsprozess durch komprimierte Informationen zu unterstützen. Die Planungssicherheit wird erhöht und die Vertriebssteuerung erleichtert.

Durch die technische Entwicklung der Informationssysteme wird die Informationsauswertung immer effektiver und effizienter. Im Gegensatz zur Vergangenheit, als die Informationsauswertung wochenlang dauern konnte, stehen heute Informationstechnologien zur Verfügung, die vorab definierte Informationsinhalte auf Knopfdruck abrufbar machen.

Die Vertriebsinformationssysteme verfügen schon standardisiert über ein umfangreiches Berichtswesen, welches an die betrieblichen Belange angepasst werden kann. Häufig enthalten die Softwarekomponenten bereits Berichtsvarianten, die von der Vertriebsleitung als Basis genutzt werden können.

Folgende Kriterien sind für die Informationsauswertung und -aufbereitung entscheidend:

1. kurzfristige Verfügbarkeit
2. Unabhängigkeit von Ort und Zeit
3. Flexibilität

Kurzfristige Verfügbarkeit
Die Informationen sind nur dann entscheidungsrelevant, wenn sie kurzfristig verfügbar sind. Der Vertriebsmitarbeiter hat eine Aufgabenstellung, für die er unterstützende Informationen sucht. In der Regel sind die Vertriebstätigkeiten zeitkritisch, da beispielsweise schnell ein Angebot an einen Kunden abgegeben werden soll. Erhält der Mitarbeiter die benötigten Informationen nicht in angemessener Zeit, so sind diese nutzlos.

Unabhängigkeit von Ort und Zeit
Die Vertriebsmitarbeiter arbeiten sowohl im Unternehmen als auch vor Ort beim Kunden. Die Entscheidungsrelevanz der Informationen für den einzelnen Mitarbeiter kann sehr hoch sein, wenn er die Informationen zum richtigen Zeitpunkt und am richtigen Ort erhält, oder die Informationen sind für seine Entscheidungen nicht mehr relevant, da er die Informationen zu spät erhält.

Die örtliche und zeitliche Verfügbarkeit von Informationen ist besonders für international agierende Unternehmen von Bedeutung. Befindet sich ein Vertriebsmitarbeiter in einem Land, in dem ein großer Zeitunterschied zum eigentlichen Firmenstandort besteht, dann müssen Informationen trotzdem verfügbar sein, um Auftragsrisiken zu beurteilen.

> **Beispiel**
>
> **Kundengespräch** Die Information über die Kreditwürdigkeit eines Kunden muss dem Außendienstmitarbeiter beim Kundenbesuch zeitnah zugänglich sein, um einen Vertragsabschluss zu begründen. Liegt die Information nur dem Innendienst vor oder ist sie nicht aktuell, so ist die Information für den Außendienstmitarbeiter im Augenblick des Vertragsabschlusses minderwertig oder wertlos.

Tab. 1.1 Verfügbarkeit des Informationsfaktors (Quelle: Becker 2001)

	Wunsch	Verfügbarkeit
Kennzahlensystem	70 %	15–20 %
Vollkostenrechnung	2 %	> 90 %
Deckungsbeitragsrechnung	45 %	30 %
Marketinglogistik (z. B. Tourenplanung)	30 %	10 %
Projektkalkulation	75 %	50 %
Sonderrechnungen (z. B. Make-or-Buy)	35 %	10–15 %
Schnittstellen – zu Marktforschungsdaten – zum Personalbereich – zum Fertigungsbereich	 45 % 25 % 35 %	 5 % 20 % 55 %
Steuerungen (z. B. Gesprächs- und Besuchsplanung)	20 %	5 %
Statistische Hilfen (Trend, Regression etc.)	75 %	40 %
Strategische Hilfen (z. B. Portfolio)	40 %	1 %
Budgetierungshilfen	75 %	40 %
Einzelhilfen (z. B. Rabattrechnung, Scoring, Media-Planung etc.)	20 %	15 %

Flexibilität

Die Informationsauswertung und -aufbereitung durch den Vertriebscontroller oder den -mitarbeiter muss flexibel und individuell erfolgen können. Die Berichte oder Abfragen müssen so gestaltet sein, dass sie dem einzelnen Informationszweck dienen, da die Informationsanforderungen sehr unterschiedlich sind: eine komprimierte Informationsdarstellung ist für das Management sehr nützlich, kann aber den Zweck für den operativen Vertrieb verfehlen.

Die jeweiligen Informationsmöglichkeiten sollten bereits bei der Auswahl und Gestaltung des Informationssystems berücksichtigt werden, um die oben aufgeführten Kriterien zu erfüllen. Im Idealfall werden die Daten in einem Data Warehouse bereichs- und systemübergreifend gesammelt. Die technischen Möglichkeiten von heutigen Vertriebsinformationssystemen werden aufgrund deren zentraler Bedeutung zu einem späteren Zeitpunkt gesondert behandelt (vgl. Kap. 5).

Das optimale Informationskonzept und -system ist selten verfügbar. In der Regel wird es auf Kompromisse hinauslaufen, die einen Großteil der Informationsbedürfnisse abdecken. Die Lücke zwischen dem Informationswunsch und der -verfügbarkeit veranschaulicht Tab. 1.1 für das strategische Vertriebscontrolling.

Eine unzureichende Informationsversorgung des Vertriebs kann sich zweifach negativ auf das Unternehmensergebnis auswirken:

1. Hohe Informationskosten mindern die Vertriebsproduktivität.
   Die Zeit, die der Vertriebsmitarbeiter für die Informationssuche aufwendet, minimiert die Zeit, die für Kundenbesuche und Verkaufsgespräche zur Verfügung steht. Es werden somit Opportunitätskosten verursacht.
2. Falsche oder ungenügende Informationen mindern die Abschlussquote und folglich die Unternehmensumsätze.
   Ungenügende oder veraltete Informationen schmälern das kompetente Auftreten des Außendienstmitarbeiters beim Kunden. Die Kundenzufriedenheit sinkt, und es kann zu Kunden- und Umsatzverlusten kommen.

> **Beispiel**
>
> **Falsche oder ungenügende Informationen** Der Vertriebsmitarbeiter ist auf ausreichende Kundeninformationen angewiesen, um den Kunden systematisiert zu betreuen. Zu diesen wichtigen Informationen gehören die Kundenstammdaten, die vollständige Kundenkontakthistorie sowie eine vollständige Auftrags- und Vertragshistorie mit den korrespondierenden Ab- und Umsätzen pro Produkt. Zusätzlich sollten Informationen wie die Teilnahme an Kampagnen oder Beschwerden des Kunden verfügbar sein. Dies wird häufig als 360-Grad-Sicht auf den Kunden bezeichnet.
>
> Die Schwierigkeit der Informationsbereitstellung in diesem Fall ist, dass die Informationen in unterschiedlichen Systemen wie dem ERP/SAP-, dem Logistik- oder dem CRM-System verteilt sind und über Schnittstellen verfügbar gemacht werden müssen. Häufig gelingt die Bereitstellung heute für den Vertrieb über das CRM-System, wo die Informationen in Echtzeit nur aus den unterschiedlichen Fremdsystemen (ERP, Logistik etc.) angezeigt, aber nicht physikalisch und redundant gespeichert werden.

Der Vertriebscontroller unterstützt das Management durch seine Aufgabenerfüllung. Er hilft, den Problemen einer unzureichenden Informationsversorgung durch eine ausgewogene Informationsstrategie vorzubeugen und koordiniert deren operative Umsetzung. In erster Linie ist der Vertriebscontroller somit ein Informationslieferant für das Management. Er versorgt die Vertriebsleitung mit dem nötigen Methoden- und Umsetzungswissen, denn ein Vertrieb ohne qualitative Informationsbasis ist wie ein Reiter ohne Pferd.

1.4 Das Vertriebscontrolling unterstützt Entscheidungen

Das Vertriebspotenzial unterliegt endogenen und exogenen Faktoren. Die endogenen, vom Unternehmen beeinflussbaren Faktoren sind beispielsweise die Mitarbeiterqualifikation und die Vertriebsaktivitäten. Die exogenen Faktoren wie Krieg oder eine Rezession wie in 2008/2009 sind vom Vertriebsumfeld vorgegeben. Letztere Faktoren sind vom Unternehmen nicht beeinflussbar.

Das Vertriebscontrolling muss dem Unternehmen bei der Entscheidungsfindung helfen, wenn es erfolgreich sein soll. Die Vertriebsleitung muss mithilfe des Vertriebscontrolling die endogenen Faktoren besser steuern und kontrollieren sowie die exogenen Faktoren besser beherrschen.

Ein effizientes Vertriebscontrolling unterstützt den Entscheidungsprozess im Vertrieb auf zwei Wegen:

1. höhere Informationsqualität
2. bessere Informationsverwertung

Die **höhere Informationsqualität** resultiert aus einer umfangreichen Unternehmensanalyse innerhalb des strategischen Vertriebscontrolling. Die Informationen sind im Vertrieb vorhanden, allerdings in einzelnen Abteilungen oder bei einzelnen Personen verstreut. Ein effizientes Vertriebscontrolling hilft, mit einer Ist-Analyse einen Überblick über die Vertriebstätigkeiten und -bedingungen des Unternehmens zu erlangen und daraus Soll-Parameter abzuleiten.

Das Vertriebscontrolling unterstützt das Management aber nicht nur bei der statischen Vertriebsanalyse. Die gewonnenen Informationen müssen genutzt werden, um eine periodenübergreifende Analyse zu implementieren, die die dynamischen Marktbedingungen eines Unternehmens widerspiegelt.

Folgende Objekte sind zu betrachten

- **Märkte** Wie stellt sich der Markt aktuell dar, in dem die Produkte und Dienstleistungen vertrieben werden, und wie wird er sich entwickeln?

- **Wettbewerber** Welche Unternehmen stehen mit uns im Wettbewerb, und wie reagieren sie auf Vertriebsaktivitäten?

- **Kunden** Welche Kunden werden bedient, und ist deren Betreuung profitabel?

- **Produkt- und Dienstleistungsangebot** Welche Produkt- und Dienstleistungen werden den Kunden angeboten, und wie ist die Produktstruktur?

- **Organisation** Welche Mitarbeiter arbeiten in der Vertriebsorganisation, und wie ist die Organisation aufgestellt?

- **Prozesse** Welche Prozesse existieren im Vertrieb, und wer sind die Prozessverantwortlichen?

- **Vertriebswege** Welche Vertriebswege werden genutzt, und wie sind die Machtverhältnisse zwischen den Vertriebspartnern?

Die Analyse der oben aufgeführten Objekte ist umfangreich und sehr kostenintensiv für das Unternehmen. Das Management muss daher im Vorfeld entscheiden, in welchen Bereichen der größte Informations- und Verbesserungsbedarf liegt (vgl. Abb. 1.6).

1.4 Das Vertriebscontrolling unterstützt Entscheidungen

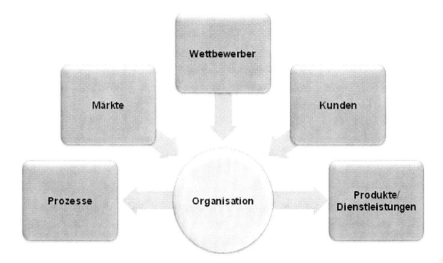

Abb. 1.6 Modulares Vertriebscontrolling

Alle Objekte sollten langfristig einbezogen werden, um ein ganzheitliches Vertriebscontrolling zu gewährleisten. Oftmals ist die gleichzeitige Analyse aufgrund hoher Kosten und hoher Komplexität allerdings nicht praktikabel. Die Analyse kann daher auch modular erfolgen. Das bedeutet, dass die einzelnen Objekte priorisiert und sequenziell betrachtet werden.

Die **bessere Informationsverwertung** wird erreicht, wenn die Erkenntnisse des strategischen Vertriebscontrolling operativ umgesetzt werden. Sie ist die eigentliche Entscheidungsunterstützung, da die alleinige Kenntnis über Märkte, Wettbewerber und Kunden noch keinen Nutzen stiftet. Die Kenntnisse müssen allen Mitarbeitern verfügbar sein, um mehr Produkte und Dienstleistungen zu vertreiben und den Umsatz sowie den Unternehmensgewinn zu steigern.

Die detaillierte Kenntnis der Kundenstruktur ermöglicht den Vertriebsmitarbeitern eine effizientere Bearbeitung mit höherer Abschlusswahrscheinlichkeit. Konkret bedeutet dies, dass die Informationen tatsächlich verfügbar sein müssen. Die Vertriebsmitarbeiter werden darüber hinaus bei ihrer täglichen Arbeit unterstützt, wenn die Kunden beispielsweise nach dem Kundenwert klassifiziert sind. Die Vertriebsmitarbeiter können auf diese Weise ihre Arbeitskraft besser konzentrieren, unnötige Besuche vermeiden und mehr Zeit für wertsteigernde Tätigkeiten verwenden.

Die Markt- und Wettbewerbsinformationen erlauben, die Vertriebsaktivitäten der Konkurrenz besser zu bewerten oder gar zu prognostizieren. Die Klassifizierung von Wettbewerbern macht eine selektivere Betrachtung der Wettbewerbsaktivitäten möglich.

Die Altersstrukturanalyse des Produktportfolios zeigt den Mitarbeitern die gewinnbringenden Produkte von morgen und macht transparent, warum einige Produkte nicht den gewünschten Profit erwirtschaften.

Der größte Effekt auf die Vertriebseffizienz wird erreicht, wenn Informationssysteme eingesetzt werden. Im Bereich Sales Force Automation sind Applikationen wie SAP CRM, Oracle CRM Siebel, Microsoft CRM etc. zu nennen. Das Data Mining kann mit Anwendungen von Rapid-i (Rapid Miner), Cognos (Cognos 8 BI) oder SAS (Enterprise Miner) erfolgen. Erst mit der Unterstützung dieser Anwendungen ist das Informationsaufkommen der einzelnen Analyseobjekte beherrschbar.

1.5 Die Restriktionen des Vertriebs in der Entscheidungsfindung

Das Vertriebscontrolling hilft, die komplexen Vertriebsentscheidungen durch eine Analyse des eigenen Unternehmens und der Umwelt auf eine solide Basis zu stellen. Die Ausrichtung des Controlling auf den Ergebnisbeitrag des Vertriebs schließt eine Risikoerkennung ein. Die Vertriebsleitung hat die Aufgabe, die Risiken, denen der Vertrieb künftig ausgesetzt ist, zu erkennen und zu bewerten. Die Vertriebsstrategie muss den Risiken angepasst und Alternativszenarien müssen erarbeitet werden, damit optimale Entscheidungen getroffen werden können.

Das Vertriebscontrolling hat das Management in seiner Entscheidungsfindung zu unterstützen. Der Vertriebscontroller sollte sich der theoretischen Abläufe der Entscheidungsfindung bewusst sein, um die Restriktionen der Entscheidungsfindung im Vertrieb zu berücksichtigen.

In der Theorie wird der Entscheidungsprozess in vier aufeinander aufbauenden Schritten dargestellt (vgl. Adam 1996; vgl. Abb. 1.7).

▶ **Entscheidungsfeld** Das Entscheidungsfeld beschreibt den Wirkungszusammenhang zwischen den Handlungsalternativen (Input) und deren Folgen für die relevanten Merkmale des Systems (Output).

▶ **Bewertung des Output** Der Output muss nach betriebswirtschaftlichen Aspekten bewertet werden.

▶ **Eindimensionale Zielsetzung** Kriterien müssen abgeleitet werden, um den Output in einer Rangordnung abzubilden.

▶ **Entscheidung** Zum Abschluss des Entscheidungsprozesses wird die optimale Alternative ausgewählt.

Der Entscheidungsprozess soll an einem einfachen Beispiel im Vertrieb erläutert werden.

1.5 Die Restriktionen des Vertriebs in der Entscheidungsfindung

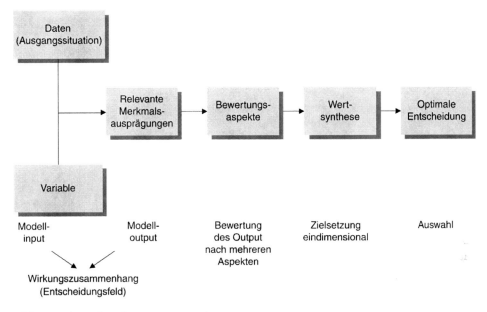

Abb. 1.7 Klassischer Planungsprozess

Beispiel

Entscheidungsprozess

1. Der Input
   Die Daten (Ausgangssituation) im Vertrieb beinhalten beispielsweise die Kundenumsätze, verfügbare Produkte und den Bestellzyklus in der Vergangenheit. Diese können von den Vertriebsverantwortlichen nicht mehr beeinflusst werden. Die Variablen, die der Vertrieb beeinflussen kann, sind unter anderem der Verkaufspreis und die Besuchsfrequenz beim Kunden.
2. Der Output
   Die Produktpreise und die Bestellgewohnheiten des Kunden in der Vergangenheit bestimmen die Verkäufe und damit verbundene periodische Umsätze (relevante Merkmalsausprägungen). Einen Wirkungszusammenhang ergeben beispielsweise hohe Umsätze bei niedrigen Preisen und niedrige Umsätze bei hohen Preisen.
3. Bewertungsaspekte
   Der unterschiedliche Output muss durch das Vertriebscontrolling in Form der Ergebniswirksamkeit bewertet werden. Das bedeutet konkret:
   - Wie wirkt sich eine Preiserhöhung voraussichtlich auf den Umsatz und das Ergebnis aus?
   - Wie wirkt sich ein verändertes Bestellverhalten auf das Vertriebsergebnis in den einzelnen Perioden aus?

4. Die Wertsynthese
   In der Praxis wird nicht nur der Preis den Umsatz bedingen, sondern mehrere Aspekte wie Nachfrage, Kundenbeziehungen, allgemeine Marktbedingungen und Wettbewerbsverhalten beeinflussen die Höhe des Umsatzes. Durch die Wertsynthese wird versucht, die Komplexität des Entscheidungsprozesses zu verringern. Die Zielsetzung sollte – falls überhaupt möglich – im Idealfall eine eindimensionale Zielfunktion sein, um die Entscheidungsalternativen anhand des Ergebnisses zu ordnen. Die Umsatz- oder Erfolgsmaximierung könnten die Zielgrößen der Wertsynthese sein.
5. Optimale Entscheidung
   Aus der Rangfolge der Entscheidungsalternativen, die aus der Wertsynthese ermittelt wurde, kann abschließend eine optimale Entscheidung für die Situation abgeleitet werden.

Der vorab beschriebene Entscheidungsprozess ist der theoretische Idealfall. Die Entscheidungssituationen, denen das Vertriebsmanagement ausgesetzt ist, sind allerdings alles andere als ideal. Daher sollte der Vertriebscontroller verstehen, um welche Entscheidungssituation es sich im Vertrieb handelt. Die Entscheidungssituation ist zuerst zu klassifizieren.

Grundsätzlich unterscheidet die wissenschaftliche Theorie zwei Entscheidungssituationen (vgl. Adam 1996):

Gut strukturierte Entscheidungssituationen (Theorie)
Die gut strukturierte Entscheidungssituation hat keinerlei Defekte im Planungsprozess. Alle Daten und Variablen, die für die Entscheidungsfindung benötigt werden, sind bekannt. Die Output-Alternativen können genau bestimmt und bewertet werden. Die unterschiedlichen Entscheidungsalternativen lassen sich in eine eindeutige Rangfolge bringen und daraus eine optimale Entscheidung ableiten.

Strukturdefekte Entscheidungssituationen (Praxis)
Der Vertrieb hat eine Reihe von Defekten bei der Entscheidungssituation zu berücksichtigen. Die einzelnen Defekte sind nach deren Auswirkungen im Vertrieb geordnet (vgl. zu den Defekten ausführlich Adam 1996):

- Lösungsdefekt
- Zielsetzungsdefekt
- Bewertungsdefekt
- Wirkungsdefekt

Der **Lösungsdefekt** hat die geringste Reichweite im Vertrieb. Er bedeutet, dass die optimale Lösung nicht eindeutig bestimmt werden kann. Beispielsweise kann eine Preissteigerung um fünf Prozent mit einer um zehn Prozent gleichwertig sein, wenn der wertmäßige Mehrerlös den mengenmäßigen Mindererlös kompensiert und beide Alternativen die gleichen Gewinne versprechen. Der Vertrieb steht dann nur vor der Entscheidung, welche Alternative gewählt werden soll, obwohl beide Alternativen ökonomisch gleichwertig sind.

Der **Zielsetzungsdefekt** ist schwerwiegender als der Lösungsdefekt. Er liegt vor, wenn die bei der Vertriebsentscheidung anzustrebenden Zielgrößen oder deren Ausmaß nicht ermittelbar sind oder konfliktäre Ziele vorliegen.

Ersteres bedeutet, dass keine operationalen Ziele vorgegeben werden können. Im Vertrieb kann dies beispielsweise bedeuten, dass Schwierigkeiten bestehen, das Unternehmensziel „hohe Kundenzufriedenheit" in Zielgrößen für den Vertrieb umzusetzen. Die Schwierigkeit kann hierbei in der geeigneten Messung der Zielwerte oder deren eigentlicher Berechnung liegen.

Bei konfliktären Zielen kann es vorkommen, dass ein Ziel, das die Zielerreichung in einem Fall begünstigt, die Zielerreichung in einem anderen Fall behindert. Ein klassischer Fall im Vertrieb sind die Ziele „hohe Kundenzufriedenheit" und „Kostenminimierung". Eine hohe Kundenzufriedenheit bedingt in der Regel eine hohe Qualität der Kundenbetreuung. Diese ist meistens mit hohem Personaleinsatz verbunden, der hohe Personalkosten verursacht. Es kann also passieren, dass das Ziel einer hohen Kundenzufriedenheit durch den Vertrieb erreicht wird, dadurch aber gleichzeitig das Ziel der Kostenminimierung verfehlt wird. Der Vertriebscontroller ist gefordert, das Management auf konfliktäre Ziele aufmerksam zu machen.

Ein **Bewertungsdefekt** hat zur Folge, dass die für die Planung relevanten Merkmale nicht eindeutig zu bewerten sind. Es ist also nicht klar, welche ökonomischen Konsequenzen einzelne Handlungen haben. Beispielsweise beschließt das Management, innerhalb einer Neuausrichtung des Vertriebs ein neues Geschäftsfeld zu bearbeiten. Es ist allerdings noch nicht klar, wie hoch die Herstellungskosten des Produkts sein werden und wie erklärungsbedürftig das Produkt im Vertrieb sein wird. Der künftige zu erzielende Umsatz und Gewinn in dem neuen Geschäftsfeld kann noch nicht bewertet werden, da entscheidende Daten und Variablen noch nicht bekannt sind.

Der weitreichendste Defekt ist der **Wirkungsdefekt**. Das Vertriebsmanagement ist nicht in der Lage, bestimmte Zusammenhänge zwischen Daten und Variablen aufzuzeigen. Das Management weiß, dass eine Variablenänderung eine Ergebnisänderung bewirkt. Allerdings kennt das Management den Umfang der Ergebnisänderung nicht. Bei dem oben aufgeführten Beispiel der Preiserhöhung könnte dies bedeuten, dass die Vertriebsleitung nicht quantifizieren kann, welche monetären Konsequenzen die Preiserhöhung haben wird. Beispielsweise könnte eine Preiserhöhung anderen Wettbewerbern einen Markteintritt ermöglichen. Die Vertriebsleitung kann allerdings bei der Entscheidungsfindung nicht einschätzen, ob die Kunden dem Unternehmen trotz Preiserhöhung treu bleiben oder zum Wettbewerber wechseln.

Der Wert des Vertriebscontrolling wird unter anderem daran gemessen, wie sehr der Vertriebscontroller dem Management hilft, die vorab beschriebenen Defekte im Entscheidungsprozess zu beherrschen. Damit die Entscheidungsunterstützungsfunktion des Vertriebscontrolling wahrgenommen werden kann, muss geklärt werden, auf welche Weise der Entscheidungsprozess für die Vertriebsleitung beherrschbar wird.

Eine Vertriebsentscheidung ist immer von Annahmen und Schätzungen geprägt. Die eingesetzten Modelle, das Problemverständnis und die Wertansätze prägen das Ergebnis der Entscheidungsfindung. Zur Unterstützung der Vertriebsleitung in der Erkennung von Entscheidungsdefekten unterteilt der Vertriebscontroller das komplexe Entscheidungsproblem in beherrschbare Teilprobleme. Er findet Wertansätze und formuliert abgeleitete Ziele für die Teilprobleme. Die Lösung der Teilprobleme wird dann auf ihre Eignung überprüft, das Gesamtproblem zu lösen.

Die Entscheidungssituation wird beherrschbar, wenn die gegebene Problemsituation durch eine möglichst sachgerechte Transformation des defekten Ausgangsproblems in ein nicht defektes Teil- oder Unterproblem überführt wird. Die optimale Lösung wird es in der Praxis nicht geben, da die strategische und operative Entscheidungsfindung aufgrund der Strukturdefekte schwierig ist. Das Management muss sich dieses Tatbestands bewusst sein.

Ein Vertriebsbeispiel soll die oben aufgeführten theoretischen Zusammenhänge verdeutlichen (vgl. Abb. 1.8).

> **Beispiel**
>
> **Strukturdefekte Entscheidungssituation im Vertrieb** Die Vertriebsleitung oder der Controller bemerken, dass die Gewinne pro Quartal trotz eines leichten Umsatzanstiegs abnehmen. Gemeinsam wird versucht, die Ursachen zu ergründen und Maßnahmen abzuleiten. Es wird festgestellt, dass die Außendienstmitarbeiter aufgrund höheren Wettbewerbdrucks in den letzten Perioden – bei gleich bleibenden Listenpreisen – höhere Rabatte gewährt haben. Die hohen Rabatte werden als Teilproblem der zurückgehenden Gewinne erkannt. Die Analyse der relevanten Merkmale und Beziehungen ergibt, dass die Listenpreise seit mehreren Perioden nicht mehr angepasst wurden und weit über dem Marktdurchschnitt liegen. Die Listenpreise sind den Außendienstmitarbeitern vorgegeben. Sie haben daher nur die Möglichkeit, den Preis über die Rabatte an den Markt anzugleichen. Die Vertriebsleitung beschließt, ein lineares Optimierungsproblem mit dem Ziel der Gewinnmaximierung abzuleiten. Die Restriktionen des Entscheidungsproblems liegen in den Produktionskapazitäten und vorgegebenen Mindestmengen. Die neuen Wettbewerbspreise werden aus den gegebenen Daten ermittelt.

Ein weiteres Problem im vertrieblichen Entscheidungsprozess ist das offene Entscheidungsfeld. Die Entscheidungstheorie klassifiziert ein Entscheidungsfeld als offen, wenn der Informationsstand unvollkommen ist (vgl. Adam 1996). Es wird zwischen sachlich und zeitlich offenen Entscheidungsfeldern unterschieden.

Ein **sachlich offenes Entscheidungsfeld** liegt vor, wenn es Interdependenzen zwischen zwei Entscheidungsfeldern gibt. Es handelt sich um ein **zeitlich offenes Entscheidungsfeld,** wenn Interdependenzen zwischen aufeinander folgenden Perioden bestehen. Die relevanten Variablen, Daten und Wirkungszusammenhänge können sowohl bei sachlich als auch bei zeitlich offenen Entscheidungsfeldern nicht alle erfasst werden. Das Modell würde

1.5 Die Restriktionen des Vertriebs in der Entscheidungsfindung

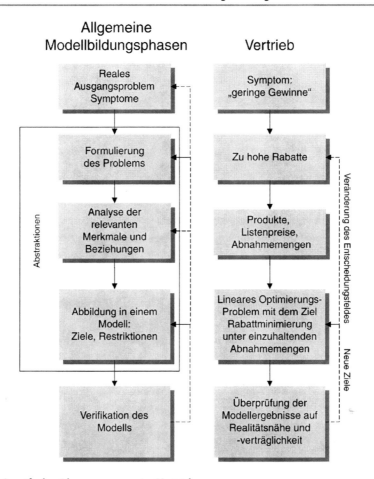

Abb. 1.8 Spezifischer Planungsprozess im Vertrieb

sonst zu komplex. Es könnte auch sein, dass nicht alle Handlungsalternativen zum Entscheidungszeitpunkt bekannt sind.

> **Beispiel**
>
> **Vertriebsinvestition (zeitlich offenes Entscheidungsfeld)** Die Vertriebsleitung möchte die Effizienz der Vertriebsprozesse erhöhen. Ein neues Vertriebsinformationssystem soll einen wesentlichen Beitrag leisten, da hierdurch die Prozesse schneller und kostengünstiger bewältigt werden können.
>
> Zum Zeitpunkt der Investitionsentscheidung sind vier verschiedenen Software-Anwendungen am Markt erhältlich. Im nächsten Jahr werden weitere Anwendungen auf den Markt kommen, aber die Lizenzgebühren und der Applikationsumfang sind noch nicht bekannt. Die vorteilhafteste Alternative ist nur aufgrund von Annahmen zu berechnen:

1. Es gibt nur vier Software-Anwendungen.
2. Die Software wird nur drei Jahre genutzt.
3. Die Kosten und Umsätze der nächsten drei Jahre sind bekannt.

Aufgrund dieser Annahme erweist sich Produkt Nr. 1 als vorteilhaft. Würde die Nutzungsdauer $t = 4$ betragen, so würde Produkt Nr. 3 die optimale Lösung sein. Der Entscheidungshorizont wird also künstlich auf drei Perioden verkürzt und beeinflusst die Investitionsentscheidung. Das offene Entscheidungsfeld wird dadurch geschlossen.

Die vorangegangenen Erläuterungen machen deutlich, dass sich der Vertriebscontroller mit dem Entscheidungsprozess für die jeweilige Vertriebssituation befassen muss, um das Vertriebsmanagement wirklich zu unterstützen. Je nach Entscheidungssituation wie Investition, Preisfindung und Reaktion auf Wettbewerbsaktivitäten sind andere Modelle und Konzeptionen anzuwenden.

1.6 Strategisches versus operatives Vertriebscontrolling

In den nachfolgenden Kapiteln wird ausführlich auf das strategische und operative Vertriebscontrolling eingegangen.

Zum besseren Verständnis soll zum Abschluss dieses Kapitels eine überblicksartige Abgrenzung der beiden Begrifflichkeiten erfolgen (vgl. Abb. 1.9).

Abb. 1.9 Strategisches versus operatives Vertriebscontrolling

Strategisches Vertriebscontrolling 2

2.1 Die vorausschauende Komponente

Das vertriebliche Marktumfeld ist unsicher und komplex. Eine hundertprozentige Planungssicherheit ist theoretisches Wunschdenken, die in der Unternehmenspraxis nicht existiert. Die Kundenanforderungen ändern sich, neue Wettbewerber treten in den und andere aus dem Markt, gesetzliche Vorschriften ändern sich oder die Nachfrage bricht ein. Diese äußeren Rahmenbedingungen können von der Vertriebsleitung nur bedingt beeinflusst werden, haben aber weitreichende Konsequenzen auf den Unternehmenserfolg.

▶ **Die Vertriebsstrategie...** ... ist die langfristige Ausrichtung der Vertriebsaktivitäten auf die Kunden- und Markterfordernisse.

Gelingt es der Vertriebsleitung nicht, die Marktentwicklungen angemessen zu antizipieren und erfolgreiche Vertriebsstrategien abzuleiten, ist der Fortbestand des gesamten Unternehmens langfristig in Gefahr. Und umgekehrt: Erhält das strategische Vertriebscontrolling einen hohen Stellenwert und wird mit ausreichenden Ressourcen bestückt, so können die Risiken im Vertrieb minimiert und die langfristige Existenzsicherung der Unternehmung kann besser gelingen.

Die Vertriebsleitung muss strategische Entscheidungen treffen, ohne genaue Kenntnis von künftigen Entwicklungen zu haben. Die Vertriebsstrategie muss beinhalten,

- in welchen Kundensegmenten,
- in welchen Märkten,
- in welchen Vertriebskanälen,
- mit welchen Produkten,
- in welchen Mengen,
- mit welchen Ressourcen,
- mit welchen Erlösstrukturen,

- mit welchen Ergebnisbeiträgen,
- mit welchen Risiken

welche Ziele erreicht werden sollen (vgl. Internationaler Controllerverein 2002).

Um diese Strategieparameter sinnvoll festzulegen, muss sich die Vertriebsleitung ein realistisches Bild der Vertriebsgegenwart und -zukunft verschaffen. Ferner muss sie sich mithilfe der Szenariotechnik um Alternativstrategien bemühen, die negative Entwicklungen abfedern. Das operative Geschäft lässt dazu leider zu wenig Zeit. Die Vertriebsleitung benötigt einen Erfüllungsgehilfen, um ihren komplexen Aufgaben weiterhin gerecht zu werden.

Der Vertriebscontroller gibt die benötigte Hilfestellung. Er ist ein Experte, der die Belange der Vertriebsleitung versteht. In seinem strategischen Tätigkeitsfeld konzentriert er sich auf die Unternehmenszukunft. Er ergänzt das vergangenheitsorientierte operative Controlling um die vorausschauende Komponente. Der Vertriebscontroller versucht, Marktentwicklungen zu antizipieren und die Vertriebskomplexität für das Management durch seine Tätigkeit zu minimieren. Die langfristige Planung, Steuerung und Kontrolle der Vertriebsaktivitäten soll durch seine Hilfe erleichtert werden.

Das Aufgabenfeld des strategischen Vertriebscontrollings ist vielfältig (vgl. Becker 2001):

1. **Vorbereitung strategischer Marktplanung**
   - Auswahl, Analyse und Entwicklung strategischer Planungsmethoden und -instrumente (z. B. Portfolio-Analyse, GAP-Analyse, Szenario-Analyse, Stärken-Schwächen-Analyse, Konkurrenzanalyse, Potenzialanalyse etc.)
   - Unterstützung bei der Umsetzung strategischer Planungen in vertriebliche Aktivitäten und Maßnahmen
2. **Umsetzung der strategischen in operative Vertriebsplanungen**
   - Strategieüberprüfung auf Realisierungsreife und Machbarkeit
   - Erstellung von Zeitplänen für die Umsetzung
3. **Durchführung der strategischen Kontrolle**
   - Definition der anzuwendenden Kontrollgrößen und -kriterien (z. B. Marktanteil, Wachstumsrate, durchschnittliches Produktalter etc.)
   - Entwicklung von Frühwarnindikatoren
   - Abweichungsermittlung und -analyse.

Nicht jede Methode ist für jedes Unternehmen geeignet. Die strategischen Geschicke im Vertrieb verlangen nach individuellen Methoden für das jeweilige Unternehmen. Das strategische Vertriebscontrolling muss daher eine Methodenauswahl vornehmen und geeignete Kriterien ableiten, um die einzelnen Methoden individuell für das Unternehmen zu bewerten.

Eine Methode ist nur praktikabel, wenn die Vertriebsmitarbeiter die Methode erfassen und die Ergebnisse deuten können. Es ist Aufgabe des Vertriebscontrollers, die geeigneten Methoden für die Vertriebsleitung zu finden. Er muss darüber hinaus Konzeptionen erarbeiten, um die strategischen Planungen im Unternehmen aktiv umzusetzen.

Eine strategische Vertriebsplanung ist von geringem Nutzen für das Management, wenn die für die operative Umsetzung benötigten Ressourcen nicht im Unternehmen vorhanden oder am Markt beschafft sind. Eine Vertriebsstrategie ist auszuschließen, wenn sie nicht operationalisierbar ist. Beispielsweise ist es unsinnig, Produkt- oder Dienstleistungsangebote zu planen, die von den eigenen oder für das Unternehmen im Markt verfügbaren Personalressourcen nicht geleistet werden können. Der Vertriebscontroller muss das Management auf etwaige Missstände hinweisen und Alternativen vorschlagen.

Der Vertriebscontroller sollte das Vertriebsmanagement beraten, in welchem Zeitraum die Vertriebsstrategien umzusetzen sind. Die Strategieparteien sollten gemeinsam Meilensteine und Zielerreichungsgrößen festlegen. Ein Projektplan pro Strategie erleichtert es, die Strategien zu handhaben und deren Erfolg zu kontrollieren. Die grafische Darstellung der Zeitreihen erleichtert deren Nutzung.

Die Durchführung der strategischen Kontrolle obliegt dem Vertriebscontroller. Sie dient in erster Linie dazu, die Vertriebsstrategien messbar und gleichzeitig steuerbar zu machen. Die Vertriebsleitung benötigt Kennzahlen, um Entwicklungen zu erkennen und Gegenmaßnahmen zu ergreifen. Klassisch handelt es sich um die Festlegung von Kennzahlen (Soll), die laufend überwacht und deren Abweichungen ermittelt und analysiert werden müssen (Ist). Der Vertriebscontroller ist gefordert, geeignete Frühwarnindikatoren und Kennzahlenschemata zu entwickeln, die eine rechtzeitige Korrektur der Vertriebsaktivitäten erlauben.

2.2 Die Methoden für die richtige Strategie

2.2.1 Relative Stärken und Schwächen kennen

Die Stärken und Schwächen eines Vertriebs sind immer relativ zum Umfeld zu betrachten. Eine Stärke liegt im Vertrieb vor, wenn das Unternehmen aus Kundensicht besser als der Wettbewerb angesehen wird. Eine Schwäche wird gegenteilig definiert.

Jedes Unternehmen ist darauf bedacht, die Stärken zu maximieren und die Schwächen zu minimieren. Der Vertrieb muss die vorhandenen Kundenbedürfnisse durch gezielte Ansprache besser (oder billiger) befriedigen, um daraus ökonomischen Nutzen zu ziehen und an Stärke zu gewinnen. Die Stärken des Unternehmens werden in Relation zum Wettbewerb eingestuft. Die Wahrnehmung und Kenntnis der Stärken eines Unternehmens im Wettbewerbsvergleich werden als komparativer Wettbewerbsvorteil bezeichnet.

▸ **Komparativer Konkurrenzvorteil** Ein komparativer Konkurrenzvorteil (KKV) ist erreicht, wenn das Unternehmen in seinem Leistungsangebot von den Nachfragern in ihrer subjektiven Wahrnehmung gegenüber allen relevanten Konkurrenzangeboten als überlegen eingestuft wird. Das Konstrukt des KKV ist gleichbedeutend mit einem Kundenvorteil, Anbietervorteil, Unique Selling Point (USP) oder einem Wettbewerbsvorteil am Markt (vgl. Backhaus 2003).

Der Vertrieb bestimmt das Leistungsangebot und den damit verbundenen KKV nicht allein. Der Vorteil basiert auf verschiedenen Teilnutzen, die durch einzelne Unternehmenseinheiten erbracht werden. Beispielsweise stiften die schnelle Beschaffung und der Angebotspreis (Teilnutzen des Vertriebs) sowie die Betriebs-, Wartungs- und Entsorgungskosten (Teilnutzen des Service) einen Nutzen für den Kunden. Der Vertrieb stiftet demnach einen Teilnutzen zum Gesamtnutzen. Die Wertigkeit der einzelnen Leistungsbestandteile kann über eine Conjoint-Analyse (Nutzwertanalyse) ermittelt werden.

Das Konstrukt des KKV kann über den Nettonutzenvorteil operationalisiert werden (vgl. Plinke 1995).

Der komparative Konkurrenzvorteil kann an einem Beispiel aus der Industriegüterbranche erläutert werden, wo es in der Regel wenige Wettbewerber gibt, deren Leistungsangebote für die Nachfrager transparent sind (Oligopol).

> **Beispiel**
>
> **Komparativer Konkurrenzvorteil** Abbildung 2.1 illustriert ein Unternehmen im Vergleich zu mehreren Wettbewerbern im Industriegütermarkt (A bis D). Die einzelnen Unternehmen werden von den Nachfragern anhand ihres Leistungsangebots beurteilt. Die wesentlichen Kosten für den Kunden fallen durch die Administration bei der Beschaffung, dem Produktpreis und späteren Installations- und Wartungskosten an. Im unmittelbaren Konkurrenzvergleich verursacht das eigene Unternehmen die geringsten Beschaffungskosten inklusive einem Preisvorteil für den Nachfrager. Das eigene Unternehmen hat also beim Vertrieb einen **Kostenvorteil**.
>
> Die nachgelagerten Kosten fließen bei der Investitionsentscheidung ein und fallen für diesen Kunden besonders ins Gewicht. Trotz geringster Servicekosten bietet das eigene Unternehmen aus Kundensicht die beste Leistung, welche durch freundliche Mitarbeiter und schnelle Wartung begründet ist. Das Unternehmen kann aus diesem Grund einen **Nutzenvorteil** beim Kunden generieren.
>
> Die Summe aus Kosten- und Nutzenvorteil bildet die Netto-Nutzen-Differenz. Erst wenn diese Differenz durch einen Wettbewerber kompensiert wird, ist der Vertriebserfolg bei diesem Produkt gefährdet.

Das obige Beispiel verdeutlicht, dass die Kunden die verschiedenen Leistungsbestandteile unterschiedlich wahrnehmen. Eine positive Wahrnehmung ist also eine Stärke und eine negative Wahrnehmung eine Schwäche eines Unternehmens im Marktumfeld. Die relativen Stärken und Schwächen begründen den KKV, welcher einen Effektivitätsvorteil darstellt (vgl. Backhaus 2003). Die Stärken eines Unternehmens vereinfachen somit den Vertrieb und veranlassen die Kunden, die Produkte und Dienstleistungen eines Unternehmens zu kaufen. Die Ursachen für die Wahrnehmung einer Leistung als Stärke oder

2.2 Die Methoden für die richtige Strategie

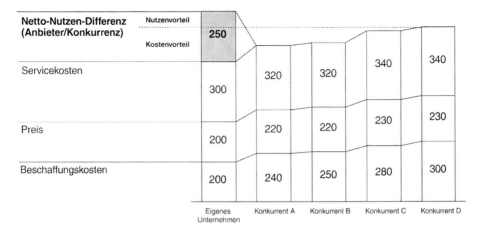

Abb. 2.1 Netto-Nutzen-Differenz beim komparativen Konkurrenzvorteil (Quelle: Plinke 1995)

Tab. 2.1 Stärken-Schwächen-Analyse

Stärken	Schwächen
Guter Preis	Geringe Kundenkenntnis
Niedrige After-Sales-Kosten	Mittelmäßiges Produkt
etc.	etc.

Schwäche müssen analysiert werden, um eine Steuerung der Wahrnehmung durch den Vertrieb zu erlauben.

Das **Konzept der relativen Stärken und Schwächen** im Vertrieb ermöglicht dem Management, die einzelnen Leistungsbestandteile aus Unternehmenssicht als Stärke oder Schwäche zu klassifizieren. Die Stärken und Schwächen werden zu diesem Zweck übersichtlich gesammelt (vgl. Tab. 2.1).

Das Management legt fest, welche relativen Stärken es sich auszubauen lohnt und welche relativen Schwächen beseitigt werden müssen. Die Stärken-Schwächen-Analyse definiert somit die Zielsetzung des strategischen Vertriebscontrolling, indem die auszubauenden Stärken und die zu beseitigenden Schwächen für den Teilbereich Vertrieb festgelegt werden.

Die alleinige Bestimmung eines KKV und der relativen Stärken und Schwächen eines Vertriebs sind jedoch nicht genug. Das Vertriebscontrolling muss besonderes Augenmerk auf die Vertriebseffizienz legen, da sie den positiven oder negativen Beitrag des Vertriebs zum Unternehmensgewinn bestimmt.

> **Beispiel**
>
> **Vertriebseffizienz** Ein namhafter deutscher Hersteller von Lastkraftwagen und Motoren steuerte seinen Vertrieb durch Umsatzvorgaben. Die Vertriebsmitarbeiter mussten ihre Umsatzvorgaben erfüllen oder übertreffen.

Die Vertriebsmitarbeiter erzeugten ihre Umsätze, indem den Kunden höhere Rabatte als durch die Wettbewerber eingeräumt wurden. Die Rabattierung wurde soweit ausgedehnt, dass gute Kunden die Modelle unter Herstellungskosten erhielten. Der Unternehmensgewinn brach durch die falsche Vertriebssteuerung so dramatisch ein, dass langfristig die finanziellen Unternehmensreserven aufgezehrt würden. Die Vertriebsleitung reagierte und änderte die Zielsetzungen für die Vertriebsmitarbeiter.

Der KKV als Ausdruck der relativen Unternehmensstärke ist unmittelbar, der Effizienzvorteil mittelbar wettbewerbswirksam. Der Vertrieb hat auf beide Größen unmittelbaren Einfluss. Einerseits bestimmen die Vertriebsaktivitäten den KKV, in dem das Leistungsangebot die Nachfragerwahrnehmung bestimmt; andererseits kann der Vertrieb durch geringe Prozesskosten das Leistungsentgelt für den Kunden verringern und den Netto-Nutzen-Vorteil erhöhen.

Checkliste 1 Stärken-Schwächen-Analyse			
	Trifft zu	Trifft weniger zu	Trifft nicht zu
1. Wir kennen das Konzept des komparativen Konkurrenzvorteils (KKV).	☐	☐	☐
2. Wir wissen, bei welchen Marktleistungen wir einen KKV erzielen.	☐	☐	☐
3. Wir kennen unsere relativen Stärken und Schwächen.	☐	☐	☐
4. Wir wissen, welche relativen Stärken und Schwächen die komparativen Wettbewerbsvorteile begründen.	☐	☐	☐

2.2.2 Märkte einschätzen

Das Vertriebscontrolling muss den Markt gemeinsam mit der Vertriebsleitung aus globaler Sicht einschätzen. Die Ergebnisse der globalen Marktbetrachtung bilden die Grundlage für die strategische Analyse der Einzelobjekte wie Kunden und Wettbewerber. Die globale Markteinschätzung ist daher immer zu Beginn einer Vertriebsstrategie durchzuführen.

Die strategische Marktanalyse beantwortet folgende Fragen:

- Was ist der relevante Markt?
- Wie sind die Absatzprognosen?
- Wer sind die Marktteilnehmer?
- Wie groß sind die Marktanteile der Wettbewerber, und wie groß soll mein Marktanteil künftig sein?
- Existieren Markteintritts- und -austrittsbarrieren?

Die erste Hürde, die die Vertriebsleitung zur Bestimmung des relevanten Marktes bewältigen muss, ist die Marktdefinition. Die allgemeine Marktdefinition geht der **Bestimmung des relevanten Marktes** voraus. In der Betriebswirtschaft ist die Anbieterperspektive im Hinblick auf das Kaufverhalten der aktuellen und potenziellen Abnehmer bei der allgemeinen Marktdefinition dominant.

▸ **Absatzmarkt** Ein Absatzmarkt wird als Menge der aktuellen und potenziellen Abnehmer bestimmter Leistungen sowie der aktuellen und potenziellen Mitanbieter dieser Leistungen sowie den Beziehungen zwischen diesen Abnehmern und Mitanbietern definiert (vgl. Meffert 2000).

Die allgemeine Marktdefinition ist nicht ausreichend für das Vertriebscontrolling, da der relevante Markt, um das Marktpotenzial und die Marktanteile zu berechnen, nicht konkretisiert wird.

Der Vertrieb muss den relevanten Markt nach unterschiedlichen Kriterien abgrenzen:

1. **Raum**
   In welchen Gebieten werden die Produkte und Dienstleistungen angeboten (Region, Land, Europa etc.)?
2. **Zeit**
   In welchem Zeitraum werden die Produkte und Dienstleistungen angeboten (Sommer, Winter etc.)?
3. **Sache**
   Was sind die Konkurrenzprodukte und -dienstleistungen der eigenen Marktangebote?

Die meisten Unternehmen haben keine Schwierigkeiten, den relevanten Markt räumlich und zeitlich abzugrenzen. Kleine, mittelständische und große Unternehmen sind sich sehr wohl bewusst, ob ihre Produkte und Dienstleistungen regional, national oder international angeboten werden und in welchem Zeitraum dies erfolgt.

Die heutige starke Nutzung des Internet innerhalb des Vertriebs vereinfacht die räumliche und zeitliche Abgrenzungsproblematik. Der Produktvertrieb ist durch das Internet theoretisch abgekoppelt von Raum und Zeit. Die räumliche und zeitliche Abgrenzung des relevanten Marktes stellt somit grundsätzlich kein Problem für die Vertriebsleitung dar. Es sei jedoch bemerkt, dass bei intensivem Vertrieb über das Internet die Produkte aus Indien theoretisch in den relevanten Markt des Unternehmens fallen, praktisch ist dies jedoch oft eher nicht der Fall.

Die sachliche Abgrenzung des relevanten Marktes ist deutlich schwerer für die Vertriebsleitung und den Vertriebscontroller. Zuerst müssen die Objekte der Marktabgrenzung bestimmt werden. Die klassischen Objekte sind die Anbieter, Produkte und Nachfrager. In zweiter Instanz müssen die Kriterien bestimmt werden, um den relevanten Markt abzugrenzen.

Tab. 2.2 Sachliche Abgrenzung des relevanten Marktes (Quelle: Meffert 2000)

Orientierung	Konzept	Aussage	Vertreter
Anbieter- und produktbezogene Ansätze	Konzept der physisch-technischen Ähnlichkeit	RM umfasst alle Produkte, die sich in Stoff, Verarbeitung, Form, technischer Gestaltung gleichen	Marshall
	Konzept der Kreuzpreiselastizität	RM umfasst alle Produkte, die sich durch eine hohe Kreuzpreiselastizität auszeichnen	Triffin
	Konzept der Wirtschaftspläne	RM umfasst alle Konkurrenzprodukte, die ein Anbieter bei seinen Absatzplanungen berücksichtigt	Schneider
	Konzept der funktionalen Ähnlichkeit	RM umfasst alle Güter, die das gleiche Grundbedürfnis bzw. die gleiche Funktion erfüllen	Abott/Arndt
Nachfragerbezogene Ansätze	Konzept der subjektiven Austauschbarkeit	RM umfasst alle Produkte, die vom Verwender als subjektiv austauschbar angesehen werden	Dichtl/Andritzky/Schobert
	Substitution-in-use-Ansatz	RM umfasst alle Produkte, die für den Verwender in einer bestimmten Ge- und Verbrauchsituation den gleichen Nutzen stiften	Srivastava/Alpert/Shocker
	Kaufverhaltensansätze	RM umfasst alle Produkte, die auf der Grundlage des realen Kauf-/Nutzungsverhaltens als substituierbar zu kennzeichnen sind	Fraser/Bradford
	Konzept der Kundentypendifferenzierung	RM umfasst alle Produkte, die von den gleichen Kundentypen nachgefragt werden	Kotler

Die Marketing- und Vertriebstheorie hat sich intensiv mit der Problematik des relevanten Marktes auseinander gesetzt. Die wesentlichen empirisch orientierten Ansätze sind in Tab. 2.2 zusammengefasst.

Alle Ansätze der Marktabgrenzung sind mit Vor- und Nachteilen behaftet. Eine stichhaltige Auswahl des besten Ansatzes ist nicht möglich. Der Schwerpunkt des Vertriebscontrolling sollte daher ausschlaggebend dafür sein, welcher Ansatz gewählt wird. Steht die Kundenanalyse an erster Stelle des Vertriebscontrolling, so sind die nachfragerbezogenen Ansätze zu präferieren. Ist das Augenmerk besonders auf die Wettbewerber, die Produkte und die Dienstleistungen gerichtet, so werden die anbieter- und produktbezogenen Ansätze praktikabler sein.

2.2 Die Methoden für die richtige Strategie

Die Einschätzung des relevanten Marktes beinhaltet eine **Absatzprognose**. Allgemein ist die Absatzprognose eine empirische Vorhersage des künftigen Produktabsatzes einer Unternehmung in einem bestimmten Zeitraum in einem Markt.

Folgende Begrifflichkeiten sind innerhalb der Absatzprognose zu unterscheiden (vgl. Meffert 2000):

- **Marktvolumen** ist die gegenwärtig realisierte Absatzmenge der Produktgattung einer ganzen Branche

- **Absatzvolumen** ist die Absatzmenge des Produktes einer Unternehmung

- **Marktanteil** ist das Verhältnis von Absatzvolumen zu Marktvolumen in Prozent

- **Marktpotenzial** ist die Gesamtheit möglicher Absatzmengen eines Marktes für eine bestimmte Produktgattung (Aufnahmefähigkeit des Marktes)

- **Absatzpotenzial** ist die Absatzmenge eines Produktes, die ein Unternehmen im Rahmen seiner Möglichkeiten glaubt, maximal erreichen zu können (Zielsetzung)

Die Ist-Analyse des relevanten Marktes ergibt das Markt- und Absatzvolumen. Diese Mengen und Umsätze sind ein Blick in die Gegenwart und bilden mit den Vergangenheitswerten die Basis der Absatzprognose des strategischen Vertriebscontrollings.

Das Absatzvolumen lässt sich relativ leicht durch ein ERP-System wie SAP ermitteln und sollte daher im Vertrieb verfügbar sein. Das Marktvolumen beruht in der Regel auf externen oder internen Marktforschungen. Das Marktvolumen kann berechnet werden, indem die Umsätze der wesentlichen Wettbewerber anhand der Jahresabschlüsse summiert werden.

Der **Marktanteil** ist nicht eindeutig auf die Gegenwart oder Zukunft festzulegen. Er ist ein ökonomisches Ziel des Vertriebs, der die Marktstellung des Unternehmens gegenüber Wettbewerbern ausdrückt.

$$\text{Marktanteil}(\%) = \frac{\text{Absatzvolumen}}{\text{Marktvolumen}} \cdot 100$$

Der Marktanteil kann auf verschiedenen Ebenen ermittelt werden. Einerseits kann er für den Gesamtmarkt berechnet werden, andererseits pro Produktlinie oder Produkt. Die Marktanalyse ermittelt den Marktanteil total, um einen ersten Eindruck der Marktverhältnisse zu erhalten. Der eigene oder fremde Marktanteil kann auch relativ zum Wettbewerb ermittelt werden, um Normstrategien für das Vertriebscontrolling abzuleiten und dynamische Portfolioanalysen durchzuführen.

Das Markt- und Absatzpotenzial hat vorausschauenden Charakter und ist für das strategische Vertriebscontrolling besonders interessant, da es die Möglichkeiten des Marktes und der eigenen Vertriebsaktivitäten darstellt. Allerdings ist das Markt- und Absatzpotenzial unsicher, da es sich um eine künftige Zahl handelt. Beide können nur prognostiziert werden.

Bei der Absatzprognose kommen aufgrund der zunehmenden Komplexität und der damit steigenden Unsicherheit in der ökonomischen Welt zunehmend Verfahren aus der künstlichen Intelligenz wie künstliche neuronale Netze zur Anwendung. Mittels künstlicher neuronaler Netze werden Zusammenhänge in großen Datenmengen erkannt und für die Absatzprognose auf die Zukunft geschlossen.

Die Absatzprognose ist abhängig vom Typ, dem Zeitbezug und der Art der Absatzprognose. Die Entwicklungs- und Wirkungsprognosen sind die wesentlichen Prognosetypen. Erstere erstellen die Prognose für Mengen und Werte in Abhängigkeit von exogenen Variablen, die von den Unternehmen nicht beeinflusst werden können. Letztere prognostizieren Mengen und Werte anhand endogener Variablen, die das Unternehmen selbst beeinflussen kann.

Der Prognosezeitrahmen kann kurz-, mittel- oder langfristig sein. Die Genauigkeit der Prognose schwindet mit langem Zeithorizont.

Die Prognoseart wird in quantitativ und qualitativ unterschieden. Die quantitativen Prognosen berechnen die Mengen und Werte mit mathematischen beziehungsweise statistisch-ökonometrischen Verfahren und sind in der Regel objektiv nachvollziehbar. Die qualitativen Prognosen sind eher subjektiv und beziehen Erfahrungswerte und Expertenwissen ein.

Die Typen, Zeiträume und Arten von Absatzprognosen sind kombinierbar. Beispielsweise kann eine kurzfristige, quantitative Wirkungsprognose im Vertrieb erfolgen, welche die Umsatzentwicklung des nächsten Jahres bei gleichen Vertriebsaktivitäten voraussagt. Die unterschiedlichen Absatzprognosen werden abschließend in Tab. 2.3 zusammengefasst.

Ist der relevante Markt bestimmt und eine erste Absatzprognose durch die Vertriebsleitung durchgeführt, so sollten die **Marktteilnehmer** identifiziert werden. Sie beeinflussen die Zielerreichung und das Marktverhalten.

Die relevanten Marktteilnehmer für das strategische Vertriebscontrolling sind:

1. **Nachfrager**
   Wer kauft die Produkte und Dienstleistungen?
2. **Konkurrenten**
   Wer konkurriert mit uns um die Gunst der Nachfrager?
3. **Mitarbeiter**
   Welche Mitarbeiter sind im Vertrieb involviert?
4. **Absatzmittler**
   Welche Unternehmen unterstützen uns innerhalb der Vertriebskette?
5. **Sonstige (Anspruchsgruppen wie Greenpeace etc.)**
   Wer beeinflusst das Nachfragerverhalten?

2.2 Die Methoden für die richtige Strategie

Tab. 2.3 Absatzprognosen

Prognoseart	Zeitbezug	Methode	Beschreibung
Quantitative Prognosemethoden	Kurzfristig	Gleitender Durchschnitt	Die durchschnittlichen Mengen und Werte der Vergangenheit werden für die Folgeperiode angesetzt
	Kurzfristig	Exponentielle Glättung	Die durchschnittlichen Mengen und Werte der Vergangenheit werden nach ihrem Zeitbezug als Erwartungswert gewichtet (t_{-1} besser als t_{-2}) und für die Folgeperiode angesetzt
	Langfristig	Trendverfahren	Die durchschnittlichen Mengen und Werte der Vergangenheit werden mit einem Trend (linear, exponentiell etc.) verknüpft und für die Folgeperioden prognostiziert
	Langfristig	Indikatormodelle	Die durchschnittlichen Mengen und Werte der Vergangenheit werden mit statistisch gesicherten Indikatoren (z. B. Bruttosozialprodukt, Geschäftsklima) verknüpft und für die Folgeperioden prognostiziert
Qualitative Prognosemethoden	Kurzfristig	Befragungen	Die Mengen und Werte werden durch eine einmalige Expertenbefragung prognostiziert
	Langfristig	Panel	Die Mengen und Werte werden durch eine mehrmalige Befragung derselben Experten prognostiziert

Die Kenntnis der Marktteilnehmer ist wichtig, um ein Gefühl für die Marktbedürfnisse und die Marktmächte zu erhalten. Eine Gewichtung der Marktteilnehmer gibt Hinweise, welche Marktteilnehmer besonders zu betrachten sind. Die detaillierte Betrachtung der wesentlichen Marktteilnehmer erfolgt in separaten Teilanalysen.

> **Beispiel**
>
> **Marktteilnehmer** Die Vertriebsleitung eines Konsumgüterherstellers bestimmt den relevanten Markt und identifiziert die Marktteilnehmer. Die Diskussion über die Relevanz der Marktteilnehmer innerhalb eines strategischen Vertriebscontrollings ergibt, dass die Absatzmittler wesentlich für den Vertriebserfolg sind, da kein Direktvertrieb erfolgt. Im Zuge der Teilanalyse wird der Fokus auf die Beurteilung der Vertriebswege gelegt.

Die Markteinschätzung umfasst vorhandene Ein- und Austrittsbarrieren. Sie bestimmen in erster Linie das Konkurrenzverhalten und die Beständigkeit des Marktes. Eine

Markteintrittsbarriere besteht, wenn bestimmte Rahmenbedingungen den Eintritt eines Wettbewerbers erschweren oder verhindern. Als Markteintrittsbarrieren sind Konzessionen, hoher Kapitaleinsatz und niedrige Verkaufspreise zu nennen.

Eine Marktaustrittsbarriere ist der Gegensatz zur Eintrittsbarriere. Sie liegt vor, wenn bestimmte Rahmenbedingungen den eigenen Marktaustritt oder den eines Wettbewerbers erschweren oder verhindern. Beispielsweise besteht eine Marktaustrittsbarriere für eine Vertriebsstruktur, wenn bereits hohe Investitionen in die Markterschließung geflossen sind, aber immer noch keine Gewinne erwirtschaftet wurden.

> **Beispiel**
>
> **Marktein- und -austrittsbarrieren** Der Telekommunikationsmarkt erfordert hohe Investitionen in den Aufbau der nötigen Infrastruktur oder der Entrichtung von Durchleitungsgebühren. Die deutsche Mobilfunktochter Quam der Telekommunikationsfirma Telefonica in Spanien hat die hohen Markteintrittsbarrieren durch Investitionen in die Infrastruktur und die Markterschließung durch Werbung überwunden. Die Vertriebsaktivitäten von Quam schlugen fehl, und es konnte nur ein Bruchteil der ursprünglich geplanten Neukunden geworben werden. Das Mutterunternehmen Telefonica beschloss daraufhin im Jahr 2002 den Rückzug aus dem deutschen Telefonmarkt. Zuerst wurde der vorübergehende Rückzug von Quam verkündet, da auf eine Markterholung gehofft wurde und die hohen Investitionen den Marktaustritt erschwerten. Ferner mussten für die bereits gewonnenen Kunden neue Lösungen nach Marktaustritt erarbeitet werden. Als der Markt sich nicht erholte, wurde der vollständige Rückzug verkündet.

Checkliste 2 Marktanalyse			
	Trifft zu	Trifft weniger zu	Trifft nicht zu
1. Wir kennen unseren relevanten Markt.	☐	☐	☐
2. Wir wissen, welche Mengen und Werte unser relevanter Markt erzielt.	☐	☐	☐
3. Wir wissen, welche Mengen und Werte unser Vertrieb im relevanten Markt erzielt.	☐	☐	☐
4. Wir können prognostizieren, welche Mengen und Werte wir in Zukunft erzielen.	☐	☐	☐
5. Wir kennen die Marktteilnehmer unseres relevanten Marktes.	☐	☐	☐
6. Unser eigener Marktanteil und die wichtigsten Wettbewerber sind uns bekannt.	☐	☐	☐
7. Die existierenden Marktein- und -austrittsbarrieren sind uns bewusst.	☐	☐	☐

2.2.3 Kunden analysieren

Die Beziehung zwischen einem Kunden und einem Unternehmen lässt sich grundsätzlich in den Verkaufszahlen ablesen. Kaufen die Kunden unregelmäßig, so fällt es nicht schwer zu erkennen, dass die Kundenbeziehung optimierungsbedürftig ist. Allerdings liegt auch noch keine hohe Kundenzufriedenheit vor, wenn die Kunden in gleichmäßigen Abständen und Mengen einkaufen. Eventuell fehlt es augenblicklich nur an Alternativen.

In vielen Unternehmen ist der Kunde immer noch eine „Blackbox". Das Unternehmen investiert in Produkte und Dienstleistungen (Input) unter der Annahme, dass der Markt die Produkte annimmt und Umsätze beziehungsweise Gewinne entstehen (Output). Wenige Unternehmen fragen sich, warum der Vertrieb erfolgreich oder nicht erfolgreich ist oder warum das Produkt bei einem Kunden sehr erfolgreich ist und beim anderen Kunden weniger. Die Ansatzpunkte für das Vertriebscontrolling bleiben daher ungenutzt.

Vertriebscontrolling sollte der Vertriebsleitung helfen, die Kunden besser zu verstehen und Strategien abzuleiten. Jeder Kunde ist anders und hat unterschiedliche Bedürfnisse. Die Interessen differieren nach Branchenzugehörigkeit bei Industriekunden oder Alter bei Endkunden. Der Nutzen von Produkten wird folglich individuell eingeschätzt.

Customer Relationship Management (CRM) – das Management von Kundenbeziehungen – hat als Managementphilosophie klassische Methoden und Konzepte erneut in das Rampenlicht des Unternehmensinteresses gerückt. CRM ist die individuelle Interaktion mit dem Kunden (vgl. Wessling 2001). Es setzt die individuelle Analyse und Ansprache der Kunden voraus.

Die Kunden werden durch eine Kundenanalyse innerhalb der Vertriebsstrategie in Segmente eingeteilt. Mögliche Segmente sind:

- Kunden mit positiven oder negativen Deckungsbeiträgen
- Kunden mit hohen oder geringen Umsätzen
- Kunden mit hohen oder geringen Vertriebskosten
- Geschäfts- und Privatkunden
- Individual- und Massenkunden
- Aufteilung von Kunden nach Branchen, Sparten oder Produkten

Vertriebscontrolling kann sich die Gedankengänge von CRM zunutze machen. Durch die Kombination von klassischen Vertriebsmethoden, CRM und neueren Informationstechnologien wird die Kundenanalyse effizienter als jemals zuvor. Vertriebscontrolling kann das erweiterte Kundenwissen nutzen, um eine zielgenauere und kostengünstigere Entscheidungsfindung zu unterstützen.

Einzelne Methoden inklusive deren Anwendungsweise zur Kundenanalyse werden im Folgenden vorgestellt (vgl. Abb. 2.2).

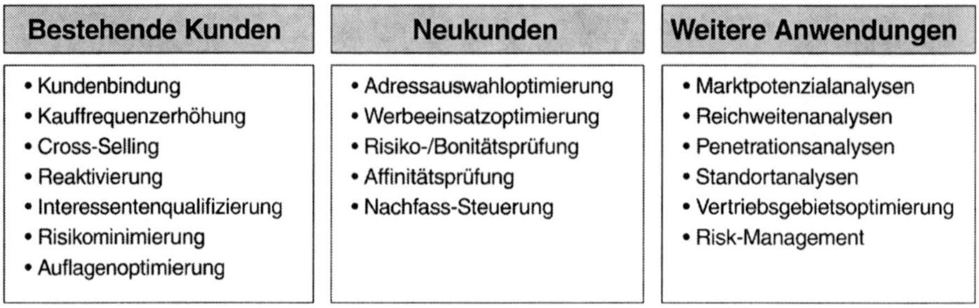

Bestehende Kunden	Neukunden	Weitere Anwendungen
• Kundenbindung • Kauffrequenzerhöhung • Cross-Selling • Reaktivierung • Interessentenqualifizierung • Risikominimierung • Auflagenoptimierung	• Adressauswahloptimierung • Werbeeinsatzoptimierung • Risiko-/Bonitätsprüfung • Affinitätsprüfung • Nachfass-Steuerung	• Marktpotenzialanalysen • Reichweitenanalysen • Penetrationsanalysen • Standortanalysen • Vertriebsgebietsoptimierung • Risk-Management

Abb. 2.2 Kundenorientierte Analyse- und Optimierungspotenziale (Quelle: Becker 2001)

Kundenstruktur

In erster Linie sollte ein Unternehmen die Kundenstruktur kennen. Es sollte wissen, wie viele Kunden bedient werden und wo diese Kunden ansässig sind. Ferner sollte analysiert werden, welche Produkte diese Kunden kaufen und warum.

Eine klassische Methode, um die Kundenstruktur zu erfassen, ist die ABC-Analyse. Die Methode hat weite Verbreitung in der Praxis, da sie vielseitig anwendbar ist:

- Kunden und Kundengruppen
- Produkte und Produktgruppen
- Lieferanten
- Absatzkanäle

Diese Methode wird zudem gern verwendet, da die Daten relativ leicht und mit geringem Aufwand aus den vorhandenen ERP-Systemen wie SAP oder Oracle extrahiert werden können. Zugleich ist die Darstellungsweise in grafischer oder tabellarischer Form jedermann zugänglich.

Der Ansatzpunkt der ABC-Analyse ist die Ermittlung des Mengen-Umsatz-Verhältnisses. Die Analyse soll dem Controlling und der Vertriebsleitung vermitteln, welche Kunden, Produkte oder Absatzkanäle den höchsten Umsatz erzielen.

Die Kundenstrukturanalyse mithilfe der ABC-Analyse beantwortet zwei grundsätzliche Fragen:

- Welche Kunden bringen den höchsten Umsatz?
- Welche Produkte bringen den höchsten Umsatz bei einzelnen Kunden?

Nach der Ermittlung der jeweiligen Kundenumsätze lassen sich die Kunden in Kategorien fassen. Die Kategorie A steht für gute, B für mittelmäßige und C für geringwertige Kunden. Die Einteilung der Kategorien erfolgt relativ willkürlich. Zu Beginn der Analyse wird beispielsweise für dieses Marktsegment festgelegt, dass ein A-Kunde mehr als 500.000 Euro Umsatz generieren muss. In unserem Fall bedeutet dies, dass drei Kunden als

2.2 Die Methoden für die richtige Strategie

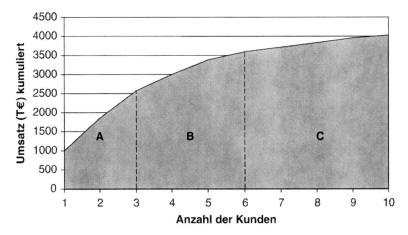

Abb. 2.3 ABC-Analyse der Kundenumsätze

A-Kunden angesehen werden (vgl. Abb. 2.3). Die anderen Kunden sind mittelmäßige oder geringwertige Kunden.

So einfach die Methode klingt, so viele Fallstricke enthält sie. In der Praxis zeigen sich bei der Anwendung beispielsweise Fehlsteuerungen. Viele Unternehmen leiten aufgrund der Umsatzanalyse neue Vertriebsstrategien ab und konzentrieren sich mit ihren Vertriebsaktivitäten auf die A-Kunden. Die so genannten Key Accounts sollen durch Mehrumsatz die Umsatzverluste überkompensieren, die durch die Nichtbearbeitung der geringwertigen Kunden entstehen. Die Praxis zeigt, dass dieses Vorgehen nicht zum gewünschten Ziel führt, daher wird die ABC-Methode praktisch immer weniger genutzt.

Es ist unzureichend, die Kundenanalyse anhand der ABC-Methode allein auf die Umsätze zu stützen. Ein Kunde ist für das Unternehmen nur wertvoll, wenn er auch einen positiven Ergebnisbeitrag leistet. Die alleinige Analyse der Kunden anhand ihrer generierten Umsätze ist daher nicht aussagekräftig, da sie keinen Aufschluss über den Ergebnisbeitrag des Kunden gibt. Der Vertriebscontroller muss zumindest die Kundendeckungsbeiträge betrachten, um den Vertrieb sinnvoll zu unterstützen. Denkbar wäre auch eine Betrachtung nach Cash Flow pro Kunde. Die Ermittlung dürfte aber in der Praxis schwierig sein.

Tabelle 2.4 gibt Hinweise, warum C-Kunden keine schlechten Kunden sein müssen. Die Rentabilität ist häufig hoch, da wenige Kundenbesuche gemacht werden und die Vertriebseinzelkosten daher vergleichsweise gering sind. Bei den A-Kunden hingegen wird aufgrund ihrer herausragenden Stellung für das Unternehmen erwartet, dass die Vertriebsmitarbeiter regelmäßige Besuche abstatten und hohe Rabatte aufgrund der abgenommenen Mengen gewähren. Die Marktmacht der Großkunden ist aus Prestigegründen und durch die Einkaufsbündelung ungleich höher als die Macht der meisten C-Kunden.

Die ABC-Analyse ist im strategischen Vertriebscontrolling mit Bedacht einzusetzen. Der Vertriebscontroller sollte sich immer bewusst sein, dass es sich um eine Vergangen-

Tab. 2.4 ABC-Analyse der Kundendeckungsbeiträge

	Kategorie A	Kategorie B	Kategorie C
Umsatz (T€)	2570	1116	448
Deckungsbeitrag (T€)	880	412	183
Anzahl	3	3	4
⌀ Umsatz (T€)	857	372	112
⌀ Deckungsbeitrag (T€)	293	137	46
DB/Umsatz	34 %	37 %	41 %

heitsanalyse handelt. Die Daten können sich also schon kurzfristig ändern und die eingeleiteten Vertriebsaktivitäten obsolet machen. Diese Problematik belegt die weltweite Bündelung der Einkaufsaktivitäten großer Unternehmen immer deutlicher. Die Unternehmen beziehen ihre Waren nur noch bei einer geringen Anzahl von Zulieferern. Die statische ABC-Analyse kann dann zu falschen Rückschlüssen führen, da Erwartungen und Wahrscheinlichkeiten nicht berücksichtigt werden.

Die Kundenanalyse darf bei der ABC-Analyse nicht beendet sein. Die ABC-Analyse liefert vergangenheits- oder gegenwartsorientierte Anhaltspunkte über die Kundenstruktur. Diese müssen durch ergänzende Kundenanalysen verdichtet werden, die künftige Kundenwerte und -profitabilitäten berücksichtigen.

Bestimmung von Kundenwertigkeiten

Die Kundenstrukturanalyse durch die ABC-Analyse ist zeitpunktbezogen. Das Ergebnis stellt eine Kundenstruktur dar, die auf aktuellen oder vergangenen Umsätzen, Deckungsbeiträgen etc. beruht. Bisher wurden weder Kosten für die Kundengewinnung noch für die laufende Kundenbetreuung explizit in die Betrachtung einbezogen. Der Kundenwert wurde noch nicht strategisch – also dynamisch – betrachtet, da die künftigen Entwicklungen unberücksichtigt blieben.

Eine optimale Kundenbetreuung im Sinne der Identifikation und Förderung gewinnbringender und wertsteigernder Kundenbeziehungen setzt die Kenntnis des Kundenwerts voraus. Durch die Zusammenfassung von Kunden anhand der Höhe ihrer Wertbeiträge in Kundenwertsegmente (z. B. die Kategorien A–E) und die Umsetzung entsprechender Kundenbetreuungs- und Entwicklungskonzepte wird die Anwendung rentabilitätsorientierter Kundenmanagement-Aktivitäten zur Steigerung des Kundenwerts ermöglicht.

Hierbei ist es sinnvoll, neben dem Betreuungsansatz und dem daraus resultierenden Betreuungsaufwand auch kundenspezifische Entscheidungen (wie z. B. Preis- und Konditionenfragen) jeweils am Kundenwert zu orientieren. Der Kundenwert repräsentiert demzufolge den Ausgangspunkt eines Vertriebsplanungsprozesses, bei welchem der jeweilige Kundenbetreuer anhand der Kundenwertigkeiten die Basis für eine gezielte Marktbearbeitung in seinem Aufgabengebiet legt. Der Kundenwert avanciert somit zu einer zentralen Steuerungsgröße für alle Kundenaktivitäten.

2.2 Die Methoden für die richtige Strategie

Die Ermittlung eines ganzheitlichen Kundenwerts setzt voraus, dass sowohl die materiellen als auch die immateriellen „Werttreiber" erfasst werden. Die rein ökonomische Betrachtung eines Kunden für das Unternehmen darf sich nicht nur auf die derzeitigen und zukünftigen Erträge beschränken. Der Beitrag eines Kunden zum Unternehmenserfolg ist wesentlich komplexer.

Grundsätzlich kann die Betrachtung des Kundenwertes aus zwei Perspektiven erfolgen:

- **Kundenwert aus Nachfragersicht (Customer Value)**: Aus einer wertorientierten Perspektive entscheiden sich Kunden beim Kauf einer Anbieterleistung für diejenige Alternative mit dem höchsten „customer value" bzw. mit dem besten Kosten-Nutzen-Verhältnis. Der Kundenwert aus Nachfragerperspektive ist damit der vom Kunden wahrgenommene, bewertete Beitrag des Anbieters zur Erreichung der monetären und nicht-monetären Ziele des Kunden.
- **Kundenwert aus Anbietersicht (Customer Lifetime Value)**: Der Kundenwert kann als der vom Unternehmen wahrgenommene und bewertete Beitrag eines Kunden bzw. eines Kundensegments zur Erreichung der monetären und nicht monetären Ziele des Unternehmens verstanden werden.

Beide Perspektiven sind fachlich gesehen im Vertriebscontrolling relevant. Der Kundenwert aus Anbietersicht (Customer Lifetime Value (CLV)) ist allerdings vorrangig, da er die Basis für die Steuerungsgröße Kundenwert innerhalb eines Unternehmens bildet. Im Idealfall ist der CLV für jeden Kunden zu berechnen.

Soll ein Kundenwert im Rahmen einer Vertriebsstrategie als zentrale Planungs- und Steuerungsgröße etabliert werden, so sind zwei Aspekte zu berücksichtigen:

1. Definition: Wie lautet die unternehmensindividuelle Definition des Kundenwerts?
2. Messung: Woher können die relevanten Informationen bezogen und aufbereitet werden?
3. Operationalisierung: Wie soll der Kundenwert operational als Steuerungsgröße eingesetzt werden, und welchen Mitarbeitern und in welchen Prozessen soll der Kundenwert unterstützend zur Verfügung stehen?

Die Erfahrung zeigt, dass zwei Dimensionen für den Kundenwert sinnvoll sind:

1. **Dimension: Wert (Kundenattraktivität heute)**
2. **Dimension: Potenzial (Kundenattraktivität künftig)**

Die beiden oben genannten Dimensionen setzen sich aus unterschiedlichen Bestimmungsgrößen zusammen, die je nach Kundengruppe zu festgesetzten Zeitpunkten berechnet werden sollen.

Tab. 2.5 Wertdimension und ihre Bestimmungsgrößen

Dimension	Bestimmungsgrößen	Definition	Systemberechnung/Benutzereingabe
Wert	Deckungsbeitrag/EBIT	Absoluter Deckungsbeitrag/Jahr	Systemberechnung/Schnittstelle erforderlich
	Umsatz	Gesamtumsatz des Kunden/Jahr	Systemberechnung/Schnittstelle erforderlich
	Menge	Menge der dem Kunden fakturierten Produkte/Jahr	Systemberechnung/Schnittstelle erforderlich
	Zahlungsverhalten	Kurzfristig: Mahnstufe des Kunden (inkl. entsprechendem Scoring) Mittelfristig: Zahlungsverhalten in Abhängigkeit vom Zahlungsziel	Systemberechnung/Schnittstelle erforderlich
	Schadenquote	Schadenssumme in % zum Umsatz/Jahr	Systemberechnung/Schnittstelle erforderlich
	Warenart	Operativer Anteil der Warenart/Monat	Systemberechnung/Schnittstelle erforderlich
	Strategische Bedeutung	Lokale/regionale/zentrale Bedeutung für Systemauslastung, Konzernzugehörigkeit	Benutzereingabe

Wertdimension

Zur Berechnung der Wertdimension werden zahlreiche Komponenten auf der Ertragsseite definiert. Tabelle 2.5 zeigt diejenigen Bestimmungsgrößen im Rahmen der Wertdimension, welche unmittelbar in die Kundenbewertung einfließen sollten. Die Bestimmungsgrößen variieren je nach Unternehmen und Branche und stellen hier nur einen Orientierungsrahmen dar.

Potenzialdimension

Die Erfassung einer dynamischen, nicht-monetären Komponente zur Erweiterung der Kundenwertdefinition in Form des Kundenpotenzials erfolgt implizit. Um die Potenzialdimension operationalisieren zu können, sollten zwei Bestimmungsgrößen festgelegt werden (vgl. Tab. 2.6).

Das *gewichtete Cross-/Up-Selling-Potenzial* bezieht sich auf sämtliche zusätzliche produktbezogene Potenziale, die ein Unternehmen beim Kunden erschließen kann. Die Er-

Tab. 2.6 Potenzialdimension und ihre Bestimmungsgrößen

Dimension	Bestimmungsgrößen	Definition	Systemberechnung/ Benutzereingabe
Potenzial	Gewichtetes Cross-/ Up-Selling-Potenzial	Die Abfrage des Cross-/Up-Selling-Potenzials sollte über einen Besuchsbericht oder über eine Potenzialanalyse im Marketing erfolgen. Dort sollte pro Produkt die Menge (inkl. einem Gewichtungsfaktor je Produkt) und die Abschlusswahrscheinlichkeit eingegeben werden.	Benutzereingabe
	Verhältnis zum Kunden	Bei Systemberechnung: Kundenzugehörigkeit (einfaches Scoring für Anzahl Jahre) oder bei Benutzereingabe: Einschätzung des Mitarbeiters über das Verhältnis zum Kunden	Systemberechnung oder Benutzereingabe

fassung dieses Potenzials erfolgt auf Basis eines Besuchsberichtes durch den jeweiligen Kundenbetreuer (Vertrieb Außendienst oder Innendienst) oder durch systematisierte Potenzialanalysen innerhalb des Marketings.

Die Potenzialdaten sollten je Kundensegment durch die jeweiligen Betreuer mindestens jährlich (in der zweiten Jahreshälfte) aktualisiert werden, so dass diese zu Beginn des neuen Geschäftsjahres aktuell sind und der Vertriebsplanungsprozess entsprechend vollzogen werden kann. Erfolgt diese Aktualisierung nicht, muss ein systembasierter Eskalationsautomatismus bestehen, der den jeweiligen Vorgesetzten über diese Versäumnisse in Kenntnis setzt.

Neben dem gewichteten Cross-/Up-Selling-Potenzial sollte das *Verhältnis zum Kunden* – im Sinne eines Loyalitätspotenzials – in die Bewertung einfließen. Dieses ergibt sich aus der Kundenaffinität zur Kontinuität in der Beziehung mit der Unternehmung und wird anhand der Beziehungsdauer (Anzahl Jahre) automatisiert bewertet oder durch den Vertriebs- oder Marketingmitarbeiter selbst beurteilt.

Unternehmen, die ein wertorientiertes Kundenmanagement praktizieren, können den Unternehmenswert maßgeblich steigern. In der Praxis ähnelt das Kundenmanagement leider oft eher der Vorgehensweise nach dem „Gießkannenprinzip" als einer zielgenauen und individuellen Beziehungspflege.

Die zunehmende Wettbewerbsintensität und ein verändertes Kundenverhalten zwingen Unternehmen, Produktivitätssteigerungen in allen Unternehmensbereichen zu erzielen, wobei die größten Produktivitätsreserven in den Bereichen Marketing und Vertrieb anzutreffen sind. Allerdings ist festzustellen, dass es auch im Vertrieb bei vielen Unternehmen an den relevanten Kennzahlen mangelt. Eine kundenwertorientierte Marktbearbeitung kann zu erheblichen Steigerungen der Produktivität und damit des Unternehmenserfolgs führen.

In der Theorie sollte die Customer Lifetime Value (CLV) Analyse für eine periodenübergreifende Betrachtung des Kundenwertes herangezogen werden, da eine kurzfristige, einperiodige Betrachtung des Kundenwerts für eine Analyse und Optimierung des Wertsteigerungsbeitrags von Kundenbeziehungen nicht optimal ist (vgl. Pufahl 2006).

▶ **Definition: Customer Lifetime Value** Barwert aller Zahlungsüberschüsse/Cash Flows, die durch einen Kunden im Laufe der gesamten Geschäftsbeziehung generiert werden.

Customer Lifetime Value ist der Kapitalwert des Investitionsobjektes „Kunde"

$$CLV = \sum_{t=0}^{t=n} \frac{e_t - a_t}{(1+i)^t} = e_0 - a_0 + \frac{e_1 - a_1}{(1+i)} + \frac{e_2 - a_2}{(1+i)^2} + \ldots + \frac{e_n - a_n}{(1+i)^n}$$

e_t (erwartete) Einnahmen aus der Geschäftsbeziehung in der Periode t
a_t (erwartete) Ausgaben aus der Geschäftsbeziehung in der Periode t
i Kalkulationszinsfuß zur Abzinsung auf einen einheitlichen Referenzzeitpunkt
t Periode ($t = 0, 1, 2, \ldots, n$)
n Dauer der Geschäftsbeziehung

Bei der Berechnung des CLV werden alle zukünftigen Ein- und Auszahlungen eines Kunden geschätzt und kumuliert. Die anzunehmende Dauer der Kundenbeziehung wird prognostiziert, und alle künftigen Ein- und Auszahlungen der jeweiligen Perioden werden mit dem Kalkulationszinssatz diskontiert.

In der praktischen Umsetzung innerhalb eines Vertriebscontrollings hat sich jedoch durchaus die Operationalisierung des Kundenwerts über Scoring-Modelle bewährt. Zudem bestimmt sich ein Kundenwert über mehr als den rein monetären Wert. Daher sollte ein Kundenwert-Scoring die monetären und nicht monetären Einflussgrößen auf den Kundenwert berücksichtigen. Das Scoring an sich soll dabei über eine Punktvergabe pro Periode (wie Monat, Quartal, Halbjahr, Jahr, weitere Zeiträume) erfolgen.

Die Berechnung und Messung des Kundenscorings kann auf zwei unterschiedlichen Wegen erfolgen:

1. Berechnung im operativen Vertriebssystem
2. Berechnung im analytischen Vertriebssystem

Im optimalen Fall steht ein analytisches Vertriebssystem zur Verfügung (Best Practice). Die Daten werden aus unterschiedlichen Datenquellen zusammengetragen und werden

2.2 Die Methoden für die richtige Strategie

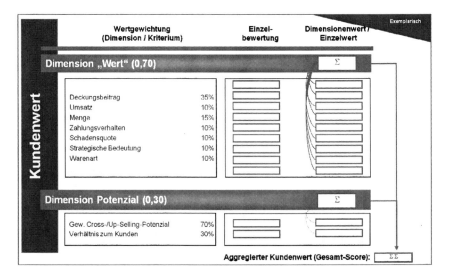

Abb. 2.4 Beispielhaftes Scoring eines Kundenwerts

zum Kundenwert im analytischen Vertriebssystem konsolidiert. Dies hat den Vorteil, dass Daten aus anderen Systemen wie SAP Business Warehouse, wo beispielsweise häufig die finanziellen Daten führend gehalten werden, nicht nochmals (redundant) abgespeichert werden und für die Berechnung der Kundenwertigkeiten genutzt werden können (vgl. Abb. 2.4).

Die Bestimmungsgrößen des Kundenwerts können nicht immer gleich berechnet werden (vgl. Abb. 2.5), sondern sind für die jeweiligen Kundengruppen je nach Datenverfügbarkeit unterschiedlich anzuwenden, um den Kundenwert in Abhängigkeit zur Kundenzugehörigkeit (Interessent, Kunde, War-Kunde) zu berechnen.

Zudem kann der Kundenwert mittels analytischen Vertriebssystemen in einer Matrix mit den beiden festgelegten Dimensionen „Wert" und „Potenzial" eine eindeutige Klassifizierung des Kunden ermöglichen (vgl. Abb. 2.6). Die jeweiligen Kundensegmente werden anhand einer Wert-/Potenzial-Matrix dargestellt. In einem weiteren Schritt können die Bewegungen innerhalb der Kundengruppen dargestellt werden, um positive und negative Kundenentwicklungen (Kundenmigrationen innerhalb der Kundenwertsegmente) zu identifizieren.

Kundenprofitabilität

Jedes Unternehmen lebt von der Profitabilität seiner Kunden. Ein Kunde ist profitabel, wenn die Einzahlungen des Kunden die Auszahlungen übersteigen, die durch seine Anwerbung, die Produktherstellung und sonstige Verwaltungs- und Serviceleistungen entstehen. Ein Unternehmen erwirtschaftet Gewinne, wenn der Anteil der profitablen Kunden den Anteil der unprofitablen Kunden kompensiert. Die Subventionen für unprofitable Kunden dürfen insgesamt die Cash Flows der profitablen Kunden nicht überschreiten.

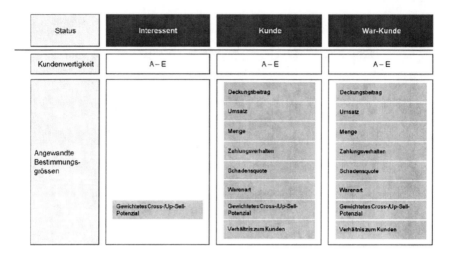

Abb. 2.5 Berechnung des Kundenwerts nach Kundengruppen

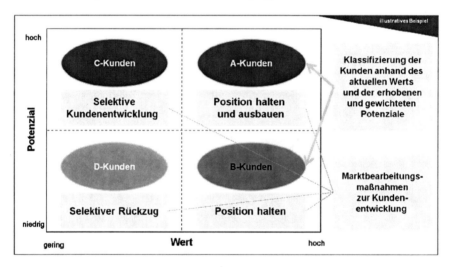

Abb. 2.6 Darstellung des Kundenportfolios anhand des Kundenwerts

Die Wirklichkeit sieht leider anders aus. Erkenntnisse aus der Praxis zeigen, dass eine große Anzahl von Kunden in der Kundenbasis unprofitabel ist. Die Unternehmen laufen Gefahr, dass Verluste der profitablen Kunden den Unternehmensfortbestand gefährden.

Die wichtigsten Erkenntnisse der Kundenanalyse in Bezug auf die Profitabilität der Kundenumsätze sind (vgl. Rapp und Schindler 2005):

1. Kleinvolumige Kunden sind in den meisten Fällen unprofitabel.
2. Kunden mit mittlerem Umsatzvolumen sind in der Regel profitabel.

2.2 Die Methoden für die richtige Strategie

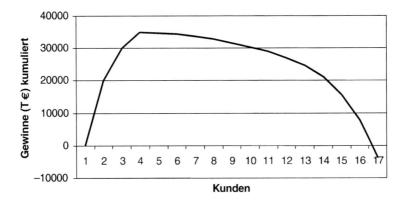

Abb. 2.7 Kumulierte Kundenprofitabilitäten

3. Großvolumige Kunden mit den gleichen Umsatzausprägungen sind entweder sehr profitabel oder sehr unprofitabel.

Die kumulierten Kundenprofitabilitäten, die im Rahmen der Prozesskostenrechnung ermittelbar sind, lassen sich anhand der Stobachoff-Kurve darstellen. Aufgrund der vorangegangenen Erkenntnisse sollten vorerst die Kunden mit großem Umsatzvolumen dargestellt werden, um den Aufwand zu minimieren und das Analyse-Ergebnis zu maximieren. Werden die gewünschten Ergebnisse nicht erreicht, so kann in einem zweiten Schritt die Analyse der mittel- und kleinvolumigen Kunden erfolgen.

Die statische Vorgehens- und Darstellungsweise der Stobachoff-Kurve ist ähnlich der ABC-Analyse. Der Kurvenverlauf ist allerdings anders, da die negativen Ergebnisse eine negative Steigung der Kurve bewirken. In Abb. 2.7 ist eine Stobachoff-Kurve mit beispielhaften Kundenprofitabilitäten dargestellt.

Die grafische Darstellung der Kundenprofitabilitäten gibt interessante Aufschlüsse über die Kundenstruktur. Die ersten vier Kunden haben eine gute Profitabilität. Sie können in das Segment „profitabel" eingeordnet werden. Normalerweise werden diese Kunden zu Key Accounts des Unternehmens erklärt. Die Kunden fünf bis zwölf sind unprofitabel, bieten aber aufgrund des geringen Verlusts hohes Potenzial, um sie zu profitablen Kunden zu transformieren. Sie bilden das Segment „transformierbar". Die Kunden 13 bis 17 sind hoch unprofitabel und zehren die vorher generierten Gewinne besonders schnell auf. Das Segment könnte „unprofitabel" heißen.

Die kumulierten Kundenprofitabilitäten zeigen die strategischen Optionen der Vertriebsleitung:

1. **Profitabel:** Die Kunden in diesem Segment sind zu stärken beziehungsweise auszubauen.
2. **Transformierbar:** Die Vertriebsleitung muss überlegen, wie die Kunden mit geringen Profiten oder geringen Verlusten profitabler werden.

3. **Unprofitabel:** Diese Kundengruppe ist entweder nicht mehr zu bearbeiten oder in die Profitabilität zu führen.

Die Elimination von Kunden sollte die letzte – aber nicht auszuschließende – Strategieoption sein. Jeder Kunde ist wichtig für das Unternehmen, sei es in der Vergangenheit, der Gegenwart oder in der Zukunft. Jeder Kunde kann Beiträge zum Umsatz, Up- oder Cross-Selling-Potenzial durch seine Weiterempfehlungen leisten, ohne selbst zu kaufen. Die Elimination eines Kunden kann dieses Potenzial zunichte machen. Gerade vor dem Hintergrund des Customer Relationship Management ist diese Option gründlich zu überdenken.

Ein Kunde kann aus vielen Gründen unprofitabel sein:

- zu hohe Rabatte für großvolumige Kunden,
- zu hohe Vertriebskosten durch häufige Kundenbesuche,
- die Produkte stiften nicht den maximalen Kundennutzen, die Preisbereitschaften werden dadurch nicht ausgenutzt,
- die Vertriebskanäle sind nicht auf den Kunden abgestimmt.

Die vielfältigen Gründe sind in der Strategiefindung zu erforschen, bevor Maßnahmen abgeleitet werden. Oftmals kommt bei der Analyse ein generelles, tief greifendes Vertriebsproblem zum Vorschein. Beispielsweise werden klassische Vertriebskanäle für einzelne unprofitable Kunden weiter angeboten, obwohl diese durchaus bereit wären, die Waren über das Internet zu bestellen. Die unprofitablen Kunden beeinträchtigen auf diese Weise alle anderen Kundenprofitabilitäten. Eventuell werden Rabatte besonderer Kunden auf andere Kunden mit geringerem Volumen übertragen. Die Einzelfälle sind zu untersuchen.

Eine Umstrukturierung des After-Sales-Service verbessert in der Regel die Kostenstrukturen (vgl. Stokburger und Pufahl 2002). Verursacht ein Produkt hohe Servicekosten, so kann dies die Profitabilität eines Kunden stark beeinflussen, wenn er große Mengen dieses Produktes bezieht. Die Vertriebsleitung kann durch eine Verlagerung von Service-Leistungen auf das Internet oder ein Service Center eine Kostenentlastung bewirken und den Turnaround bei einzelnen Kunden, die diese Leistung in Anspruch nehmen, erreichen. Dies ist aber abhängig von der Branche und vom Produktportfolio.

Nicht-monetäre Kriterien

Die monetären Kriterien wie Umsatz, Deckungsbeitrag und Gewinn eines Kunden oder einer Kundengruppe sind Eckpfeiler einer Vertriebsstrategie, da jedes Unternehmen langfristig Wachstum anstrebt und Gewinne erwirtschaften möchte. Die alleinige Beschränkung auf diese Faktoren wäre allerdings gerade in Bezug auf die Kunden fahrlässig für den Vertrieb, da weitere Werte – die so genannten nicht-monetären oder qualitativen Kriterien – den künftigen Unternehmenswert beeinflussen.

Es ist beispielsweise interessant für den Vertrieb, wie häufig die Kunden ihre Produkte beziehen oder über welchen Vertriebsweg (vgl. Tab. 2.7). Darüber hinaus ist es von großem

2.2 Die Methoden für die richtige Strategie

Tab. 2.7 Scoring-Modell für die Kundenanalyse

	Gewicht	Kunde A	Summe A	Kunde B	Summe B
Umsatz	10 %	5	0,5	6	0,6
Deckungsbeitrag	15 %	3	0,45	2	0,3
CLV	20 %	4	0,8	2	0,4
Preisniveau	5 %	4	0,2	3	0,15
Rabatte	10 %	3	0,3	4	0,4
Empfehlungen	10 %	2	0,2	5	0,5
Cross-Selling-Potenzial	15 %	1	0,15	5	0,75
Trendsetter	5 %	1	0,05	3	0,15
Konzernzugehörigkeit	10 %	1	0,1	4	0,4
Summe	**100 %**	**24**	**2,75**	**34**	**3,65**

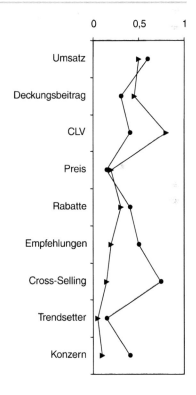

Abb. 2.8 Scoring-Modell für die Kundenanalyse

Interesse, ob die Kunden zufrieden sind und das Unternehmen weiterempfehlen oder ob der Kunde einem Konzernverbund zugehörig ist, der großes Vertriebspotenzial offenbart.

Die Palette der nicht-monetären Kriterien ist groß, und einige von ihnen wurden bereits aufgegriffen. Interessant ist, wie der Vertriebscontroller diese in der Praxis in die Kundenanalyse aufnehmen und bewerten kann, um eine optimale Budgetallokation zu erreichen.

Die Verknüpfung zwischen monetären und nicht-monetären Kriterien ist über ein Punktbewertungsverfahren (Scoring-Modell) zu erreichen (vgl. Abb. 2.8). Dieses Modell ermöglicht eine Gewichtung und Bewertung einzelner Kriterien auf hohem Niveau.

Das Scoring-Modell bewertet die Kunden auf einer Skala von 1 = schlecht bis 6 = sehr gut. Die einzelnen Kriterien haben eine unterschiedliche Relevanz für das bewertende Unternehmen. Die Relevanz wird über eine Gewichtung ausgedrückt. Beispielsweise ist es dem Vertriebsmanagement wichtig, dass der Kunde einen positiven CLV hat (20 %), aber nicht so wichtig, dass er ein Trendsetter ist (fünf Prozent).

Der Kunde B kann seine schlechteren monetären Werte beim Deckungsbeitrag mit den nicht-monetären Werten wie seiner Konzernzugehörigkeit ausgleichen. Aus dem Vergleich per Scoring-Modell kann resultieren, dass Kunden trotz niedriger monetärer Werte als strategisch wertvolle Kunden im Unternehmensportfolio angesehen werden.

Online-Kundenanalyse

Neue Medien wie das Internet, Mobiltelefone und Organizer bieten neue Möglichkeiten der Kundenanalyse. Die Erhebung und Nutzung der Kundendaten im Rahmen des Bundesdatenschutzgesetzes (BDSG) und des Teledienstdatenschutzgesetzes (TDDSG) ermöglicht dem Vertrieb, die Verhaltensweisen und Interessen der Kunden zu erheben. Vorausgesetzt, das Internet (inklusive WAP) wird als Vertriebskanal angeboten und genutzt.

Das Internet erleichtert die Erhebung von Informations-, Kommunikations- und Transaktionsdaten der Kunden (vgl. ausführlich Link 2001; vgl. Abb. 2.9).

Die gewonnenen Informationen sind sowohl quantitativer als auch qualitativer Art. Die quantitativen Daten wie Session IDs zeigen an, wie oft und zu welcher Zeit der Nutzer die Websites des Unternehmens besucht. Die qualitativen Daten wie das Navigationsverhalten und Formulareinträge geben Aufschluss, welche Arten von Informationen, Produkten oder Dienstleistungen die Kunden suchen.

Aus den gewonnenen Daten lassen sich Kundenprofile und -segmente bilden, die von hoher strategischer Relevanz für den Vertrieb sind. Einerseits können die Kunden besser bewertet werden, da die Datenbasis umfassender wird. Andererseits zeigt eine hohe Beschwerderate die Mängel in den Vertriebsprozessen auf, Newsgroups geben Hinweise auf Produktmängel und fehlende oder überflüssige Produkteigenschaften. Diese Informationen helfen der Vertriebsleitung, die Vertriebsaktivitäten zu optimieren und Kosten zu minimieren.

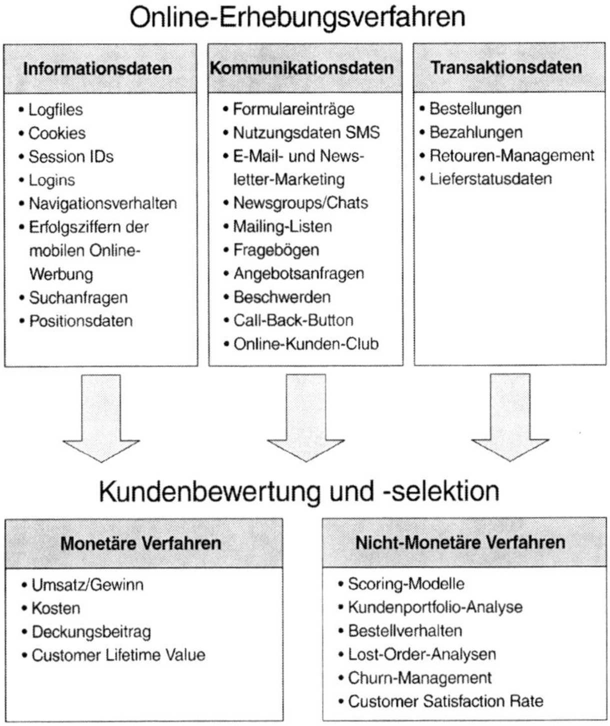

2.2 Die Methoden für die richtige Strategie

Online-Erhebungsverfahren

Informationsdaten	Kommunikationsdaten	Transaktionsdaten
• Logfiles • Cookies • Session IDs • Logins • Navigationsverhalten • Erfolgsziffern der mobilen Online-Werbung • Suchanfragen • Positionsdaten	• Formulareinträge • Nutzungsdaten SMS • E-Mail- und Newsletter-Marketing • Newsgroups/Chats • Mailing-Listen • Fragebögen • Angebotsanfragen • Beschwerden • Call-Back-Button • Online-Kunden-Club	• Bestellungen • Bezahlungen • Retouren-Management • Lieferstatusdaten

Kundenbewertung und -selektion

Monetäre Verfahren	Nicht-Monetäre Verfahren
• Umsatz/Gewinn • Kosten • Deckungsbeitrag • Customer Lifetime Value	• Scoring-Modelle • Kundenportfolio-Analyse • Bestellverhalten • Lost-Order-Analysen • Churn-Management • Customer Satisfaction Rate

Abb. 2.9 Online-Kundenanalyse (Quelle: Link 2001)

Checkliste 3 Kundenanalyse			
	Trifft zu	Trifft weniger zu	Trifft nicht zu
1. Wir können unsere Kundendaten durch ein Vertriebsinformationssystem effizient analysieren.	☐	☐	☐
2. Wir kennen unsere wertvollen und profitablen Kunden.	☐	☐	☐
3. Wir haben klare monetäre und nicht-monetäre Kriterien zur Kundensegmentierung im Vertrieb.	☐	☐	☐
4. Unsere Mitarbeiter sind mit den gängigen Methoden der Kundenanalyse und damit verbundenen Problemen vertraut.	☐	☐	☐
5. Unsere Vertriebsstrategie basiert auf Kundendaten aus der Vergangenheit, der Gegenwart und der Zukunft.	☐	☐	☐
6. Wir haben unsere Vertriebsaktivitäten den Kundensegmenten angepasst.	☐	☐	☐

2.2.4 Wettbewerber beurteilen

Die Kundenanalyse hat gezeigt, welche Kunden der Vertrieb bedient, ob die Kunden profitabel sind und ob es für das Unternehmen sinnvoll ist, die Kunden in der Zukunft weiter zu bearbeiten.

Die Wettbewerbsanalyse betrachtet das Konkurrenzverhalten. Das Ziel der Wettbewerbsanalyse ist, der Vertriebsleitung Antworten auf folgende Fragen zu liefern:

- Welche Wettbewerber sind im Markt?
- Wie verhalten sich die Unternehmen im Markt *aktuell* gegenüber ihren Wettbewerbern?
- Welche Strategien verfolgen die Wettbewerber *künftig*?
- Wie verhält sich die Konkurrenz gegenüber unserem Unternehmen?
- Wie agiert unser Unternehmen gegenüber der Konkurrenz?
- Wie sollte das Unternehmen auf Vertriebsaktivitäten der Konkurrenz reagieren?
- Befriedigen die anderen Unternehmen die Kundenbedürfnisse besser oder schlechter als das eigene Unternehmen?
- Wie ist die eigene Position im Vergleich zu den Wettbewerbern im Markt?
- Wer sind die schärfsten Konkurrenten um die Gunst der Kunden?

Die Antworten auf diese Fragen sind für einzelne Unternehmen und Märkte individuell zu finden. Das Management ist allerdings gut beraten, sich näher mit dem Wettbewerb auseinanderzusetzen. Dass diese Forderung nicht immer erfüllt wird, zeigen Befragungen von Führungskräften (vgl. Backhaus 2003). Die Konkurrenzanalyse wird demnach

- zu 46 % permanent und systematisch,
- zu 45 % … nach Bedarf und
- zu neun Prozent nie

betrieben.

Die Wettbewerbsanalyse umfasst drei Schritte:

1. Identifikation der relevanten Konkurrenten
2. Analyse des Konkurrenzverhaltens
3. Zusammenfassendes Konkurrenz-Reaktionsprofil

Identifikation der relevanten Konkurrenten

Die Identifikation der relevanten Konkurrenten setzt die Bestimmung des relevanten Marktes voraus. Der Vertriebsstratege muss bereits im Vorfeld der Konkurrenzanalyse definieren, welche Produkte den relevanten Markt bilden. Der relevante Markt eines Ski-Herstellers kann beispielsweise die Produkte aller anderen Ski-Hersteller und/oder der Snowboard-Hersteller umfassen.

Tab. 2.8 Typologisierung konkurrenzgerichteten Verhaltens (Quelle: Meffert 2000)

Verhaltensdimensionen	Innovativ	Imitativ
Wettbewerbsvermeidend	Ausweichen	Anpassung
Wettbewerbsstellend	Konflikt	Kooperation

Je nach Umfang des relevanten Marktes variiert die Anzahl der Konkurrenten, die in die Wettbewerbsanalyse einzubeziehen sind. Die Wettbewerbsanalyse muss dynamisch sein, um künftige Wettbewerber ebenfalls zu erfassen.

Analyse des Konkurrenzverhaltens

Nachdem die relevanten Konkurrenten identifiziert sind, ist es sinnvoll, diese zu gruppieren, um den Aufwand der Konkurrenzanalyse zu minimieren.

Grundsätzlich werden vier Verhaltensweisen unterschieden, die als Grundlage einer Wettbewerbssegmentierung dienen (vgl. ausführlich Meffert 2000; vgl. Tab. 2.8):

Die Wettbewerber eines relevanten Marktes werden bei der Wettbewerbssegmentierung anhand der bisher verfolgten Vertriebsstrategien einer der vier Matrixausprägungen zugeordnet. Die so zusammengefassten Wettbewerber bilden strategische Gruppen.

▸ **Kooperationsstrategie** Ein Wettbewerber verfolgt eine Kooperationsstrategie, wenn er keinen eigenen Wettbewerbsvorteil hat oder die notwendigen Ressourcen fehlen, um im Wettbewerb allein zu bestehen. Es kann zwischen formalen und informellen Kooperationen unterschieden werden. Bei der formalen Kooperation handelt es sich um eine vertragliche Sicherung der Kooperation in Form von Lizenzverträgen oder Joint Ventures. Die informelle Kooperation ist durch Absprachen gekennzeichnet, die allerdings nicht juristisch fixiert sind.

Die Kooperationsstrategie ist häufig in Märkten anzutreffen, in denen hohe Investitionen in Maschinen oder in Form von Entwicklungskosten gefordert sind. Die hohen Fixkosten schaffen hohe Markteintrittsbarrieren und zwingen die Unternehmen zu Kooperationen, um trotz hoher laufender Kosten wirtschaftlich zu sein (Luftfahrt oder Automobilindustrie).

▸ **Konfliktstrategie** Die Konfliktstrategie ist häufig in sehr wettbewerbsintensiven Märkten (Polypol) wie der Konsumgüterindustrie anzutreffen. Die Markteintrittsbarrieren sind gering, und die teilnehmenden Unternehmen des Wettbewerbs müssen die Konkurrenten attackieren, um am Markt selbst weiter zu bestehen.

Die Konfliktstrategie ist allerdings ebenso häufig auf Oligopolmärkten anzutreffen, in denen kein oder nur ein geringes Marktwachstum vorhanden ist. Die Unternehmen müssen die Konflikte mit den Wettbewerbern suchen, um bei stagnierendem oder schrumpfendem Markt selbst zu wachsen. Da das Gesamtmarktvolumen stabil bleibt, ist das eigene Wachstum nur erreichbar, wenn ein anderer Konkurrent seinen Marktanteil verringert.

Das konfliktäre Marktverhalten zeigt sich besonders häufig in Märkten mit geringen Regularien wie in den USA. Dort sind vergleichende Werbungen und Vertriebsaktivitäten an der Tagesordnung. Das Konkurrenzunternehmen wird mit seinem Produkt einem direkten Vergleich mit dem eigenen Unternehmen unterzogen. Die Vorteile der eigenen Produkte werden herausgearbeitet und der Wettbewerber direkt angegriffen.

▶ **Ausweichstrategie** Eine Ausweichstrategie verfolgt das gegensätzliche Ziel der Konfliktstrategie. Das Unternehmen versucht der Konkurrenzsituation bewusst auszuweichen, indem die Produkte abgewandelt werden oder ein Rückzug in Märkte mit hohen Markteintrittsbarrieren erfolgt. Die Gründe für eine Ausweichstrategie können in mangelnden Ressourcen liegen.

▶ **Anpassungsstrategie** Diese Strategievariante versucht den eigenen Marktanteil zu sichern. Der Wettbewerber wird nicht von sich aus aktiv, sondern passt sich den Aktionen der Konkurrenz an. Diese Strategievariante ist in stark wachsenden Märkten anzutreffen. Der eigene Marktanteil ist anfänglich noch nicht gefährdet, da die Nachfrage größer als das Angebot ist. Die Konkurrenten können trotz gleicher Strategie gemeinsam wachsen. Die Anpassungsstrategie ist in der Regel nur vorübergehend, da bei Marktsättigung zu einer der vorher beschriebenen Strategievarianten übergegangen wird.

Das relative Konkurrenzverhalten wird durch folgende Einflussfaktoren bestimmt (vgl. Backhaus 2003)

1. Bisher verfolgte Vertriebsstrategie
2. Ziele und Leitbilder der Unternehmen
3. Fähigkeiten/Ressourcen
4. Umwelt

Bisher verfolgte Strategie
Die bisher verfolgten Vertriebsstrategien der Konkurrenten determinieren das heutige Wettbewerbsverhalten entscheidend. Die Wettbewerber, die in der Vergangenheit hauptsächlich expandiert haben, werden diese Strategie nicht von heute auf morgen ändern. Die realistische Einschätzung der Wettbewerber hängt hauptsächlich von einer dynamischen Betrachtung der Verhaltensweisen ab. Einige Unternehmen haben dies bereits erkannt und Task Forces eingerichtet, die sich ausschließlich mit der Wettbewerbsanalyse beschäftigen.

Die bisher verfolgte Vertriebsstrategie lässt sich gut nachvollziehen, wenn die Typologisierung konkurrenzgerichteten Verhaltens (siehe Tab. 2.8) in einer Abbildung veranschaulicht wird. Abbildung 2.10 ist auf drei Wettbewerber reduziert, um den Effekt zu beschreiben.

> **Beispiel**
>
> **Dynamisches Wettbewerbsverhalten** Wettbewerber C verfolgt in der Ausgangssituation $t = 0$ eine Vertriebsstrategie der Anpassung. Preisänderungen der Wettbewerber

2.2 Die Methoden für die richtige Strategie

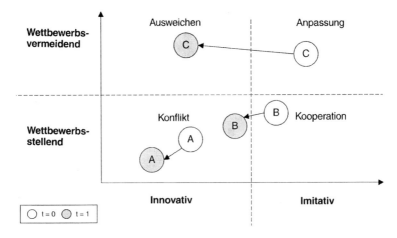

Abb. 2.10 Dynamisches Wettbewerbsverhalten

werden beispielsweise von dem Unternehmen mitgetragen. In der Periode $t = 1$ reagiert der Wettbewerber nicht mehr auf Preisänderungen direkt, sondern modifiziert sein Produktangebot mit zusätzlichen Services. Er weicht aus, indem er versucht, sein Angebot der Vergleichbarkeit mit Konkurrenzprodukten zu entziehen. In beiden Fällen ist der Wettbewerber C keine direkte Konkurrenz für das eigene Unternehmen, da die eigene Vertriebsstrategie durch seine Handlungen nicht überdacht werden muss.

Wettbewerber B war in der Ausgangssituation ein Kooperationspartner des eigenen Unternehmens. Die Vertriebsstrategie stimmte mit der eigenen Strategie überein. Im Fall der Kündigung der Kooperation ist der Wettbewerber gezwungen, seine Strategie zu überdenken. Eine Strategiealternative ist eine neue Kooperation mit einem anderen Wettbewerber. In der obigen Darstellung geht der Kooperationspartner in eine Konfliktstrategie über. Das Unternehmen ist innovativ und wettbewerbsstellend. Obwohl von diesem Unternehmen in der Vergangenheit keine direkte Konkurrenz ausgegangen ist, muss es in künftigen Wettbewerbsanalysen beobachtet werden.

Wettbewerber A war und ist ein direkter Konkurrent. Er versucht durch eine Konfliktstrategie die Wettbewerber anzugreifen. Der Punkt des Wettbewerbers in Periode $t = 1$ stellt dar, dass er noch aggressiver im Vertrieb vorgeht. Eine Änderung der eigenen Vertriebsstrategie wird immer Gegenmaßnahmen dieses Konkurrenten zur Folge haben. Die eigene Strategieänderung muss diesen Konkurrenten daher immer berücksichtigen.

Die Einschätzung des konkurrenzgerichteten Verhaltens ist in der Praxis schwer und eignet sich sicherlich nicht im Polypol, da die Darstellung unübersichtlich würde. Die periodenübergreifende Betrachtung der wichtigsten Wettbewerber gibt dennoch wichtige Aufschlüsse über deren Verhalten. Dies trifft insbesondere auf mittelständische oder große

Unternehmen zu, die wenige Hauptkonkurrenten haben. Die Unternehmen müssen deren Vertriebsstrategien besonders analysieren. Der Lerneffekt ist enorm und trägt zum intensiven Auseinandersetzen mit der Konkurrenz bei. Nach wenigen Perioden können die direkten Wettbewerber ausreichend eingeschätzt werden, und eventuell lassen sich durch zusätzliche Kenntnisse über Kostenstrukturen die ersten Erfolge erzielen, wenn sich Vertriebsaktivitäten der Konkurrenten prognostizieren lassen.

Unternehmensziele und -leitbilder

Unternehmen werden von Menschen gesteuert. Die meisten Menschen handeln nach Konventionen und Regeln, die in der Gesellschaft anerkannt sind oder von ihr vorgegeben werden. Die Ziele und Leitbilder der Unternehmen sind das Spiegelbild gesellschaftlicher und politischer Rahmenbedingungen. Die Oberziele der Unternehmen sind maßgeblich für die Unterbereiche und werden zum Zweck der Unternehmenssteuerung in Bereichsziele heruntergebrochen. Die Vertriebsziele sind als Subziele von den obersten Unternehmenszielen beeinflusst.

Die Unternehmensziele sind anderen Unternehmen durchaus zugänglich. Einerseits können die Unternehmensziele dem jeweiligen Geschäftsbericht des Konkurrenten entnommen werden. Hierbei ist allerdings zu beachten, dass der Geschäftsbericht hauptsächlich einen retrospektiven Charakter hat. Die Unternehmensziele können sich also seit dessen Erstellung durchaus geändert haben.

Andererseits können Pressedarstellungen der Wettbewerber oder Interviews von Firmenvertretern die Wettbewerbsstrategie skizzieren. Pressedarstellungen und Interviews sind selbstverständlich für kleinere Unternehmen nicht auf der Tagesordnung. Im Umfeld der kleinen und mittelständischen Unternehmen wird die Vertriebsleitung sich daher eher auf Äußerungen der Wettbewerber bei Messen oder Kundeninformationen über das Wettbewerbsverhalten verlassen müssen.

> **Beispiel**
>
> **Kundeninformationen** Kunden sind oftmals bereit, freiwillig Informationen über das Wettbewerbsverhalten zu geben, wenn sie sich einen eigenen Vorteil davon versprechen. Mit der Intensität der Kundenbeziehung zwischen Einkäufer und Verkäufer nehmen die Glaubwürdigkeit und die Informationstiefe zu.

Die Ziele und Leitbilder der Unternehmen können nur Anhaltspunkte der Wettbewerbsstrategie geben. Für eine aussagekräftigen Prognose sind sie zu ungenau. Die detaillierte Wettbewerbsanalyse über eine dynamische Betrachtung des Konkurrenzverhaltens wird von den Informationen gestützt, bleibt aber im Wesentlichen unberührt.

Fähigkeiten/Ressourcen

Unternehmen sind nur in der Lage, ihre Vertriebsstrategie zu verwirklichen, wenn es ihre Fähigkeiten und Ressourcen erlauben. Ein Unternehmen wird eine Konfliktstrategie im Zuge eines Preiskampfes langfristig nicht überstehen, wenn die finanziellen Rücklagen durch das geringe Preisniveau aufgezehrt werden.

> **Beispiel**
>
> **Fähigkeiten/Ressourcen** Die Vertriebsleitung des Unternehmens A hat die Vorgabe, eine Umsatzrendite von fünf Prozent zu erwirtschaften. Die langfristige Erfüllung der Vorgabe entscheidet über den Fortbestand der Produktlinie und deren Vertrieb.
>
> Die direkten Wettbewerber B und C sind als Innovator mit dem Produkt an den Markt gegangen und konnten mithilfe von Erfahrungskurveneffekten die Stückkosten erheblich senken. Die Wettbewerber senken aggressiv die Preise, um den Markt zu bereinigen und die eigenen Marktanteile zu vergrößern. Der neue Marktpreis liegt unter den Stückkosten von A, die Unternehmen B und C können durch die Kostendegression noch immer Gewinne erwirtschaften.
>
> Die Verluste der Produktlinie von Unternehmen A müssen entweder durch gewinnbringende Produktlinien abgefangen werden, oder die Gewinnrücklagen des Unternehmens werden aufgezehrt. Obwohl das Unternehmen A die Produktlinie weiter vertreiben möchte, wird die wirtschaftliche Entscheidung langfristig sicherlich die Einstellung sein, da die Vorgabe einer Umsatzrendite von fünf Prozent nicht erreicht werden kann.

Vertriebliche Fähigkeiten von Unternehmen lassen sich in fünf Gruppen einteilen (vgl. zur allgemeinen Einteilung von Fähigkeiten Porter 1999):

1. **Kernfähigkeiten**
   Die Mitarbeiterzahl, der Ausbildungsstand der Mitarbeiter und das Wissen um Vertriebsmethoden sind die Kernfähigkeiten des Vertriebs. Die Kernfähigkeiten beschreiben demnach die Rahmenbedingungen des jeweiligen Vertriebs, denen die Konkurrenz unterworfen ist.
2. **Wachstumsfähigkeiten**
   Die Vertriebsstruktur mit der Mitarbeiteranzahl verändert sich über die Jahre. Mitarbeiter treten in das Unternehmen ein oder scheiden aus. Die Fluktuation hat Einfluss auf die Schlagkraft des Vertriebs. Ist der Wettbewerber nur noch in der Lage, sein Wachstum mit zweitklassigen Vertriebsmitarbeitern zu bewerkstelligen, so ist davon auszugehen, dass dies mit geringeren Wachstumsraten als bisher geschehen wird, da die Mitarbeiter das Leistungspotenzial der bisherigen Mitarbeiter verfehlen. Ferner kann diese Wachstumsstrategie negative Einflüsse auf das Image des Wettbewerbers haben.
   Darüber hinaus beschreiben die Wachstumsfähigkeiten die Möglichkeiten der Wettbewerber, bestimmte Strategien zu finanzieren oder Personal anzuwerben. Die Wettbewerber können in ihrer Vertriebsstrategie limitiert sein, da sie kein Kapital mehr bekommen oder ihr Image so schlecht ist, dass die benötigten Mitarbeiter nicht angeworben werden können. Letzteres kann durch geringere Fortbildungsmöglichkeiten oder schlechte finanzielle Anreize hervorgerufen werden.

3. **Fähigkeit zur schnellen Reaktion**
Das relative Konkurrenzverhalten wird durch die Fähigkeit zur schnellen Reaktion geprägt. Diese Fähigkeit muss kurzfristig abrufbar sein. Der Wettbewerber kann auf die Vertriebsstrategien der anderen Konkurrenten nur schnell reagieren oder selbst eine plötzliche Vertriebsoffensive starten, wenn er diese Fähigkeit besitzt. Faktoren wie freie Liquiditätsreserven, anpassungsfähige Mitarbeiter, flexible Produkteigenschaften sowie dementsprechende Fertigungskapazitäten bestimmen diese Fähigkeit.

4. **Anpassungsfähigkeit**
Die Anpassungsfähigkeit im Wettbewerb ist langfristiger zu sehen. Der Vertrieb ist bei dieser Fähigkeit nicht isoliert zu betrachten, sondern andere Bereiche wie beispielsweise Marketing tragen zu deren Ausschöpfung bei. Die Anpassungsfähigkeit hängt von Faktoren wie der Kostenstruktur ab, also dem Verhältnis von variablen zu fixen Kosten.
Diese Fähigkeit muss vorhanden sein, um beispielsweise langfristig Fertigungs- und Vertriebskapazitäten an Marktveränderungen anzupassen oder neue Technologien wie CRM-Systeme gezielt im Vertrieb einzusetzen.

5. **Durchhaltevermögen**
Diese Fähigkeit bezieht sich hauptsächlich auf die finanzielle Kraft und das Management eines Unternehmens. Sie bestimmt, inwieweit der Konkurrent in der Lage ist, beispielsweise einen längeren Preiskampf durchzuhalten. Der Druck durch die Eigentümer oder Stakeholder, die psychologische Stärke des Managements und die Liquiditätsreserven wie Rücklagen oder Kreditmöglichkeiten bestimmen das Durchhaltevermögen eines Unternehmens.

Alle genannten Fähigkeiten und Ressourcen bestimmen die Vertriebsstrategien von Unternehmen. Die Abschätzung der Fähigkeiten einzelner Konkurrenten macht es leichter, deren Vertriebsaktivitäten zu prognostizieren.

Umwelt

Das relative Konkurrenzverhalten wird von Umständen beeinflusst, die das Unternehmen nicht aktiv bestimmen kann. Die Unternehmen sind Rahmen- und Marktbedingungen unterworfen, die sie schwer vorhersehen können.

> **Beispiel**
>
> **Umwelt** Die wirtschaftlichen Rahmenbedingungen werden durch Ereignisse wie den Anschlag des 11. Septembers 2001 in New York oder Krisen wie den Irak-Krieg beeinträchtigt. Die Unternehmen können diese Umwelteinflüsse nur bedingt oder gar nicht prognostizieren.

2.2 Die Methoden für die richtige Strategie

Checkliste 4 Wettbewerbsanalyse			
	Trifft zu	Trifft weniger zu	Trifft nicht zu
1. Wir können unsere Wettbewerbsdaten durch ein Vertriebsinformationssystem effizient analysieren.	☐	☐	☐
2. Wir kennen unsere direkten Wettbewerber.	☐	☐	☐
3. Wir kennen die Strategien unserer Wettbewerber.	☐	☐	☐
4. Unsere Mitarbeiter sind mit den gängigen Methoden der Wettbewerbsanalyse vertraut.	☐	☐	☐
5. Wir analysieren unsere Wettbewerber nicht nur statisch, sondern über mehrere Perioden.	☐	☐	☐
6. Wir haben Kenntnisse über die Fähigkeiten und Ressourcen unserer Wettbewerber.	☐	☐	☐

2.2.5 Produkt- und Dienstleistungsangebote positionieren

Die Positionierung der Produkt- und Dienstleistungsangebote ist ein wichtiger Schritt in der Vertriebsstrategie eines Unternehmens, da durch sie bestimmt wird, auf welche Art und zu welchem Zeitpunkt das Unternehmen am Markt wahrgenommen wird. In der Vertriebsstrategie ist es bedeutend, wie lange ein Angebot am Markt bestehen wird und welches Mengen- und Wertgerüst es beinhaltet. Die Vertriebsstrategie hat durch die Produkt- und Dienstleistungspositionierung nachhaltigen Einfluss auf die Umsatz- und Ertragssituation eines Unternehmens.

Das Vertriebscontrolling ist gefordert, in Bezug auf das Produkt- und Dienstleistungsangebot folgende Fragen zu beantworten:

- Wie lang ist der durchschnittliche Lebenszyklus der Produkte?
- Wie hoch sind die zu erwartenden Mengen und Umsätze in den einzelnen Lebenszyklusphasen?
- Zu welchem Zeitpunkt muss die Entwicklung eines Nachfolgers erfolgen?
- Wann muss das neue Produkt im Markt verfügbar sein, um die Umsatzrückgänge des Vorgängermodells zu kompensieren?
- Wie muss das Produktbündel gestaltet sein, um am Markt erfolgreich zu sein?

Gewöhnlich wird die Vertriebsleitung einmal jährlich aufgefordert, innerhalb des Budgetierungsprozesses ihre Schätzungen abzugeben, welche Mengen und Umsätze in den kommenden Jahren mit den Produkt- und Dienstleistungsangeboten erzielt werden können. Diese Angaben sind nach dem Planungsabschluss bindend für die spätere Erfolgskontrolle der Vertriebsaktivitäten.

Um das eigene Marktangebot zu analysieren, sinnvoll zu platzieren und deren Beitrag zum Unternehmenserfolg im Zeitablauf zu verstehen, sollte sich die Vertriebsleitung des Lebenszykluskonzepts, der Programmstrukturanalyse und des Marktanteils-Marktwachtums-Portfolios bedienen. Darüber hinaus sind oftmals Testmärkte und Panels ratsam.

Lebenszykluskonzept

Das Vertriebscontrolling ist gefordert, die Lebenszykluskurven für die aktuellen und künftigen Produkt- und Dienstleistungsangebote zu ermitteln, um die Eintrittswahrscheinlichkeiten der Vertriebsstrategien zu erhöhen. Das Konzept vermittelt den Produktverantwortlichen einen guten Überblick und deckt Schwachstellen in der Produktpolitik effizient auf. Es gibt Anregungen bei Absatzproblemen und erleichtert die Neueinführung und Degeneration von Produkten oder Produktlinien. Besonders nützlich ist der Lebenszyklus für mittelständische Betriebe, die nur wenige Produkte oder Produktlinien im Portfolio haben.

Die Methodik der Lebenszykluskurve sollte in mehreren aufeinander folgenden Schritten auf die Produkt- und Dienstleistungsangebote des Unternehmens angewendet werden:

1. Einordnung der Produkte- und Produktgruppen in die jeweiligen Phasen
2. Zuordnung der Mengen, Umsätze und Gewinne
3. Einschätzung des Mengen- und Wertgerüsts über mehrere Perioden
4. Ableitung von Vertriebsstrategien

Der Rechenaufwand für eine mehrperiodige Darstellung der Produktlebenszykluskurve ist mit den Computersystemen heutzutage gering. Die allseits verfügbaren Tabellenkalkulationsprogramme wie Microsoft Excel schaffen einen schnellen Überblick.

Dennoch sollte der Produktlebenszyklus nicht isoliert betrachtet werden. Er ist nur aussagefähig, wenn die Kunden- und Wettbewerbsanalyse mit ihren Ergebnissen in die Betrachtung eingeht. Nur so können die richtigen Schlüsse gezogen werden. Gibt es beispielsweise Hinweise, dass die Nachfrager sich aus einem Marktsegment zurückziehen oder ein erhöhter Wettbewerb in dem Marktsegment stattfindet, dann lassen sich Schlüsse auf geringere Mengen sowie daraus bedingte Umsatz- und Gewinnrückgänge ziehen.

> **Merke** Die Reihenfolge der Analysen ist entscheidend. Die Kunden- und Wettbewerbsanalysen sollten der Produkt- und Dienstleistungspositionierung vorgelagert sein.

Das Konzept kann sich auf unterschiedliche Bezugsgrößen beziehen (vgl. Meffert 2000):

- Branchen
- Strategische Geschäftsfelder

2.2 Die Methoden für die richtige Strategie

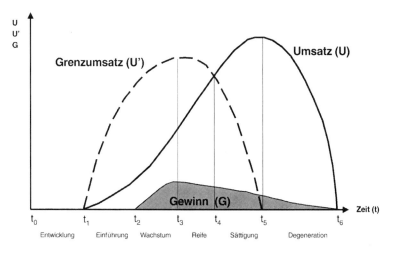

Abb. 2.11 Produktlebenszyklus (Quelle: In Anlehnung an Meffert 2000)

- Produktlinien
- Marken
- Produkte

Allgemein wird von bis zu sechs Phasen ausgegangen, die ein Produkt durchläuft (vgl. Abb. 2.11)

1. Entwicklungsphase
2. Einführungsphase
3. Wachstumsphase
4. Reifephase
5. Sättigungsphase
6. Degenerationsphase

In den einzelnen Phasen sind die erwarteten Mengen und Umsätze sinnvolle Anhaltspunkte für die Vertriebssteuerung. Die einzelnen Phasen werden idealtypisch anhand des Produktlebenszyklus kurz erläutert.

- **Entwicklungsphase**
  Die Entwicklungsphase ist durch geringe Mengen und keine bis geringe Umsätze gekennzeichnet. Wie der Name besagt, wird das Produkt- oder Dienstleistungsangebot in dieser Phase entworfen. Es fallen demnach vorwiegend Aufwand beziehungsweise Auszahlungen an, denen kein Ertrag beziehungsweise Einzahlungen gegenüberstehen. Die SGEs oder Produkte in dieser Phase müssen aus anderen Einnahmequellen quersubventioniert werden.

- **Einführungsphase**
  Nachdem das Angebot marktfähig ist, wird es an die Vertriebspartner verteilt und dem Markt zum Kauf angeboten. Den hohen Logistik- und Marketingkosten stehen geringe Mengen und Umsätze gegenüber. Die „Early Adopter" entdecken das Produkt für sich.
- **Wachstumsphase**
  In dieser Phase sollte der erste Produktgewinn erzielt werden. Dies ist allerdings abhängig von den vorgelagerten Investitionskosten. Die Mengen und Umsätze steigen überproportional, da die „Early Follower" zu den Wiederholungskäufern hinzukommen.
- **Reifephase**
  In der Reifephase wird das höchste Absatzvolumen erreicht, allerdings verfallen die Preise, da die Anzahl der Wettbewerber und die Variantenvielfalt zunimmt. Viele Nachfrager haben das Produkt bereits gekauft, und die Kundenwünsche sind heterogen. Die Umsatzzuwachsraten und die Umsatzrentabilität sinken.
- **Sättigungsphase**
  Diese Phase zeichnet den Wendepunkt des Lebenszyklus, indem das Umsatzmaximum erreicht wird. Die Mengen sind rückläufig, und der Umsatz geht erstmalig zurück, da die Anbieter aufgrund der geringeren Nachfrage mehr Zugeständnisse an die Konsumenten machen.
- **Degenerationsphase**
  Die Degenerationsphase bildet den Abschluss des idealen Lebenszyklus. Die Mengen und Umsätze nehmen weiter ab, und das Produkt wird vom Markt genommen, da letztlich keine Gewinne mehr mit dem Produkt- oder Dienstleistungsangebot erzielt werden.

Der Vertriebscontroller sollte die Grenzen des Konzepts kennen, um strategische Fehlentscheidungen zu vermeiden (vgl. Meffert 2000):

- Das Lebenszykluskonzept ist nicht allgemein gültig
- Es ist nicht empirisch nachgewiesen
- Der Lebenszyklus kann mit absatzpolitischen Mitteln beeinflusst werden
- Markt- und Geschäftsfelddefinitionen können sich im Zeitablauf ändern
- Diskontinuierliche Veränderungen der Unternehmensumwelt werden im Model nicht berücksichtigt
- Die nachfrage-, technologie- und wettbewerbsorientierten Einflussfaktoren auf den Umsatzverlauf des Produkt- oder Dienstleistungsangebots können sich ändern
- Die Phasenabgrenzung ist schwierig und erst nachträglich möglich

Trotz der Grenzen des Konzepts stellt es ein wichtiges Instrument des Vertriebscontrollings dar, da die Methodik in der Praxis eingängig und leicht verständlich ist Das Konzept führt zu einem gesteigerten Problembewusstsein der Beteiligten.

2.2 Die Methoden für die richtige Strategie

Beispiel

Produktlebenszyklus Nehmen wir an, ein Unternehmen bietet drei Computerprogramme am Markt an. Die erste Anwendung A wurde bereits vor mehreren Jahren entwickelt und befindet sich bereits in der Sättigungsphase. Es werden nur noch geringe Mengen abgesetzt. Die beiden anderen Anwendungen B und C befinden sich in der Wachstums- und in der Reifephase (vgl. Tab. 2.9).

Tab. 2.9 Produktlebenszyklus A

	Entwicklung	Einführung	Wachstum	Reife	Sättigung	Degeneration
Produkt	–	–	C	B	A	–
Menge	–	–	50.000	100.000	25.000	–
Preis	–	–	10	20	5	–
Umsatz	–	–	500.000	2.000.000	125.000	–
Kv	–	–	250.000	100.000	25.000	–
Kf	–	–	100.000	100.000	100.000	–
Gewinn	–	–	150.000	1.800.000	0	–

Das Produktprogramm des Unternehmens ist veraltet. In dieser Periode macht das Unternehmen einen hohen Gewinn. Es hat allerdings versäumt, die nachfolgende Software-Generation rechtzeitig zu entwickeln. Die Produktlebenszyklusfalle schnappt in einer der nächsten Perioden zu (vgl. Tab. 2.10).

Tab. 2.10 Produktlebenszyklus B

	Entwicklung	Einführung	Wachstum	Reife	Sättigung	Degeneration
Produkt	D	–	–	C	B	A
Menge	0	–	–	100.000	50.000	10.000
Preis	0	–	–	15	15	2,5
Umsatz	0	–	–	1.500.000	750.000	25.000
Kv	0	–	–	200.000	100.000	25.000
Kf	500.000	–	–	100.000	100.000	100.000
Gewinn	(500.000)	–	–	1.200.000	550.000	(100.000)

Das einfache Beispiel veranschaulicht die Anwendungsweise des Lebenszykluskonzepts. Die Aufgabe des strategischen Vertriebscontrolling ist die Überwachung des Produktportfolios in Bezug auf die strategische Lücke. Der Vertriebscontroller sollte bei dieser Aufgabe eng mit der Entwicklung und Produktion zusammenarbeiten, um Trends früh-

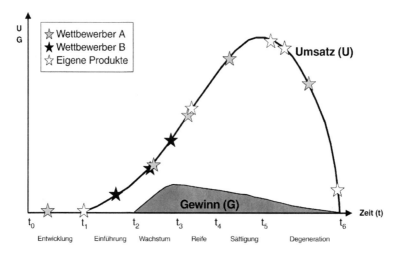

Abb. 2.12 Produktlebenszyklus mit Wettbewerbsprodukten

zeitig zu erfassen und die Vertriebsleitung zu informieren. Das rechtzeitige Steuern der Vertriebsaktivitäten kann die Lücke verkleinern oder ganz vermeiden.

Die Lebenszyklusanalyse leistet aber noch mehr als die Einschätzung des eigenen Produktportfolios im internen Vergleich. Das Konzept kann ein hilfreiches Instrument sein, um die allgemeine Marktlage einzuschätzen und Vertriebstrategien in Bezug auf den Wettbewerb und die Käufergunst abzuleiten.

Die Methode des Produktlebenszyklus kann auf einzelne Produktgruppen und Märkte angewendet werden (vgl. Abb. 2.12). Wie beim oben beschriebenen Vorgehen werden nicht nur die eigenen Produkte betrachtet, sondern ein Produkt oder eine Produktgruppe wird ins Verhältnis zu den Angeboten der Wettbewerber gesetzt.

Unter Einbeziehung von internen und externen Markteinschätzungen lassen sich durch das Lebenszykluskonzept mehrere Fragen beantworten:

- Welche Mengen und Umsätze werden vermutlich aktuell von den Wettbewerbern erzielt?
- Welche Mengen und Umsätze werden die Wettbewerber vermutlich mit den Produkten und Dienstleistungen künftig erzielen?
- Wann ist mit neuen Produktdifferenzierungen oder -diversifikationen zu rechnen?
- Zu welchem Zeitpunkt wird das Produkt oder die Dienstleistung wahrscheinlich ersetzt?
- Wie ist die Kostensituation des Wettbewerbers einzuschätzen?

Programmstrukturanalyse

Die Vertriebsleitung hat besonderes Interesse an der Fragestellung, wie lange welche Produkte noch verkauft werden können und welche Umsätze und Gewinne durch den Vertrieb

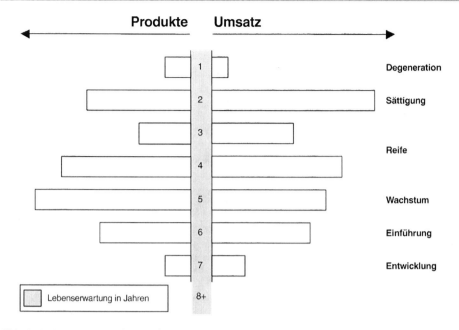

Abb. 2.13 Programmstrukturanalyse

in der Zukunft erzielt werden können. Ein Konzept, um diese Fragestellung besser zu beantworten, haben wir mit dem Lebenszykluskonzept bereits kennen gelernt. Das Lebenszykluskonzept wird allerdings primär auf einzelne Produkte beziehungsweise Produktlinien angewendet.

Die Programmstrukturanalyse versucht die Informationen des Lebenszykluskonzepts zu aggregieren (vgl. Abb. 2.13). Durch diese Analysetechnik ist es möglich, das Produktprogramm in der Gesamtheit darzustellen und Informationen über die Anzahl, den Umsatz und die Renditen des Unternehmensportfolios zu erhalten. Die einzelnen Produkte oder Produktlinien werden in ihren jeweiligen Lebenszyklen in die Programmstrukturanalyse einbezogen.

Die Ergebnisse des Lebenszykluskonzepts können bei der weiteren Analyse verwendet werden. Die Darstellung der Programmstruktur erfolgt in Form eines Lebensbaums. Diese Darstellung dient der Zielsetzung, die Chancen und Risiken der Programmstruktur auf den ersten Blick zu erkennen. Den Risiken der Programmstruktur kann so rechtzeitig begegnet werden, um den Vertriebserfolg langfristig zu sichern.

Die Programmstrukturanalyse nimmt an, dass ein Unternehmen langfristig am Markt bestehen oder wachsen kann, wenn es zahlreiche neue Produkte im Portfolio hat. Eine hohe Anzahl von Produkten im fortgeschrittenen Lebenszyklus mit gleichzeitig geringer Anzahl von Produkten im frühen Lebenszyklus birgt demnach Gefahren für den Unternehmensfortbestand. Eine tannenartige Programmstruktur ist ideal.

Bei dieser doch simplen Betrachtung sollte das Vertriebscontrolling beachten, dass die Programmstruktur selbst noch keine sinnvollen Schlüsse erlaubt. Vielmehr ist es notwendig, zu der Anzahl der Produkte beziehungsweise Produktlinien noch deren individuellen Umsatz- und Ergebnisbeitrag zu betrachten. Nur auf diese Weise kann eine verwertbare Aussage über die Programmstruktur abgeleitet werden, die für die Programmpolitik nützlich ist.

Ein Unternehmen ist gesund, wenn es viele junge Umsatz- und Gewinnträger in der Programmstruktur ausweist. Der Cash Flow der Produkte in fortgeschrittenem Lebenszyklus kann vor deren Elimination für neue Produktentwicklungen genutzt werden. Der Vertriebscontroller kann das Management bei der Programmpolitik durch die Kennziffer der Produktinnovationsrate unterstützen (vgl. Meffert 2000).

$$\text{Produktinnovationsrate} = \frac{\text{Jahresumsatz aus den in den letzten x Jahren eingeführten Produkte}}{\text{Gesamter Jahresumsatz}}$$

$$\text{Produktinnovationsrate} = \frac{\text{Jahresumsatz aller Produkte in Einführungs- und Wachstumsphase}}{\text{Gesamter Jahresumsatz}}$$

Marktwachstums-Marktanteils-Portfolio

Das Marktwachstums-Marktanteils-Portfolio wurde von der Unternehmensberatung Boston Consulting Group (BCG) entwickelt, um Normstrategien für die Entwicklung des Produktportfolios abzuleiten. Das ursprüngliche Konzept geht von einem in unabhängige strategische Geschäftseinheiten (SGE) gegliederten Unternehmen aus (vgl. Adam 1996), es kann aber auch auf Produkte und Produktlinien angewendet werden. Das finanzielle Gleichgewicht des Unternehmens wird erreicht, indem die bereits etablierten Produkte die Entwicklung und Einführung neuer Produkte quersubventionieren. Das strategische Ziel ist der finanzielle Ausgleich über verschiedene strategische Geschäftsaktivitäten. Die Methode setzt gleich dem Lebenzykluskonzept auf eine grafische Erfassung der logischen Zusammenhänge. Die Vorteile der leichten Darstellung und schnellen Analyse sind für dieses Konzept besonders hervorzuheben, da es in der Theorie besonders umstritten ist.

Die Produkte bzw. Produktgruppen werden in die vier Kategorien

- Star
- Question Mark
- Cash Cow
- Dog

eingeordnet.

Die Produkteinordnung in der Matrix wird durch den relativen Marktanteil und das Marktwachstum determiniert. Die relative Wettbewerbsstärke wird auf der X-Achse und das Marktwachstum auf der Y-Achse abgetragen. Die Grafik wird verstärkt, wenn die einzelnen Produktpunkte ihre Umsatzstärke durch ihren Radius demonstrieren. Das Ziel der grafischen Darstellung ist es, das eigene Produktportfolio auf einen Blick zu erfassen und Schwachstellen und Chancen für die Vertriebsstrategie zu orten.

2.2 Die Methoden für die richtige Strategie

Das Marktwachstum ist ein exogener Faktor, er kann vom Unternehmen nur bedingt beeinflusst werden. Das Konzept unterstellt, das der Finanzbedarf mit den Wachstumsraten steigt (vgl. Adam 1996). Der relative Marktanteil kann aktiv durch das Unternehmen beeinflusst werden. Es wird angenommen, dass ein hoher Marktanteil mit einer hohen Profitabilität kongruiert. Die Marktführerschaft mit gleichzeitig niedrigen Stückkosten durch den Erfahrungskurveneffekt ist daher anzustreben. Allgemein wird beim Marktwachstums-Marktanteils-Portfolio angenommen:

▸ **Merke:** Je höher die Marktwachstumsrate und je größer der eigene Marktanteil ist, desto höher ist die Rentabilität der Marktaktivitäten!

Die beiden Kennzahlen werden anhand der folgenden Formeln ermittelt:

$$\text{Relativer Marktanteil} = \frac{\text{Marktanteil des Unternehmens}}{\text{Marktanteil des stärksten Konkurrenten}}$$

$$\text{Marktwachstum}\,(\%) = \frac{\text{Marktvolumen}_{t+1}}{\text{Marktvolumen}_t}$$

Der relative Marktanteil und das Marktwachstum stellen zwei Erfolgsfaktoren des Portfolios dar. Die Portfolioanalyse kann allerdings anhand anderer Faktoren durchgeführt werden. In der Regel handelt es sich um einen extern vorgegebenen und einen intern beeinflussbaren Erfolgsfaktor.

Die Ermittlung der oben aufgeführten Kennzahlen erweist sich in der Praxis als schwierig, da es sich häufig um Polypole handelt, das heißt viele Anbieter und viele Nachfrager. Da in diesen Märkten der relative Marktanteil der einzelnen Wettbewerber eher niedrig einzustufen ist, kann von einer geringen Aussagekraft der Matrix ausgegangen werden. In Märkten mit wenigen Anbietern und vielen Nachfragern (Oligopol) ist die Matrix aussagekräftiger.

Die Anordnung der gebildeten Kategorien gleicht dem Produktlebenszyklus. Das *Question Mark* entspricht der Entwicklungs- und Einführungsphase, der *Star* der Wachstumsphase, die *Cash Cow* der Reifephase und der *Dog* der Sättigungs- und Degenerationsphase (vgl. Abb. 2.14).

Die einzelnen Portfolio-Kategorien begründen die Normstrategien für den Vertrieb:

- **Question Mark**
  In dieser Phase stellt sich die Frage der Investition oder Desinvestition. Die Produktgruppe wird in den Markt eingeführt. Die Vertriebsaktivitäten und die Stückkosten sind sehr hoch. Die Kosten müssen durch einen Transfer aus den Cash Cows gedeckt werden.
- **Star**
  Der Star ist bereits vom Markt angenommen worden. Die Entwicklungs- und Vertriebsinvestitionen tragen Früchte. Die Produkte können genügend Ertrag erwirtschaften, um sich selbst zu finanzieren.
- **Cash Cow**
  Die Cash Cows sind die Hauptumsatzträger des Unternehmens. Aus ihren Erträgen werden Neuinvestitionen getragen. Die Vertriebsaktivitäten können verringert werden,

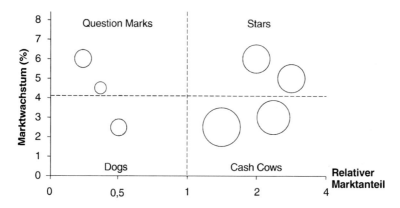

Abb. 2.14 Marktwachstums-Marktanteils-Portfolio

da bereits ein hoher Marktanteil erreicht ist. Ein geringer Anteil an Cash Cows schwächt den Cash Flow des Unternehmens und gefährdet die Bestandsfestigkeit des Unternehmens.

- **Dog**
Die Dogs sind die Produkte, die zwar noch Gewinn erwirtschaften, aber technisch veraltet sind und/oder von den Konsumenten nur noch gering nachgefragt werden. Hier wird nur noch über den Ausstiegszeitpunkt entschieden.

Die Normstrategien haben das Ziel, ein langfristig ausgeglichenes Portfolio zu erhalten, um am Markt zu bestehen und ausreichenden Cash Flow zu erwirtschaften. Die Vertriebsleitung muss daher konsequent Dogs eliminieren, Question Marks zum Star überführen und den Marktanteil bei den Cash Cows stärken. Die Phase eines Produkts oder einer Produktlinie als Cash Cow kann durch Produktvariationen oder -differenzierungen und durch erhöhte Vertriebsaktivitäten verlängert werden.

Das Marktanteils-Marktwachstums-Portfolio sollte über mehrere Perioden ermittelt werden, um den Strategieerfolg zu beurteilen (vgl. Abb. 2.15). Im ersten Schritt sollten der Ist-Zustand und der gewünschte Soll-Zustand ermittelt werden. In den weiteren Schritten ist in den Folgeperioden zu ermitteln, ob sich das Portfolio in Richtung des Soll-Zustands entwickelt. Die Vertriebsstrategie legt einen dezidierten Zeitplan fest. Die periodenübergreifende Darstellung ist gleichsam wichtig, da das Konzept grundsätzlich nicht die Wettbewerbsreaktionen erfasst. Die eigene Strategie kann fehlschlagen, wenn die Wettbewerber dieser mit entsprechenden Maßnahmen begegnen.

2.2.6 Vertriebsorganisation bewerten und ausrichten

Die Vertriebsorganisation hat die Aufgabe, die organisatorischen und personellen Reibungsverluste zu minimieren und einen optimalen Vertrieb zu gewährleisten. Das stra-

2.2 Die Methoden für die richtige Strategie

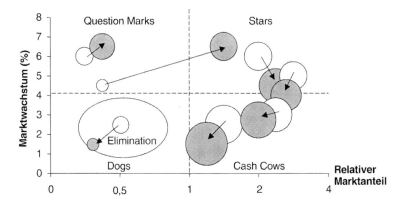

Abb. 2.15 Periodenübergreifendes Marktwachstums-Marktanteils-Portfolio

Checkliste 5 Produkt- und Dienstleistungs-Analyse			
	Trifft zu	Trifft weniger zu	Trifft nicht zu
1. Wir kennen unsere Produkte und können diese in den Produktlebenszyklus einordnen.	☐	☐	☐
2. Wir können die Umsätze und Gewinne der Produkte in den einzelnen Phasen des Produktlebenszyklus einschätzen.	☐	☐	☐
3. Wir kennen die Methodik der Programmstrukturanalyse und wenden diese aktiv an.	☐	☐	☐
4. Wir beurteilen unser Produktprogramm in regelmäßigen Abständen über eine Portfolioanalyse.	☐	☐	☐

tegische Vertriebscontrolling betrachtet die Vertriebsorganisation, da die Mitarbeiter das wertvollste Kapital der Vertriebsorganisation sind und die organisatorischen Rahmenbedingungen für die Vertriebseffizienz maßgeblich sind.

Im Rahmen einer Vertriebsstrategie sollte die Unternehmensleitung mithilfe des Vertriebscontrollings prüfen, ob die aktuellen organisatorischen Rahmenbedingungen und die Mitarbeiterqualifikation mit den vorher identifizierten Markt-, Kunden-, Wettbewerbs- und Produktportfolios übereinstimmen. Die Unternehmensleitung bewertet zu diesem Zweck die organisatorischen und personellen Voraussetzungen in der Vertriebsorganisation.

Folgende Fragen sind zu klären:

- Welche Priorität hat der Vertrieb im Unternehmen verglichen mit anderen Unternehmensbereichen und wie ist deren Zusammenspiel?
- Wie ist der Vertrieb organisiert (nach Kunden, Regionen etc.)?
- Welche Qualifikation haben die Vertriebsmitarbeiter?

Die Vertriebsorganisation sollte erst innerhalb des strategischen Vertriebscontrolling betrachtet werden, wenn die Marktbedingungen, Kunden, Wettbewerber und die vertriebenen Produkte und Dienstleistungen analysiert sind. Aufbauend auf der Kenntnis der Märkte, der Kundenbedürfnisse und deren Struktur, der Wettbewerbsaktivitäten und dem Überblick über die Produktpalette kann eine absatzstarke Vertriebsorganisation modelliert werden.

Zu diesem Zweck sollte die Unternehmensleitung bewerten, welchen Stellenwert der Vertrieb im Unternehmen hat. Ist das Unternehmen eher produktionsorientiert, so macht sich dies etwa in einem hohen Forschungsbudget bemerkbar. Der technische Aspekt dominiert, der Vertrieb übernimmt hauptsächlich die Warendistribution.

Denkbar ist, dass der Vertrieb in einem marketingorientierten Unternehmen dem Marketing untergeordnet ist. Alle Entscheidungen im Unternehmen erfolgen bei einer vollintegrierten Marketingorganisation unter der Maxime des Marketing (vgl. Meffert 2000). Das schließt natürlich die Entscheidungen im Vertrieb ein. Der Vertrieb wird daher der Marketingleitung untergliedert. Diese Variante ist in der Praxis eher selten.

Der Vertrieb kann seine volle Leistungskraft nur entfalten, wenn er autonom entscheiden kann, welche Vertriebsaktivitäten aus seiner Sicht notwendig sind. Das Vertriebscontrolling muss diese Rahmenbedingungen sicherstellen, um die gewünschten Effizienzsteigerungen im Vertrieb zu erzielen. Damit ist nicht gemeint, dass die Vertriebsleitung über Marketingkonzepte entscheiden sollte, denn das wäre der falsche Schritt. Alle wichtigen absatzpolitischen Entscheidungen sind im Vertrieb anzusiedeln. Die Marketing- und Vertriebskonzeptionen sind aufeinander abzustimmen und auf Konsistenz zu prüfen.

Das Vertriebscontrolling muss sicherstellen, dass die Kunden effizient und nach ihren Bedürfnissen bedient werden. Die vertriebliche Organisationsstruktur soll dies ermöglichen. Eine schlechte Organisationsstruktur bewirkt das Gegenteil.

Im Allgemeinen bestimmt die vertriebliche Organisationsstruktur, welche Kunden von welchen Mitarbeitern betreut werden. Die organisatorische Zugehörigkeit ist klassisch nach Funktion, Territorium, Produkten beziehungsweise Produktlinien, Kundenklasse oder einer Mischung aus den Alternativen geregelt.

Funktion

Die Kunden- oder Vertriebspartnerzuordnung zum Vertriebsmitarbeiter erfolgt anhand der Funktion. Der Kunde beziehungsweise Vertriebspartner wird abhängig von seinem Anliegen betreut. Wünscht der Kunde einen Auftrag zu platzieren, so wird er an einen anderen Vertriebsmitarbeiter verwiesen als bei einer Informationsanfrage.

> **Beispiel**
>
> **Chemieindustrie** Die Produktspezifikationen in der Chemieindustrie müssen bei der Distribution von Gefahrgütern mehreren Stellen wie Spedition, Zoll etc. vorliegen (vgl. Tab. 2.11). Die Erstellung, der Versand und die Kontrolle der Produktspezifikationen obliegt daher in der Regel einem Vertriebsmitarbeiter.

2.2 Die Methoden für die richtige Strategie

Tab. 2.11 Vertriebsorganisation nach Funktionen

Funktion	Mitarbeiter
Informationen	A
Verkauf	B
After-Sales-Service	C
Etc.	Etc.

Tab. 2.12 Vertriebsorganisation nach Territorium

Postleitzahlen	Postleitzahlengebiet	Mitarbeiter
0–999	0	A
1000–1999	1	B
2000–2999	2	C
3000–3999	3	D
Etc.	Etc.	Etc.

Territorium

Die Kundenzuordnung zu Vertriebsmitarbeitern oder Vertriebspartnern erfolgt anhand territorialer Merkmale wie Ort, Region oder Postleitzahl. Oftmals wird ein Gebietsschutz vereinbart. Die organisatorische Zugehörigkeit wird gern bei Dienstleistungsunternehmen wie Versicherungen gewählt. Sie ist besonders sinnvoll, wenn der Vertrieb eines Produkts eine starke Kundenbeziehung voraussetzt. Sie hat den Nachteil, dass der Vertriebsmitarbeiter alle Produkte gut kennen muss, um sie gezielt verkaufen zu können. Zudem verringert ein Gebietsschutz den Wettbewerb um den Kunden innerhalb des Vertriebsgebiets.

> **Beispiel**
>
> **Gebietsschutz bei Versicherungen** Die Vertriebsmitarbeiter von Versicherungen erhalten ihr Gebiet auf der Basis von Postleitzahlen oder Regionen zugesichert. Der Mitarbeiter ist zuständig für den Kunden, wenn er innerhalb seines Postleitzahlengebiets liegt (vgl. Tab. 2.12). Der Mitarbeiter A betreut beispielsweise alle Kunden, die eine Postleitzahl zwischen 0 und 999 haben. Die Kunden in diesem Postleitzahlengebiet können alle Produkte der Versicherung von dem Vertriebsmitarbeiter beziehen.

Produkt/Produktlinie

Die Kundenzuordnung zum Vertriebsmitarbeiter erfolgt anhand des Produkts. Der Kunde wird in der Regel von mehreren Mitarbeitern gleichzeitig betreut (vgl. Tab. 2.13). Diese organisatorische Zugehörigkeit wird gern bei produzierenden Unternehmen wie Chemieunternehmen gewählt. Sie ist sinnvoll, wenn das Produkt sehr erklärungsbedürftig ist.

Tab. 2.13 Vertriebsorganisation nach Produkten

Produkt	Mitarbeiter
Produktgruppe A	A
Produktgruppe B	B
Produktgruppe C	C
Etc.	Etc.

Tab. 2.14 Vertriebsorganisation nach Kundenklasse

Kundenklasse	Mitarbeiter
Topkunden	A, B, C
Mittelmäßige Kunden	D, E
Schlechte Kunden	F, G
Etc.	Etc.

> **Beispiel**
> **Bankenindustrie** Ein Vertriebsmitarbeiter in der Bankenindustrie betreut alle Kunden, die ein bestimmtes Produkt kaufen. Ein Mitarbeiter ist in der Regel für eine ganze Produktlinie wie Fonds verantwortlich. Die Kunden erwarten vom Vertriebsmitarbeiter spezifisches Produktwissen, da es sich um hohe Investitionsvolumina handeln kann und der Mitarbeiter die Kunden über die Gefahrenklasse der Anlage unterrichten muss.

Kundenklasse

Die Kundenzuordnung zum Vertriebsmitarbeiter auf Basis der Kundenklasse setzt eine Kundenanalyse voraus. Die Vertriebsleitung muss die Kunden klassifizieren (vgl. Abschn. 2.2.3) und die Vertriebsmitarbeiter zuordnen. Klassisch erfolgt hierfür eine Kundensegmentierung. Zudem wird zwischen Privat- und Geschäftskunden oder Individual- und Massenkunden unterschieden (vgl. Tab. 2.14).

> **Beispiel**
> **Pharmaindustrie** Die Pharmaindustrie unterscheidet bei ihrer Kundenbetreuung die Großhändler, die Ärzte und die Apotheken. Die separate Bearbeitung ist erforderlich, da die Bedürfnisse der einzelnen Kundengruppen und die gesetzlichen Rahmenbedingungen dies erfordern. Ärzte platzieren beispielsweise im Gegensatz zu Apothekern keine Aufträge. Sowohl Ärzte als auch Apotheken werden klassifiziert und je nach Klasse den Mitarbeitern zugeordnet.

Mischformen

Die Mischformen aus oben beschriebenen organisatorischen Rahmenbedingungen sind häufig bei nationalen oder internationalen Vertriebsgebieten anzutreffen.

Tab. 2.15 Vertriebsorganisation nach Kundenklasse und Produkten

Kundenklasse	Produktlinie	Mitarbeiter
Topkunden A, B	A, B	A, B
Topkunden A, B	C, D	C, D
Mittelmäßige Kunden C, D	A, B	D, E
Mittelmäßige Kunden C, D	C, D	F, G
Etc.	Etc.	Etc.

Beispiel

Sportartikelindustrie Die Sportartikelindustrie bedient ihre Kunden in einem internationalen Rahmen. Bei erklärungsbedürftigem Gerät wie Golfschlägern und -zubehör sind Kundenbesuche bei den Golfplatzbetreibern unerlässlich. Die Vertriebsmitarbeiter betreuen daher eine Region und gleichzeitig ein bestimmtes Sortiment (vgl. Tab. 2.15).

Die klassischen Organisationsstrukturen sind mit zahlreichen Nachteilen verbunden. Sie sind relativ starr und schränken die Mitarbeiter in ihren Vertriebsaktivitäten ein.

Die starken Konjunkturschwankungen, die hohe Wettbewerbsintensität auf Polypolmärkten, die hybriden Kunden mit geringer Kundentreue und die erhöhte Komplexität durch eine Vielzahl von Produktvarianten sind mit den klassischen Vertriebsorganisationen kaum noch zu beherrschen.

Das strategische Vertriebscontrolling sollte daher nach der Ist-Analyse überlegen, wie die Vertriebseffizienz durch eine erneuerte und verschlankte Vertriebsstruktur verbessert werden kann. Die abgesteckten Zuständigkeiten und vielen Hierarchieebenen der klassischen Vertriebsstrukturen können dies nicht mehr leisten. Neuere Konzepte müssen in die Überlegungen einbezogen werden.

Neuere Organisationsformen sind:

- Prozessorganisation
- Projektorganisation
- Modulare Organisation
- Virtuelle Organisation

Die **Prozessorganisation** hat eine möglichst effiziente Zusammenarbeit der einzelnen Teilbereiche zum Ziel. Ein klares Verständnis der Vertriebsprozesse ist für diese Organisationsform die Voraussetzung (vgl. Abschn. 2.2.7 zur Prozessanalyse), da die Vertriebsorganisation auf einzelne Prozesse ausgerichtet wird. Die Zahl der organisatorischen Schnittstellen soll minimiert werden.

Die **Projektorganisation** ist oftmals temporär. Für spezifische Vertriebsaufgaben wie die Sicherung von Großaufträgen werden Projektteams gebildet, die den Vertrieb gesondert verfolgen. Die Kunden werden dann dem Projektteam zugeordnet, obwohl es um bestimmte Produkte geht und der Kunde eigentlich von einem anderen Mitarbeiter betreut wird. Die bestehende Organisationsstruktur wird temporär aufgeweicht.

Die **modulare Organisation** ist ein ausschließlich innerorganisatorisches Konzept. Die Vertriebsaktivitäten werden räumlich und zeitlich entkoppelt. Die klassischen hierarchischen Vertriebsstrukturen werden durch relativ selbstständige und prozessorientierte Einheiten ergänzt oder ersetzt. Die Voraussetzungen für dieses Konzept bieten erst die heutigen Informationssysteme. Die Kunden- und Wettbewerbsinformationen sind über zentrale Datenbanken wie etwa bei CRM-Systemen allen Mitarbeitern ohne zeitliche und räumliche Bindung verfügbar. Ein Vertriebsmitarbeiter in Asien kann somit über die gleichen Informationen wie der in Europa tätige Kollege verfügen. Der Kunde und die Wettbewerber werden auf diesem Weg über die Grenzen hinweg transparenter und können effizienter bedient oder eingeschätzt werden.

Die **virtuelle Organisation** ist ein außerorganisatorisches Konzept und besagt allgemein, dass verschiedene Vertriebsorganisationen miteinander kooperieren, um die Vertriebseffizienz zu erhöhen. Es könnte sein, dass bestimmte Vertriebstätigkeiten, wie beispielsweise die Informationsbereitstellung, von externen Vertriebseinheiten übernommen werden, dies dem Kunden aber nicht kenntlich gemacht wird.

> **Beispiel**
>
> **Produktinformationen** Die Vertriebseinheit erstellt die Produktinformationen in Bezug auf Inhalte und das Layout weiterhin selbst. Die Kunden können sich die Informationen im Internet herunterladen oder ihre Heimatadresse angeben, um die Informationen per Post zu beziehen. Die Informationsbereitstellung und deren Distribution erfolgt durch die gemeinsame Nutzung eines Service Providers durch unterschiedliche Vertriebsorganisationen. Die Kunden nehmen die Informationsbereitstellung aber als Teil des Vertriebs wahr, bevor das eigentliche Produkt geordert wird.

Die virtuelle Organisation ist somit eine Art des Outsourcing. Aus Kundensicht wird die Vertriebsleistung immer noch aus einer Hand erbracht, real werden die Produktinformationen oder der Produktvertrieb durch Partner im eigenen Namen vollzogen.

Jede der vorgenannten Vertriebsorganisationsformen hat Stärken und Schwächen. Die Vertriebsleitung muss die jeweils beste Vertriebsstruktur auswählen, um die Kundenbedürfnisse effizient zu bedienen und die Rahmenbedingungen wie Märkte und Wettbewerber dynamisch zu berücksichtigen.

Die organisatorische Struktur ist aber nur ein Aspekt, den das Vertriebscontrolling betrachten muss. Ein zweiter wichtiger Pfeiler der Vertriebsorganisation sind die Mitarbeiter. Die Qualifikation und das Auftreten der Mitarbeiter ist ein wesentlicher Faktor, insbesondere bei Dienstleistungsunternehmen.

Aufgabe des Vertriebscontrolling ist zu prüfen, ob die Kunden- und Produktanforderungen mit den tatsächlichen Mitarbeiterqualifikationen übereinstimmen.

> **Beispiel**
>
> **Kulturelle Qualifikation** Ein Unternehmen, dessen Vertrieb ursprünglich auf den europäischen Raum beschränkt war, will nach Asien expandieren. Die Vertriebsmitarbeiter haben sich über Jahre im europäischen Raum bewährt. Die Besonderheiten der asiatischen Kultur lassen den einfachen Transfer der Vertriebsmitarbeiter in die neue Vertriebsregion nicht zu. Die Mitarbeiter würden scheitern, da die Vertrautheit mit den Landesbräuchen in Asien über den Vertragsabschluss entscheiden. Herausragende Produkteigenschaften werden den Erfolg nicht sicherstellen.

Eine Diskrepanz zwischen Anspruch und Wirklichkeit wird den Vertrieb negativ beeinflussen. Das Vertriebscontrolling muss in seiner überwachenden und vorausschauenden Funktion einschreiten und die Vertriebsleitung über Missstände unterrichten. Oftmals sind die Diskrepanzen historisch gewachsen. Persönliche Beziehungen werden besonders im Vertrieb gepflegt. Dies gilt natürlich auch für Vorgesetzte, die bestimmte Vertriebsmitarbeiter vorrangig behandeln, obwohl ihre Leistung und Qualifikation objektiv betrachtet nicht den Vorgaben entsprechen. Der Vertriebscontroller sollte die Mitarbeiter daher anhand fester Kriterien wie Umsatzzahlen oder Zertifikaten prüfen und bewerten.

Natürlich steht es dem Vertriebscontroller nicht zu, die Aufgaben der Personalabteilung zu erledigen. Dennoch sollte der ganzheitliche Ansatz des Vertriebscontrolling die Mitarbeiter einbeziehen. Der Vertriebscontroller, der die menschliche Komponente bewusst nicht ausschließt, wird sicherlich erfolgreicher sein.

2.2.7 Vertriebsprozesse aufnehmen und verbessern

Die Bestandsaufnahme der Vertriebsprozesse sorgt für einen Überblick, um die zu definierende Vertriebsstrategie zu begründen.

Folgende Fragen sind zu beantworten:

- Welche Prozesse existieren im Vertrieb?
- Wer sind die Prozessbeteiligten?
- Welches sind die einzelnen Prozess-Schritte?
- Welche Verbesserungspotenziale existieren?
- Welche Daten werden benötigt?
- Welche Berichte/Hilfsmittel werden genutzt?

In der Regel sind diese Informationen nicht ausschließlich in einer Abteilung vorhanden. Die Mitarbeiter verschiedener Unternehmensbereiche müssen die Fragen gemeinsam beantworten.

▸ **Problem** Wie soll das Wissen der Vertriebsmitarbeiter und der beteiligten Mitarbeiter aus anderen Fachbereichen effizient gewonnen werden, ohne hohe unproduktive Zeiten der Mitarbeiter in Kauf zu nehmen?

▸ **Lösung** Workshops

Die Kontrolle von Prozessen und Daten erfordert deren detaillierte Kenntnis. Die Prozesse und Daten sind zu analysieren, und jeder Prozess ist mindestens einem Verantwortlichen (process owner) zuzuordnen, bevor ein sinnvolles Vertriebscontrolling implementiert werden kann. Darüber hinaus sind die Erfolgsfaktoren zu ermitteln, die ein erfolgreiches Vertriebscontrolling für die Prozesse und Daten gewährleisten.

Workshops sind ein bewährtes Mittel zur Einbeziehung von Mitarbeitern. Die Methodik erzielt gute Ergebnisse bei der Ist-Analyse von Prozessen auf einem abstrakten Level. Richtig angewendet, gibt die Methode auf effiziente Weise einen Überblick über den aktuellen Prozess, Hinweise auf Fehlentwicklungen und den künftigen Soll-Prozess. Ein funktionsfähiges Vertriebscontrolling muss die Verbesserungspotenziale gezielt identifizieren und konkrete Handlungsanweisungen vorgeben. Workshops sind das Mittel zum Zweck.

Die wesentlichen Vorteile von Workshops sind

- Identifikation von Schwächen und Stärken der Vertriebsprozesse
- Überblick über die Prozesskomplexität und die operativen Probleme
- Angaben zu Anforderungen bezüglich Mitarbeitern, Zeit der Prozessdurchführung und -kosten
- Motivation und Einbeziehung aller Prozessbeteiligten

Innerhalb der Workshops haben alle Beteiligten die Möglichkeit, offen zu kommunizieren. Zu den wesentlichen Eigenschaften eines Workshops gehört, dass nur die Strukturen vorgegeben sind, aber die Inhalte konkret erarbeitet werden. Am Ende eines Workshops steht in der Regel ein Resultat, das durch die gleichzeitige und vollständige Verfügbarkeit mehrerer – im besten Fall aller – Prozessbeteiligter ermöglicht wurde.

Folgende Punkte haben gut organisierte Workshops gemeinsam:

- **Neutraler Moderator**
  Es ist ratsam, eine externe Person zu engagieren, da die Mitarbeiter dadurch weniger Angst vor Repressalien empfinden. Der neutrale Moderator gewichtet die unterschiedlichen Interessen der Prozessbeteiligten und steigert so die Effizienz des Workshops.
- **Feste Agenda**
  Das hauptsächliche Ziel von Workshops ist die Erarbeitung von guten Arbeitsergebnissen in kürzester Zeit. Eine Voraussetzung zur Zielerreichung ist die Vorbereitung des Workshops. Die Kenntnis der Agenda vorab bietet jedem Teilnehmer die Möglichkeit, die Inhalte vorzubereiten.

2.2 Die Methoden für die richtige Strategie

Tab. 2.16 Definition der Vertriebsprozesse

Workshop	Prozess	Verantwortlicher	Priorität
Workshop I	Prozess I	A und B	Hoch
Workshop II	Prozess II	C	Niedrig
Workshop III	Prozess III	A	Mittel
Etc.	Etc.	Etc.	Etc.

- **Festlegung der nächsten Schritte**
  Mit diesem Punkt schließt jeder Workshop. Die Teilnehmer identifizieren die offenen Punkte, die während des Workshops aus unterschiedlichen Gründen, beispielsweise wegen Abwesenheit von Prozessbeteiligten, ungeklärt blieben. Jeder Punkt wird einem Verantwortlichen zugewiesen und erhält einen Zeitrahmen für die Klärung. Diese Vorgehensweise garantiert einen hohen Einbezug der Beteiligten und eine zügige Bearbeitung der offenen Punkte.

Die Workshops sollten in mehreren Stufen mit unterschiedlichen Zielsetzungen durchgeführt werden:

1. Vertriebsprozesse definieren
2. Ist-Prozesse analysieren
3. Soll-Prozesse detaillieren
4. Soll-Prozesse umsetzen

Vertriebsprozesse definieren

Im ersten Schritt sind die Prozesse festzulegen, die im Vertriebscontrolling einbezogen werden. Die Betrachtungsweise der Prozesse ist abstrakt. Die Prozesse werden auf hohem Niveau betrachtet, gesammelt und priorisiert. Das Ziel eines Workshops, der Vertriebsprozesse definiert, ist es, die Prozessanzahl, deren Art und Wichtigkeit für den Vertrieb festzustellen. Der Workshop dient also dazu, einen groben Überblick zu erhalten (vgl. Tab. 2.16).

Ein wichtiger Bestandteil des ersten Workshops ist es, die Prozessverantwortlichen zu benennen. In der Regel ist der Prozessverantwortliche ein Vorgesetzter oder ein Mitarbeiter, der den Prozess besonders gut kennt. Die Prozessverantwortlichen erhalten eine Erläuterung der allgemeinen Spielregeln des Workshops und werden über die Notwendigkeit und die Vorteile eines Vertriebscontrollings informiert.

Die Rolle des Prozessverantwortlichen beinhaltet, dass dieser die Prozessbeteiligten identifiziert. So wird sichergestellt, dass alle Verantwortlichen an den jeweiligen Workshops teilnehmen und die zu kontrollierenden Prozesse hierdurch vollständig erfasst werden können.

Eine Methode, die angewendet werden kann, um die Prozessbeteiligten zu erfassen, wurde von der Unternehmensberatung Cap Gemini Ernst & Young Consulting entworfen.

Diese Methode unterstützt die Verantwortlichen bei der Bestandsaufnahme für das Vertriebscontrolling. Sie wird nach den unterschiedlichen Typen und ihrer Darstellungsweise als RACI-Matrix bezeichnet.

▶ **RACI steht für**

- Responsible
    - Die Person, die eine spezifizierte Aufgabe innerhalb des Prozesses in einer bestimmten Zeit ausführt.
    - Die Person ist weisungsgebunden.
    - Es kann mehr als eine verantwortliche Person pro Aufgabe geben.
    - *Beispiel*: Außendienstmitarbeiter.
- Accountable
    - Die Person, die weisungsbefugt ist und die endgültigen Entscheidungen innerhalb des Prozesses trifft.
    - Die Weisungsbefugnis kann nicht geteilt werden.
    - *Beispiel*: Vertriebsleiter Süd.
- Consulted
    - Die Person, die innerhalb des Prozesses unterstützt.
    - Bi-direktionale Kommunikation.
    - *Beispiel*: IT-Experte, Controller.
- Informed
    - Die Person, die innerhalb des Prozesses über Fortgang und Inhalt informiert wird.
    - Uni-direktionale Kommunikation.
    - *Beispiel*: Vertriebsleiter Gesamt.

Beispiel

RACI-Matrix Die Vertriebsleitung eines Unternehmens beschließt, als Grundlage für die Einführung eines Vertriebscontrolling die Vertriebsprozesse in einzelnen Workshops zu analysieren (vgl. Tab. 2.17). Für das Vertriebsgebiet Süd ist Herr Schmidt als Vertriebsleiter zuständig. Er wird als Process Owner für den Workshop „Kundenbesuche" bestimmt und organisiert mit einem externen Unternehmensberater einen Workshop zur Prozessanalyse. Er ist gleichzeitig weisungsbefugt für das Vertriebsgebiet Süd und verantwortlich für das Workshop-Ergebnis (Accountable). Seine Mitarbeiter Frau Müller und Herr Meier sollen im Workshop Informationen zu den einzelnen Aktivitäten eines Kundenbesuchs geben (Responsible). Der Vertriebscontroller Herr Pachulke unterstützt den Workshop mit Informationen zu Berichten, die von den Mitarbeitern bei Kundenbesuchen genutzt werden. Nach Abschluss des Workshops ist umgehend Herr Breuer über die Arbeitsergebnisse zu informieren. Die Verantwortlichkeiten werden vorab in einer RACI-Matrix zur besseren und nachhaltigen Übersicht zusammengetragen.

2.2 Die Methoden für die richtige Strategie

Tab. 2.17 RACI-Matrix

Bestands-aufnahme	Responsible	Accountable	Consulted	Informed
Kundenbesuche	Frau Müller, Hr. Meier (Außendienst-mitarbeiter)	Hr. Schmidt (Vertriebsleiter Süd)	Hr. Pachulke (Vertriebscon-troller)	Hr. Breuer (Vertriebsleiter Gesamt)

Für jeden einzelnen Workshop, der die Ist-Prozesse analysiert, ist eine RACI-Matrix zu definieren. Diese Methodik hilft der Vertriebsleitung schon bei der Bestandsaufnahme, die Verantwortlichkeiten zu klären und eine strukturierte Vorgehensweise innerhalb der Workshops zu sichern.

Der Workshop zur Prozessdefinition hat aber noch andere Ziele. Die einzelnen Prozessverantwortlichen sollen einander ohne Rücksicht auf Fachbereiche kennen lernen und kritische Erfolgsfaktoren des zu implementierenden Vertriebscontrolling identifizieren.

▶ **Der Workshop zur Definition der Vertriebsprozesse ...**

- legt fest, welche Prozesse in das Vertriebscontrolling einbezogen werden,
- priorisiert die Prozesse,
- ordnet Prozessverantwortliche zu,
- ermöglicht ein Treffen der Prozessverantwortlichen,
- identifiziert Prozessbeteiligte,
- gibt eine allgemeine Einführung in das Vertriebscontrolling,
- identifiziert kritische Erfolgsfaktoren des Vertriebscontrollings,
- identifiziert relevante Prozesskennzahlen.

Ist-Prozesse analysieren

Nachdem im ersten Workshop die Vertriebsprozesse bestimmt wurden, die für ein Vertriebscontrolling näher betrachtet werden sollen, beginnt nun die eigentliche Analyse der Prozessinhalte.

Die Prozessbeteiligten treffen sich in den jeweiligen Workshops, um die einzelnen Aktivitäten, die jeweiligen Verantwortlichen, die benötigten Daten und die genutzten Hilfsmittel zu beschreiben und zuzuordnen. Das Ergebnis des Workshops ist eine detaillierte Prozessbeschreibung, also ein Abbild der Vergangenheit und der Gegenwart.

Der Prozessverantwortliche hat eine tragende Rolle, um die Ist-Prozesse zu analysieren. Seine Aufgabe besteht darin, Inhalte zu dem betrachteten Prozess zu liefern und den Prozess als Experte abschließend zu definieren. Er ist gleichsam Moderator und Entscheider im Workshop, wenn unterschiedliche Meinungen auftreten. Am Anfang des Workshops gibt er eine Einführung zum Vertriebscontrolling und zu dem zu betrachtenden Prozess.

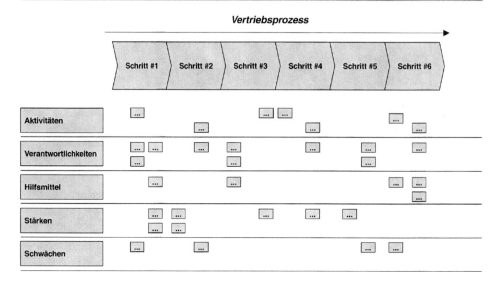

Abb. 2.16 Prozessanalyse

Zusätzlich sammelt der Prozessverantwortliche zusammen mit dem neutralen Moderator die Inhalte von den Prozessbeteiligten. Diese Informationen können sich auf Prozesse oder Daten beziehen.

Ein Workshop, der den Zweck verfolgt, einen Ist-Prozess zu analysieren, startet mit einem Überblick über den Prozessablauf.

Die einzelnen Prozess-Schritte werden zu diesem Zweck auf hohem Niveau auf ein Brown Paper geklebt (siehe Beispiel in Abb. 2.16). Ein Brown Paper ist im wahrsten Sinne des Wortes ein überdimensionales braunes Papier, auf das Zettel geklebt oder angeheftet werden können. Dieses Werkzeug bietet dem Moderator die Möglichkeit, die Diskussion aktiv aufleben zu lassen und bereits eingeordnete Beiträge ohne großen Aufwand einer anderen Kategorie zuzuordnen.

Alle Kategorien, zu denen Beiträge gesammelt werden, sind unter dem Prozessverlauf aufgeklebt. Die Beschreibung des Ist-Prozesses erfolgt schrittweise durch die Prozessbeteiligten während des Workshops. Zuerst werden interaktiv alle Arbeitsschritte, die ausführenden Personen und die genutzten Hilfsmittel des Prozesses identifiziert und vermerkt. Für jeden Prozess-Schritt werden dann die Stärken und Schwächen aufgezählt.

▸ **Aktivitäten** Eine Aktivität ist ein Arbeitsschritt, der durch einen Mitarbeiter innerhalb eines Prozess-Schrittes ausgeführt wird. Die Gesamtheit der Aktivitäten ergibt einen Prozess-Schritt. Eine Aktivität kann nicht nur Informationen über den eigentlichen Arbeitsschritt, sondern auch über den Zeitrahmen (täglich, monatlich etc.) der Ausübung enthalten.

Tab. 2.18 Datenanalyse

Datentyp	Prozess	Vorteile	Verbesserungsmöglichkeiten
Stammdaten	Kundenbesuch	Wichtige Informationen liegen beim Kundenbesuch vor	Erweiterung der Stammdaten um zusätzliche Felder

▸ **Verantwortlichkeiten** Jeder Prozess-Schritt hat einen oder mehrere Prozessbeteiligte, die den Schritt ausführen und demnach verantwortlich sind. Diese Kategorie dient der Erfassung dieser Mitarbeiter für jeden Prozess-Schritt. Sind die einzelnen Namen der Mitarbeiter nicht bekannt, so können nur die Abteilungen oder Funktionsbereiche vermerkt werden.

▸ **Hilfsmittel** Die Mitarbeiter werden die einzelnen Prozess-Schritte nicht ohne Hilfsmittel verrichten. Einerseits nutzen die Mitarbeiter bekannte Hilfsmittel wie vorgefertigte Berichte, die die Vertriebsleitung zur Verfügung stellt. Andererseits schaffen die Mitarbeiter eventuell eigene Hilfsmittel, zum Beispiel mit Tabellenkalkulationsprogrammen, die ihre Arbeit unterstützen oder erst ermöglichen. Diese Hilfsmittel sind oftmals nur den einzelnen Mitarbeitern bekannt. In dieser Kategorie besteht die Möglichkeit, diese Hilfsmittel für das Vertriebscontrolling zu erfassen.

▸ **Stärken** Diese Kategorie verzeichnet die Stärken des Prozess-Schrittes. Die Prozessverantwortlichen werden innerhalb des Workshops zu einem Gedankenaustausch aufgerufen, der die Vorteile des Prozesses kenntlich machen soll. Die Stärken sind ein wichtiger Hinweis auf die Wertschätzung der Prozess-Schritte, haben aber in der Regel geringe Priorität für das Vertriebscontrolling.

▸ **Schwächen** Im Zuge der Stärken offenbaren sich gleichsam die Schwächen innerhalb der Prozess-Schritte. Suboptimale Hilfsmittel, überflüssige Prozess-Schritte oder fehlende Dateneingabemöglichkeiten sind nur einige der hier häufig genannten Schwächen. Diese Schwächen geben eindeutige Ansätze für das Vertriebscontrolling, da der Prozess in diesen Punkten verbessert und die Effizienz gesteigert werden kann.

Die Schwächen werden zum Abschluss des Workshops in einem strategischen Prozess-Portfolio klassifiziert (vgl. Abb. 2.17).

Nachdem der Prozess mit seinen Unterkategorien, Aktivitäten, Verantwortlichkeiten, Hilfsmitteln, Stärken und Schwächen aufgenommen worden ist, wird in der Regel eine Datenanalyse für das Vertriebscontrolling notwendig.

Die Datenanalyse verlangt von den Teilnehmern hohes Abstraktionsvermögen. Die benötigten Daten sind in Typen zu unterteilen und lediglich von der kaufmännischen Seite zu betrachten (vgl. Tab. 2.18).

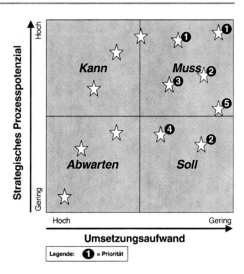

Abb. 2.17 Strategisches Prozess-Portfolio

Der Einsatz von Informationstechnologien für das Vertriebscontrolling bedingt in der Regel einen weiteren Schritt. Die Datenanalyse muss auf Feldebene erfolgen, um eine hinreichende Basis zur späteren Strategieumsetzung in das Informationssystem zu schaffen.

In der Regel wird die Prozessanalyse für ein strategisches Vertriebscontrolling innerhalb eines Workshops lediglich auf einem hohen Datenlevel vollzogen, um die Ergebnisse des Prozessworkshops nicht zu gefährden. Die Einzeldatenanalyse verleitet die Teilnehmer meist dazu, die gesetzte Zeit zu überschreiten.

Die vorausschauende Komponente des Vertriebscontrollings ist mit der Analyse des Ist-Prozesses und der Daten noch nicht abgedeckt. Die Vorbereitung eines künftigen Vertriebscontrollings innerhalb eines verbesserten Prozessflusses benötigt eine Grundlage, welche durch eine gezieltere Schwächenanalyse zur Prozessverbesserung innerhalb eines Portfolios vorgenommen wird.

Das Portfolio wird durch zwei Achsen gebildet. Die erste Achse ist der Umsetzungsaufwand, um die Prozess-Schwäche zu beseitigen. Die zweite Achse ist das strategische Prozesspotenzial, das den Nutzen der Schwächenbeseitigung für das Unternehmen klassifiziert. Das Abtragen der Schwächen auf beiden Achsen ergibt den Punkt im Portfolio (vgl. Abb. 2.17).

Das strategische Prozess-Portfolio unterteilt sich in vier Quadranten:

1. **Abwarten**
   Eine Prozess-Schwäche, deren Beseitigung hohen Aufwand erfordert, deren Eliminierung aber kaum Nutzen für die Prozessausübung stiftet, wird hier eingeordnet. Die Priorisierung, die kennzeichnet, ob diese Schwächen in die Prozessoptimierung aufzunehmen sind, ist daher gering.

> **Beispiel**
> Die Auswertung der Kundenumsätze erfolgt über einen Bericht, der alle Informationen enthält, aber aufgrund seines Alters ein unübersichtliches Layout aufweist. Ein neu gestalteter Bericht würde das Problem beheben, muss aber individuell inklusive Programmierung erstellt werden.

2. **Kann**
   Die Beseitigung einer Schwäche, die in diesen Quadranten eingeordnet wird, stiftet erheblichen Nutzen für den Vertrieb. Allerdings ist der Aufwand enorm.

> **Beispiel**
> Ein klassisches Beispiel ist die manuelle Eingabe eines Auftrags in zwei Systeme (Frontoffice und Backoffice). Dieser suboptimale Prozess-Schritt kann durch eine Schnittstelle verbessert werden, bedeutet aber hohen individuellen Programmieraufwand. Die Beseitigung bedeutet eine verhältnismäßig hohe Vertriebsinvestition.

3. **Soll**
   Eine Schwäche soll beseitigt werden, wenn sie zwar nur geringen Nutzen hat, aber einfach zu beseitigen ist.

> **Beispiel**
> Ein selbst erstelltes Hilfsmittel eines Mitarbeiters kann als Beispiel genannt werden. Das Hilfsmittel ist vorhanden und kann anderen Mitarbeitern den gleichen Nutzen stiften. Es sollte daher nach Eignungsprüfung für die anderen Mitarbeiter als offizielles Hilfsmittel im Vertrieb freigegeben werden. Der Mitarbeiter, der das Hilfsmittel entworfen hat, wird durch die Veröffentlichung für seine Arbeit quasi gelobt und sollte darüber hinaus belohnt werden, damit Anreize für andere Mitarbeiter geschaffen werden.

4. **Muss**
   Die Schwächenbeseitigung innerhalb eines Prozesses muss erfolgen, wenn mit der Beseitigung ein hoher Nutzen und geringer Aufwand verbunden ist.

> **Beispiel**
> Ein Vertriebsmitarbeiter gibt seine Spesen selbst in ein System ein, wenn es sich um einen Beleg handelt, der dem Kunden angelastet wird. Alle anderen Belege müssen an den Innendienst geschickt werden, der die Belege dann erfasst. Erst dann werden alle Belege geprüft. Die Erfassung aller Belege durch den Mitarbeiter bedeutet eine Vereinfachung des Spesenprozesses ohne großen Aufwand. Es wird nur eine Arbeitsanweisung durch die Vertriebsleitung benötigt.

In der Regel werden mehr Schwächen identifiziert, als zeitlich und finanziell beseitigt werden können. Das Vertriebscontrolling sollte daher Prioritäten vergeben, welche Prozessoptimierung den größten Nutzen für das Unternehmen stiftet und nachhaltig durch die

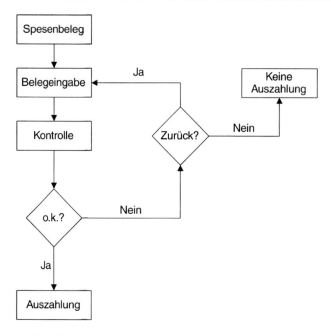

Abb. 2.18 Prozess-Ablaufdiagramm

vorhandene und künftige Vertriebsstruktur und deren Mitarbeiter gewährleistet werden kann.

▸ **Der Workshop zur Analyse der Ist-Prozesse...**

- identifiziert die einzelnen Prozess-Schritte,
- ordnet jedem Prozess-Schritt die jeweiligen Aktivitäten, Verantwortlichen und Hilfsmittel zu,
- zeigt die Stärken und Schwächen des Prozesses auf,
- analysiert die Schwächen und priorisiert sie.

Soll-Prozesse detaillieren

Die Finalisierung der eigentlichen Prozessanalyse erfolgt durch die Prozessverantwortlichen nach den Workshops. Die Grundlage bilden die Arbeitsergebnisse der Workshops, die in einem Dokument dargelegt werden.

Die einzelnen Prozesse werden nochmals in ihrem Ist-Zustand dargestellt, um den Prozessverantwortlichen zu erlauben, den Prozessablauf ganzheitlich zu analysieren. Üblicherweise werden die Ist-Prozesse in einem Ablaufdiagramm mit Symbolen dargestellt, die eine festgelegte Bedeutung haben (vgl. Abb. 2.18).

Basierend auf den Ist-Prozessen entscheiden die Prozessverantwortlichen, welche Schwächen, dargestellt im strategischen Prozess-Portfolio, zu beseitigen sind.

Diese identifizierten Schwächen der Ist-Prozesse werden im nächsten Schritt in die neuen Soll-Prozesse eingearbeitet. Die detaillierte Darstellung der Soll-Prozesse erfolgt wiederum in einem Prozessablaufdiagramm.

Die Soll-Prozesse werden nochmals mit den Prozessbeteiligten begutachtet und in Ausnahmefällen bei Bedarf ergänzt. Die Prozessverantwortlichen verabschieden die Soll-Prozesse abschließend.

» **Die Definition der Soll-Prozesse…**

- basiert auf den identifizierten Ist-Prozessen und dem strategischen Prozess-Portfolio,
- bereinigt die Schwächen der Ist-Prozesse,
- verabschiedet die Soll-Prozesse durch die Prozessverantwortlichen.

Soll-Prozesse umsetzen

Den Abschluss der Prozessanalyse bildet die operative Umsetzung der neuen Vertriebsprozesse. Die Mitarbeiter werden über den neuen Prozessablauf instruiert, und eventuelle organisatorische Änderungen werden vorgenommen. Zu diesem Zweck sollte zwingend ein Change Management begleitend eingesetzt werden.

Checkliste 6 Prozessanalyse			
	Trifft zu	Trifft weniger zu	Trifft nicht zu
1. Wir kennen unsere Vertriebsprozesse und die einzelnen Prozess-Schritte.	☐	☐	☐
2. Wir wissen, wer die Prozessbeteiligten der einzelnen Vertriebsprozesse sind.	☐	☐	☐
3. Wir kennen die Stärken und Schwächen unserer Vertriebsprozesse.	☐	☐	☐
4. Wir wissen, welche Informationen und Hilfsmittel in den einzelnen Prozess-Schritten benötigt werden.	☐	☐	☐

2.2.8 Vertriebswege definieren und optimieren

Die Vertriebswege eines Unternehmens haben die Aufgabe, dem Kunden den Kauf der Produkte und Dienstleistungen zu ermöglichen. Sie werden als Teil der Distributionspolitik durch die Vertriebsleitung bestimmt.

Abb. 2.19 Vertikale Vertriebsstruktur

Ein Vertriebsweg hat einerseits akquisitorischen Charakter, da der Kunde über den Vertriebsweg auf das Produkt aufmerksam werden soll; andererseits hat er logistischen Charakter, da die Leistung physikalisch zum Kunden gelangen muss. Zudem prägt er entscheidend, wie die Produkte dem Kunden präsentiert werden.

Definition der Vertriebswege
Die Vertriebsleitung muss die vertikale und horizontale Vertriebsstruktur definieren und periodisch beurteilen. Die vertikale Vertriebsstruktur trifft eine Auswahl zwischen den Absatzwegen. Die Art und Zahl der Absatzmittler je Stufe der horizontalen Vertriebsstruktur bestimmt die Länge der Vertriebswege.

Bei der **vertikalen Vertriebsstruktur** wird zwischen dem Direktvertrieb und dem indirekten Vertrieb unterschieden (vgl. Abb. 2.19). Der Direktvertrieb ist dadurch gekennzeichnet, dass zwischen dem Unternehmen und dem Endverbraucher keine externe Partei liegt. Der Kunde bezieht die Produkte und Dienstleistungen also direkt vom Unternehmen. Der indirekte Vertrieb bezieht bewusst externe Dritte ein, um das Leistungsbündel zu vertreiben.

Direktvertrieb
Bei einem *Werksverkauf* wird das Leistungsangebot direkt auf dem Werksgelände zum Verkauf angeboten. In der Regel wird dieser Vertriebsweg nur von produzierenden Unternehmen genutzt. Die Preise sind besonders günstig, da wenig Beratung geboten wird und geringe Logistikkosten anfallen.

Die *Verkaufsniederlassungen* sind durch die Automobilfirmen bekannt. Die Produkte und Dienstleistungen werden durch Verkaufsniederlassungen, die dem Unternehmen wirtschaftlich und rechtlich zugehören, ausgestellt und dem Kunden angeboten. Diese Form des Vertriebswegs eignet sich besonders für erklärungsbedürftige Produkte.

Die *Geschäftsführung* eignet sich insbesondere als eigener Vertriebsweg, wenn wenige Großabnehmer bedient werden. Die Geschäftsführung tritt dann eigenständig auf gleicher Ebene an diese Unternehmen heran und übernimmt die Vertriebsfunktion. Dieser Vertriebsweg ist außerdem bei sehr großen Geschäften üblich, da die Geschäftsführung üblicherweise ab einem bestimmten Volumen ohnehin zustimmen muss.

Die *Reisenden* sind Vertriebsmitarbeiter, die bei einem Unternehmen angestellt sind und im Namen des Unternehmens dessen Produkte und Dienstleistungen anbieten. Sie werden am häufigsten beschäftigt, wenn das Unternehmen das Leistungsangebot selbst vertreibt. Sie sind in der Regel einem festen Gebiet zugeordnet. Reisende sind in vielen Branchen anzutreffen, besonders in der Pharma-, Chemie- und Konsumgüterindustrie sowie in Branchen mit hohem Geschäftskundenanteil.

Das *Internet* ist eine neuere Form des direkten Vertriebs. Das Unternehmen bietet seine Produkte im Internet an, wo der Kunde die Waren direkt vom Unternehmen beziehen kann. Das Internet steht grundsätzlich jedem Unternehmen als Vertriebsweg offen, sofern das Produkt sich für einen Verkauf über das Internet eignet. Ein direkter Vertrieb über das Internet im engeren Sinn ist bei Produkten wie beispielsweise Software oder Musik möglich. Die Ware kann direkt vom Hersteller auf den eigenen Rechner heruntergeladen werden.

Beispiel

iTunes von Apple Der Computerhersteller Apple hat mit seinem tragbaren MP3-Player iPod und dem dazugehörigen Musikportal iTunes einen Coup gelandet. Mit geschicktem Design wurde mit dem iPod ein sehr erfolgreiches Gerät am Markt platziert, und gleichzeitig können die Besitzer des iPods ihre Musik mit der mitgelieferten Software iTunes auf das Gerät spielen. Neue Musik kann direkt von Apple via iTunes gekauft und auf das Gerät geladen werden (vgl. Abb. 2.20). So entsteht ein geschicktes Produktbündel für den Vertrieb.

Abb. 2.20 Apple Store (http://www.apple.com, Stand: 28.01.2012)

Ein direkter Vertrieb über das Internet im weiteren Sinn liegt vor, wenn der Kunde die Leistung direkt vom Hersteller bezieht, aber die Auslieferung beispielsweise über eine dritte Partei wie die Deutsche Post AG erfolgt. Im Allgemeinen sind erklärungsbedürftige Produkte schwer über das Internet zu vertreiben, allerdings macht die multimediale Unterstützung das Internet auch für diese Produkte interessanter und vielseitiger.

Die Vertriebsmitarbeiter in einem *Call Center* rufen die Kunden direkt an, um sie für den Kauf der Produkte und Dienstleistungen zu gewinnen. Dieser Vertriebsweg hat weite Verbreitung bei nicht standardisierten Produkten und Dienstleistungen wie etwa in der Versicherungs- oder Bankenbranche.

Indirekter Vertrieb

Der indirekte Vertrieb erfolgt klassisch über den Handelsvertreter sowie über Groß- und Einzelhandel.

Der *Handelsvertreter* vertreibt im Gegensatz zum Reisenden nicht nur das Leistungsangebot eines Unternehmens, sondern bietet dem Kunden in der Regel Produkte oder Dienstleistungen verschiedener Anbieter gleichzeitig an. Das Unternehmen muss einen Vertrag mit dem Handelsvertreter schließen, da er rechtlich selbstständig ist. Den Vertriebsweg über Handelsvertreter findet man häufig in der Versicherungsbranche. Die Handelsvertreter bieten ihren Kunden die Dienstleistung eines Versicherungsportfolios an. Der Handelsvertreter tritt in diesem Fall als Berater des Kunden auf.

> **Beispiel**
>
> **Allfinanz** In der Allfinanzbranche (AWD, MLP, Bonnfinanz etc.) vertreibt ein Finanzberater die Produkte von unterschiedlichen Finanzanbietern. Dabei ist es durchaus üblich, dass der Finanzberater selbstständiger Handelsvertreter ist, der nur bei Abschluss eines Vertrags mit seinen Kunden eine Provision vom Finanzanbieter erhält. Das Modell ist mittlerweile auch durch den Konsumenten anerkannt, da der Konsument die Provision auf jeden Fall zahlen muss, bei den Beratern der Allfinanz aber nicht auf einzelne Finanzanbieter und/oder -produkte angewiesen ist.

Der *Großhandel* ist der Zwischenhändler zum Einzelhandel. Klassisch hat der Großhandel demnach eine Mittlerrolle zwischen Unternehmen und Einzelhandel. Der Großhandel wird besonders in der Konsumgüterindustrie genutzt, um von den guten Handelskontakten als Unternehmen zu profitieren und beim Einzelhandel eine Listung zu erreichen.

Der *Einzelhandel* kann vom Unternehmen auch direkt als Vertriebsweg genutzt werden. Das Unternehmen kappt damit eine Stufe des Vertriebsweges. Dieser Umstand kann sich positiv auf die Margen des Unternehmens auswirken, da die Vertriebskosten pro Stufe zunehmen.

Die **horizontale Vertriebsstruktur** eines Unternehmens definiert, wie viele Absatzmittler und welche Art von Absatzmittlern je Stufe eingesetzt werden sollen.

Die Vertriebsleitung bestimmt die *Zahl der Absatzmittler pro Vertriebsweg (Breite)*. Die Vertriebsleitung entscheidet, ob die Leistung breit, selektiv oder exklusiv angeboten wird. Beispielsweise kann der direkte Vertrieb mit 2000 oder exklusiv mit 500 Reisenden betrieben werden. Die Vertriebskosten korrelieren mit der Anzahl der Reisenden, wobei geprüft werden muss, inwiefern sich die Kosten durch zusätzliche Umsätze und Gewinne amortisieren. Die *Art der Absatzmittler pro Vertriebsweg (Tiefe)* nimmt mit der Zahl der Absatzmittler zu.

Die Vielzahl der Kombinationsmöglichkeiten der vertikalen und horizontalen Vertriebsstruktur erfordert von der Vertriebsleitung eine Entscheidung für oder gegen einzelne Vertriebswege oder für einen Gesamtmix.

▸ **Die Entscheidung zu Gunsten eines Vertriebswegs für ein Produkt oder eine Dienstleistung …**

- beachtet die verursachten Vertriebskosten,
- ist aufgrund hoher Investitionen kurzfristig nicht reversibel,
- ändert sich im Verlauf des Produktlebenszyklus,
- muss Konflikte zu anderen Vertriebswegen vermeiden,
- berücksichtigt die Anforderungen aus anderen Unternehmensbereichen,
- muss deren Kontroll- und Anpassungsfähigkeit sicherstellen.

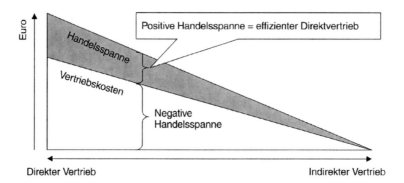

Abb. 2.21 Direkter versus indirekter Vertrieb

Die Vertriebskosten, die durch einen speziellen Vertriebsweg entstehen, sind besonders wichtig für die Entscheidung für oder gegen diesen Vertriebsweg. Zu den Vertriebskosten, die ein Vertriebsweg verursacht, zählen beispielsweise neben den laufenden Kosten für den Vertriebsinnen- und -außendienst sowie Logistikkosten auch die einmaligen Kosten für Vertragsabschlüsse mit Absatzmittlern und für Verkaufsförderungsaktionen.

Aus Unternehmenssicht nehmen die Vertriebskosten mit steigendem Anteil des direkten Vertriebs zu und bei steigendem indirektem Anteil ab, da die Kosten auf den externen Partner verlagert werden. Die Handelsspanne, also der Gewinnbeitrag, nimmt in der Regel gleichsam mit steigendem indirekten Vertrieb ab und höherem Anteil des direkten Vertriebs zu (vgl. Abb. 2.21). Der Mix aus direktem und indirektem Vertrieb ist aus Sicht des Vertriebscontrolling ideal, wenn die Vertriebskosten minimiert und die Handelsmargen maximiert werden.

Die Entscheidung über einen Vertriebsweg ist aber nicht nur abhängig von den Vertriebskosten und der Handelsspanne, sondern erfordert in der Regel hohe einmalige Investitionen für die Implementierung des neuen Vertriebswegs. Die direkten Vertriebswege gehen häufig mit einer Umstrukturierung der Vertriebsorganisation einher, wobei die Anpassung der Vertriebsprozesse immense Investitionen verschlingt. Die indirekten Vertriebswege verursachen schon allein für die Anbahnung und den Vertragsabschluss mit dem externen Vertriebspartner hohe Vertriebskosten.

Ein Produkt durchläuft unterschiedliche Lebenszyklen (vgl. Abschn. 2.2.5). Je nach Lebenszyklus, in dem sich das Produkt befindet, können einzelne Vertriebswege mehr oder weniger geeignet für den Vertriebserfolg sein. Der Vertriebsweg muss den Produktlebenszyklus berücksichtigen, um eine erfolgreiche Kundenansprache zu ermöglichen.

> **Beispiel**
>
> **Produktlebenszyklus beeinflusst Vertriebswege** Ein Produkt in der Einführungsphase wird nur über wenige, ausgewählte Vertriebswege vertrieben, um die Käufergunst zu testen. Ein Produkt, das sich in der Reife- oder Sättigungsphase befindet, wird im All-

gemeinen ein breiteres Spektrum an Vertriebswegen nutzen, um die benötigten Absatzmengen zu erreichen. Diese Aussage ist allerdings abhängig von der Vertriebsstrategie.

Die Entscheidung über die Vertriebswege muss einen zulässigen Mix ergeben. Die einzelnen Vertriebswege müssen komplementär zueinander sein. Beispielsweise ist es wenig Erfolg versprechend, Automobile im Premiumsegment sowohl mit luxuriösen Niederlassungen als auch einem simplen Call Center zu vertreiben.

> **Beispiel**
> **Lexus** Die Automobilfirma Toyota hat ihre Tochterfirma Lexus im Premiumsegment platziert. Für den Vertrieb in Amerika wurden eigens Niederlassungen für Lexus gegründet, um die Vermischung mit dem Image der preislich deutlich niedriger liegenden Marke Toyota zu vermeiden.

Die Vertriebswege müssen Anforderungen anderer Unternehmensbereiche erfüllen. Die Anforderungen des Marketing an die Produktplatzierung und Werbung sowie der Servicebereiche bezüglich Reklamationen müssen Berücksichtigung finden.

Ein Punkt, der in die Entscheidung über die Vertriebswege einzubeziehen ist, ist die Kontrollfähigkeit der einzelnen Vertriebswege. Das Vertriebscontrolling muss gemeinsam mit der Vertriebsleitung sicherstellen, dass der gewählte Vertriebsweg aus Unternehmenssicht steuerbar ist. Der Vertrieb muss den Vertriebsweg aktiv beeinflussen können, um seine Möglichkeiten für das Unternehmen ausschöpfen zu können. In der Regel nimmt die Beeinflussbarkeit mit zunehmendem Grad des indirekten Vertriebs ab. Über die Beeinflussbarkeit des Vertriebswegs hinaus müssen die Vertriebswege generell anpassungsfähig sein, um flexibel für künftige Marktentwicklungen und die daraus resultierenden Änderungen der Vertriebsstrategie zu sein.

Auswahl neuer oder Erweiterung bestehender Vertriebswege

Die Auswahl neuer oder die Erweiterung bestehender Vertriebswege muss quantitative und qualitative Kriterien enthalten, um die vorher genannten Sachverhalte bei der Entscheidung für oder gegen einen Vertriebsweg zu berücksichtigen. Allgemein gibt es eine Reihe von quantitativen und qualitativen Kriterien in der Marketing- und Distributionstheorie, um die Vertriebswege zu beurteilen (vgl. Ahlert 2005). Die oben aufgezählten Entscheidungskriterien sind wesentlich für das strategische Vertriebscontrolling, da sie die vorausschauende Komponente explizit unterstützen.

Die Bewertung neuer oder bestehender Vertriebswege ist in der Praxis in zwei Stufen zu empfehlen:

1. Beurteilung der Alternativen mittels Scoring-Modell
2. Detailbetrachtung der Alternativen mittels Investitionsrechnung

Die Beurteilung mittels Scoring-Modell stellt ausgewählte Kriterien mit einer Gewichtung tabellarisch und grafisch dar (vgl. zum Scoring-Modell Abschn. 2.2.3). Die Kriterien werden kombiniert und die alternativen Vertriebswege anschaulich dargestellt. Besonders wichtig ist das Scoring-Modell als Methodik der Vorauswahl, da sowohl qualitative als auch quantitative Kriterien einbezogen werden. Die Vertriebsleitung kann Ausschlusskriterien festlegen und diese besonders stark gewichten. Durch das Scoring-Modell können die dominanten Vertriebswege gefiltert und die Anzahl der detailliert zu betrachtenden Vertriebswege minimiert werden. Dieses Vorgehen verringert die Vertriebskosten für die Vertriebswegewahl und -beurteilung.

Im darauf folgenden Schritt sind die verbleibenden Vertriebswege näher zu betrachten. Diese Betrachtung kann mittels Methoden der statischen oder dynamischen Investitionsrechnung erfolgen. Die jeweiligen Vertriebswege werden innerhalb der statischen Investitionsrechnung zeitpunktbezogen verglichen. Die Betrachtung erfolgt in der Regel in der Gegenwart, indem die Ein- und Auszahlungen eines Vertriebsweges gegenüber gestellt werden. Dieses Vorgehen hat den Vorteil, dass die Zahlungsströme bekannt und sicher sind. Die vorausschauende Komponente des strategischen Vertriebscontrollings wird in diesem Fall aber vernachlässigt.

Die dynamische Investitionsrechnung ist für die Vertriebswegselektion zu bevorzugen, da deren Methoden künftige Zahlungsströme einbeziehen. Die Vor- und Nachteile der dynamischen Investitionsrechnung sind bereits erläutert worden. Eine Besonderheit der dynamischen Investitionsrechnung für die Vertriebswegselektion sind die zu tätigenden Investitionen. Aus Sicht der Unternehmensleitung konkurrieren die Investitionen für Vertriebswege mit Investitionsvorhaben in anderen Unternehmensbereichen. Das Vertriebscontrolling muss den Grundsatz der Allokation der Investitionsgelder in die gewinnbringendste Verwendungsmöglichkeit wahren und sich mit anderen Controlling-Bereichen der Produktion oder des Service abstimmen.

> **Beispiel**
>
> **Erweiterung eines Vertriebswegs mittels Beispiel: Standortanalyse** Die Standortanalyse ist fester Bestandteil im indirekten Vertrieb in der Konsumgüterindustrie. In der Konsumgüterindustrie wird mittels der Standortanalyse überprüft, ob ein Vertriebsgebiet durch einen weiteren Standort (selbst- oder fremdbetrieben) besser erschlossen werden kann. Hierbei sind Kriterien wie das Einzugsgebiet, die Kaufkraft und Wege der Kundschaft, um den Standort zu erreichen, relevant. Zudem werden Kriterien wie die Logistik für die Belieferung des Standorts und die Arbeits- und Lohnkosten am Standort überprüft.
>
> Das grafische Beispiel (vgl. Abb. 2.22) stellt ein Einzugsgebiet einer neuen Filiale dar. Zusätzlich können über die Einblendung von Wettbewerbern und eigenen Filialen die notwendigen Rückschlüsse auf Entwicklungspotenziale und Kannibalismus-Effekte durch eigene Filialen gezogen werden, um die Investition besser beurteilen zu können.

2.2 Die Methoden für die richtige Strategie

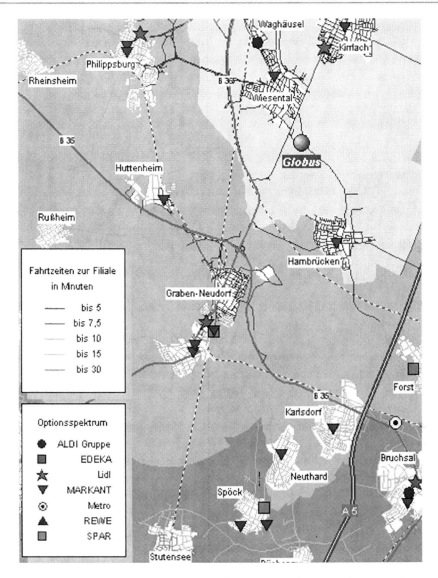

Abb. 2.22 Beispiel einer grafischen Standortanalyse (Quelle: GfK Geomarketing 2010)

Das Beispiel verdeutlicht, dass eine Analyse für die Erschließung oder die Erweiterung eines bestehenden Vertriebsweges zwingend notwendig ist, um das Risiko eines Misserfolgs zu minimieren. Der Vertriebscontroller kann und sollte die Verantwortlichen im Vertrieb bei dieser anspruchsvollen Aufgabe unterstützen.

Gebietsplanung

Während oder nach der Definition der vertikalen und horizontalen Vertriebsstruktur durch die Vertriebsleitung sind die Vertriebsgebiete zu planen. Dies bedeutet konkret, dass festgelegt werden muss, welche Gebiete durch die eigenen Vertriebsmitarbeiter (Reisende), Handelsvertreter, Großhändler oder Einzelhändler bearbeitet werden.

▶ **Gebietsplanung**

- bezeichnet das zielgerichtete Zusammenfassen von kleinsten geografischen Einheiten zu übergeordneten Gebietseinheiten.
- dient der optimalen Versorgung des Marktes mit Verkaufsleistungen. Je nach Branche und Land können beim Aufbau einer Vertriebsorganisation beispielsweise Postleitgebiete oder Gemeinden zu Vertreterbezirken und diese zu übergeordneten Verkaufsleitergebieten zusammengefasst werden.

Quelle: www.gfk-macon.de

Klassisch gibt es folgende Gebietsstrukturen, wobei praktisch regelmäßig Mischformen vorzufinden sind:

- **nach Regionen**: Jeder Vertriebsmitarbeiter oder Vertriebspartner erhält ein eigenes Gebiet, wo er unterschiedliche Produkte und Dienstleistungen eines Unternehmens vertreibt. Diese Struktur minimiert die Vertriebskosten und erhöht die Verantwortlichkeit einzelner Mitarbeiter innerhalb einer Region.
- **nach Produkten:** Jeder Vertriebsmitarbeiter oder Vertriebspartner vertreibt ausgewählte Produkte und Dienstleistungen, ohne für eine bestimmte Region verantwortlich zu sein. Diese Struktur ist besonders geeignet, um sehr erklärungsbedürftige Produkte und Dienstleistungen zu vertreiben.
- **nach Kunden:** In dieser Struktur haben die Vertriebsmitarbeiter oder Vertriebspartner eine feste Zuordnung zu Kunden, Kundentypen oder Branchen. Diese Struktur ist besonders geeignet, wenn die Produkte und Dienstleistungen stark auf die Kunden zugeschnitten sind oder von einzelnen Kunden große Kontingente abgenommen werden.
- **Mischformen:** Die Mischformen sind unterschiedliche Kombinationen der vorangegangenen Gebietsstrukturen nach Regionen, nach Produkten oder Kunden. Das klassische Key-Account-Management ist eine Mischform, da hier feste Kunden innerhalb zugewiesener Gebiete aufgeteilt werden.

Die Festlegung der Gebietsstrukturen nehmen die Geschäftsführung, die Vertriebsleitung, der Vertriebscontroller sowie einzelne Mitarbeiter im Vertrieb vor. Die Gebietsstrukturen sollten in einem Phasenansatz durch die Beteiligten festgelegt und periodisch optimiert werden. Bei der Planung und Optimierung helfen geografische Softwareanwendungen wie District (GfK Macon), Cartogis (Cartogis) oder District Manager (Lutum + Tappert), um die Gebiete zu visualisieren und auf einfachem Wege zu planen.

2.2 Die Methoden für die richtige Strategie

Alle hinterlegten Daten, wie Umsätze, Anzahl der Kundenbesuche etc., werden auf die aktuelle Gebietsstruktur umgerechnet. So analysieren Sie Produktumsätze je Vertriebsgebiet.

Abb. 2.23 Beispiel einer grafischen Gebietsplanung (Quelle: nach Cartogis 2010)

Tabelle 2.19 stellt die wesentlichen Prozessschritte der Gebietsplanung dar.

Abbildung 2.23 gibt einen Überblick über die grafischen Möglichkeiten bei der Gebietsplanung. Die grafische Aufbereitung der Gebietsdaten wie Umsätze, Kunden, Kundenbesuche, Marktanteile etc. hat den Vorteil, dass Schwächen und Stärken farblich hervorgehoben werden können und somit schneller identifiziert und innerhalb der Planung optimiert werden können. Die geografische Gebietsplanung wird mit einem praktischen Beispiel als Fallstudie am Ende des Buches aufgegriffen.

Optimierung bestehender Vertriebsstrukturen

Im Zeitverlauf verändern sich der Markt, das Wettbewerbsverhalten und die Anforderungen sowie das Verhalten der Kunden. In den vorangegangenen Abschnitten wurde aufgezeigt, wie wichtig ein sequenzieller Aufbau des strategischen Vertriebscontrollings ist, um die einzelnen Module des Vertriebscontrollings (vgl. Abschn. 1.4) korrekt zu untersuchen.

Die periodische Überprüfung der Vertriebsstrategie und der existierenden Vertriebsstrukturen ist wichtig, um wettbewerbsfähig zu bleiben. Ein wichtiger Punkt ist hierbei die

Tab. 2.19 Phasenansatz der Gebietsplanung (Quelle: GfK Macon 2006)

Phase	Beteiligte	Inhalte	Risiken
I Analyse Status quo	Vertriebscontroller und Vertriebsleitung sowie ggf. externe Berater	Kundenanalyse (ABC) Marktanalyse Gebietsanalyse (Potenzialausschöpfungsgrad, starke/schwache Gebiete) Ist-Probleme aufdecken Zukunftspotenziale abschätzen	Betriebsblindheit verhindert, vorhandene oder kommende Probleme zu erkennen ⇒ externer Berater sinnvoll
II Zieldefinition	Geschäftsführung	Welchen Handlungsbedarf gibt es? Gebietserweiterung/-reduzierung Planung nach Kundenpotenzial, Besuchshäufigkeit, Deckungsbeitrag, Umsatz Regionale/überregionale Ausdehnung Restriktionen berücksichtigen Datenrecherche	Gebiete nach Potenzial zu planen ist die sinnvollste, zugleich die schwierigste Methode, da Abschätzung ohne Marktforschung schwer ist. Planung nach Umsatz erfolgt häufig, da diese Größe bekannt ist, ist aber gefährlich ⇒ orientiert sich an Vergangenheitswerten
III Planerische Umsetzung	Vertriebscontroller und Vertriebsleitung sowie externe Berater	Wahl des Planungsansatzes (gebiets-, produkt-, kundenbezogen) Wahl des Planungsverfahrens (Potenzial-, Arbeitslast-, logistisches Verfahren)	Äußere Einflüsse schmälern die Planungsfreiheit: bestehende Kundenbeziehungen, natürliche Barrieren (Gebirge, Flüsse), kulturelle Barrieren, Saisonalität, Wohn- und Standorte (der ADM und Filialen)
IV Kontrolle und Feintuning	Geschäftsführung; Regionalleiter; mit den einzelnen ADM	Wurden die Ziele berücksichtigt? Sind die neuen Gebiete praxistauglich? Ggf. Anpassung einzelner Gebiete	Akzeptanzprobleme der neuen Gebietsstruktur seitens der ADM. Oftmals werden zu viele Ausnahmen gemacht ⇒ Gebiete bleiben, wie sie sind
V Implementierung	Vertriebsmannschaft; ggf. Personalabteilung	Vertragsgestaltung Kundeninformation/-zuordnung (ständige) Erfolgskontrolle	Ggf. müssen neue Verträge mit Handelsvertretern geschlossen werden ⇒ Verschlechterung der Konditionen

Optimierung der bestehenden Vertriebsstrukturen auf der Basis des gewonnenen Wissens über Märkte, Wettbewerber und Kunden.

Bei der Optimierung der bestehenden Vertriebsstrukturen sind folgende Fragestellungen zu beantworten:

1. **Markt:**
   - Wie groß und in welcher Region ist das Absatzpotenzial für meine Produkte und wie hoch ist der prozentuale Anteil des Absatzvolumens am Marktvolumen?
   - Von welchen Lägern werden welche Waren zu den jeweiligen Kunden transportiert?
2. **Kunden:**
   - Wie ist die Verteilung kaufender und potenzieller Kunden? Wo ergeben sich damit unmittelbare Wachstumschancen?
   - Welche Kunden werden von welchem Standort oder Mitarbeiter besucht?
   - Wo konzentrieren sich „wichtige" und „weniger wichtige" Kunden?
3. **Wettbewerber:**
   - Welche Kunden werden von welchem Standort oder Mitarbeiter des Wettbewerbers besucht?
   - Wo konzentrieren sich „wichtige" und „weniger wichtige" Kunden des Wettbewerbers?
4. **Bestehende Vertriebsgebiete:**
   - Wie ist die Verteilung der Umsätze innerhalb einzelner Vertriebsgebiete?
   - Wie groß sind die Umsatzreichweiten um einzelne Standorte?
   - Wie hoch ist die Arbeitslast und Umsatzverantwortung der einzelnen Vertriebsmitarbeiter bzw. Vertriebspartner?

Die einzelnen Fragestellungen können sowohl über klassische Analysen aus dem Vertriebscontrolling als auch durch grafische Aufbereitung beantwortet werden. Beispielsweise können die Vertriebsgebiete einzelner Mitarbeiter gegenüber gestellt werden, um die Arbeitslast und die Umsatzverteilung zu optimieren (vgl. Abb. 2.24).

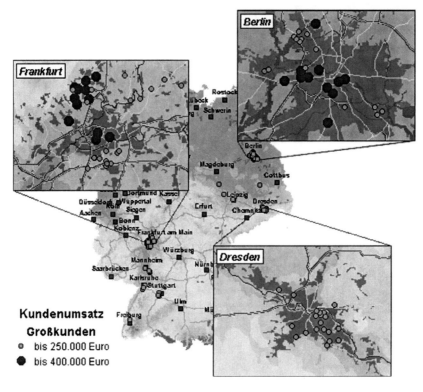

Abb. 2.24 Optimierung von Vertriebsgebieten (Quelle: Cartogis 2006)

Checkliste 7 Vertriebsweganalyse			
	Trifft zu	Trifft weniger zu	Trifft nicht zu
1. Wir kennen alle im Unternehmen genutzten Vertriebswege.	☐	☐	☐
2. Wir sind uns bewusst, dass die Vertriebswege mit quantitativen und qualitativen Kriterien bewertet werden müssen.	☐	☐	☐
3. Wir haben die Kriterien, die wir zur Bewertung der einzelnen Vertriebswege heranziehen, bestimmt.	☐	☐	☐
4. Wir nutzen gewichtete Scoring-Modelle oder Methoden der dynamischen Investitionsrechnung zur Vertriebsweganalyse.	☐	☐	☐
5. Wir kennen die analytischen Werkzeuge wie grafische Informationssysteme (GIS), um die Vertriebswege zu definieren und zu optimieren.	☐	☐	☐

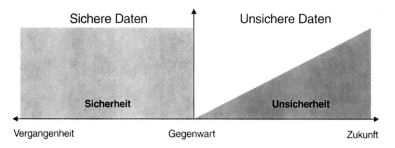

Abb. 2.25 Unsicherheit der Daten

2.2.9 Risiken abwägen

Jede Vertriebsstrategie und die darauf folgende operative Umsetzung basiert auf sicheren und unsicheren Daten (vgl. Abb. 2.25). Ein Teil der Planungsdaten ist sicher, da die Daten aus der Vergangenheit stammen, sich nicht mehr ändern und ein Datum für den Vertriebscontroller darstellen. Diese Daten werden im Vertrieb oder im Controlling generiert.

Der andere Teil der Daten ist unsicher, da sie dem Vertrieb noch nicht sicher vorliegen. Der Vertriebscontroller kann die künftigen Entwicklungen bei der Strategieerstellung nur prognostizieren. Die künftigen Entwicklungen sind für ihn also nicht sicher vorhersehbar. Grundsätzlich nimmt die Unsicherheit zu, je weiter die prognostizierten Daten in der Zukunft sind.

Die Unsicherheit der Daten wird für den Vertriebscontroller aber nicht unmittelbar zu einem Problem. Sie wird nur zu einem Planungsrisiko, wenn die prognostizierten Daten der Vertriebsstrategie mit den tatsächlichen Daten nicht übereinstimmen und keine strategische Anpassungsfähigkeit besteht. Ein einfaches Beispiel verdeutlicht den Unterschied zwischen Unsicherheit und Risiko.

> **Beispiel**
> **Risiko** Ein Unternehmen steht vor der Wahl zwischen den Vertriebsstrategien A und B. Die unterschiedlichen Datensituationen C und D sind wahrscheinlich.
>
> | | Datensituation C | Datensituation D |
> |---|---|---|
> | Vertriebsstrategie A | 150.000 € | 225.000 € |
> | Vertriebsstrategie B | 175.000 € | 150.000 € |
>
> Wählt die Vertriebsleitung die Strategie A, so kann sie künftig im Fall der Datensituation C 150.000 und bei Datensituation D 225.000 € Vertriebskosten sparen. Die Vertriebsstrategie A ist demnach optimal, wenn Datensituation D eintritt. Die Vertriebsstrategie B ist bei Datensituation C zu bevorzugen.
>
> Das Dilemma der Vertriebsleitung entsteht durch die Unsicherheit der künftigen Datensituationen. Wäre zum Planungszeitpunkt bekannt, ob Datensituation C oder D

eintritt, so wäre eine optimale Entscheidung bezüglich der Vertriebsstrategie einfach zu treffen.

Die Unsicherheit der Planung ist ebenfalls kein Problem, wenn die Vertriebsleitung mit Strategie A auf die Datensituation D setzt und nachträglich einfach auf die Vertriebsstrategie B schwenken kann. Sie wird zum Risiko, wenn anstatt der geplanten 225.000 nur 150.000 € gespart werden können und eine definierte Strategie nur langfristig änderbar ist.

In der Praxis ist ein Vertriebscontroller bei der Planung immer mit einem Risiko konfrontiert, da die Strategiealternativen nach deren Umsetzung in der Regel schwer revidierbar sind. Es stellt sich daher die Frage, wie der Vertriebscontroller mit den Planungsrisiken bei der Strategiefindung umgehen soll.

Eine einfache Form, die Risiken bei der Strategiefindung abzuwägen, ist eine **Chancen-Risiken-Analyse.** Zu diesem Zweck werden die Chancen und die Risiken einer Vertriebsstrategie in einer Tabelle mit zwei Spalten abgetragen. Die Chancen und Risiken werden häufig in einer Matrix mit der Stärken-Schwächen-Analyse kombiniert, um die vom Unternehmen beeinflussbaren Stärken und Schwächen und die nicht beeinflussbaren Chancen und Risiken in einem Gesamtüberblick zu visualisieren.

Der Vorteil dieser Methode liegt in der hohen Abstraktion und der Ergebnisorientierung. Nachteilig ist in der Regel, dass die einzelnen Elemente nicht gewichtet werden und die unterschiedlichen Zukunftsszenarien keine explizite Berücksichtigung finden. Diese Methode stellt daher nur einen Ausgangspunkt für weitere Analysen dar, bietet aber eine gute Möglichkeit, die wesentlichen Risiken herauszufiltern, wenn diese priorisiert werden. Sie wird auf der Ebene des Top-Managements angewendet.

Die detaillierte Risikoanalyse ist beliebig komplex, sodass hier nur wenige nützliche Risikobewertungen für den Vertrieb betrachtet und eine Sensibilität für die Risiken bei der Strategiefindung geschaffen werden sollen.

Zunächst muss die grundlegende Fragestellung geklärt werden, ob künftige Datenänderungen in die Risikoanalyse einfließen. Die Entscheidungstheorie schlägt zwei Wege vor, um künftige Datenänderungen bei der Risikoanalyse zu berücksichtigen (vgl. Adam 1996):

Ausschluss künftiger Datenänderungen in der Vertriebsstrategie

Die Vertriebsleitung geht davon aus, dass künftig eine der Entscheidungsalternativen eintritt. Sie ist sich allerdings nicht sicher, welche dieser Entscheidungsalternativen eintreten wird. Eine Vertriebsstrategie wird als optimal betrachtet, wenn ihr Zielwert besser als der verglichener Strategiealternativen ist. Ein Zielwert, der in der Praxis oft verwendet wird, ist der Erwartungswert.

> **Beispiel**
>
> **Erwartungswert** Das obige Beispiel mit den Vertriebsstrategien A und B soll nochmals aufgegriffen werden. Die einzelnen Datensituationen werden vom Planenden vor-

ab mit einer Eintrittswahrscheinlichkeit beziehungsweise Gewichtung (w) versehen, um einen Erwartungswert zu errechnen.

Der Erwartungswert berechnet sich aus den gewichteten Werten der Datensituationen wie beispielsweise (150.000 € × 0,6) + (225.000 € × 0,4) = 180.000 € bei Vertriebsstrategie A.

	Datensituation C ($w = 0,6$)	Datensituation D ($w = 0,4$)	Erwartungswert
Vertriebsstrategie A	150.000 €	225.000 €	180.000 €
Vertriebsstrategie B	175.000 €	150.000 €	165.000 €

Die Vertriebsstrategie A ist bei Gewichtung der künftig vermuteten Datensituationen A und B Erfolg versprechender. Das Analyseergebnis berücksichtigt nicht die Schwankungsbreite der Strategiealternativen.

Einschluss künftiger Datenänderungen in der Vertriebsstrategie

Wenn die Vertriebsleitung explizit davon ausgeht, dass mit großer Wahrscheinlichkeit keine der angenommenen Strategiealternativen wirklich eintritt, so sollten die Risiken der Strategiealternativen explizit berücksichtigt werden. Die Planung schließt daher schon vorab Strategieanpassungskosten bei der Auswahl der optimalen Vertriebsstrategie ein.

> **Beispiel**
> **Risikomaß** Der Erwartungswert gibt eine absolute Entscheidungshilfe. Er berücksichtigt nicht, wie hoch die Ergebnisschwankungen der unterschiedlichen Strategien sind. Die Berücksichtigung eines Risikomaßes schließt die Schwankungsbreiten und die Relation der Strategiealternativen ein. Üblicherweise wird die Standardabweichung als Risikomaß verwendet (vgl. zur Standardabweichung Bleymüller 2004).
>
> | | Datensituation C ($w = 0,6$) | Datensituation D ($w = 0,4$) | Standardabweichung |
> |---|---|---|---|
> | Vertriebsstrategie A | 150.000 € | 225.000 € | 38.243 € |
> | Vertriebsstrategie B | 175.000 € | 150.000 € | 12.748 € |
>
> Die Vertriebsstrategie B ist bei Gewichtung der künftig vermuteten Datensituationen C und D vorzuziehen, da die Standardabweichung als Risikomaß geringer ist als bei Vertriebsstrategie A.

Eine Vertriebsstrategie ist üblicherweise mit Zielen verbunden, die erreicht werden sollen. Erreicht eine Strategie bestimmte Ziele nicht in der jeweiligen Datensituation, so kann dies mit Addition oder Substraktion von Strafpunkten bei der Strategiewahl geahndet werden.

> **Beispiel**
>
> **Strafkosten** Die Vertriebsleitung hat die Vorgabe, 175.000 € durch eine Neuausrichtung des Vertriebs zu sparen. Die alternativen Vertriebsstrategien sollen so bewertet werden, dass eine zielkonforme Strategie wahrscheinlich ist. Der Vertriebscontroller vergleicht die Werte für die einzelnen Datensituationen zu diesem Zweck mit dem Zielwert. Unterschreitet der Wert einer Datensituation den Zielwert, so werden Strafkosten abgezogen.
>
> In unserem Beispiel wird der Zielwert bei der Datensituation C der Vertriebsstrategie A um 25.000 € unterschritten (175.000 € − 150.000 € = 25.000 €). Die Strafkosten werden ebenfalls mit der Eintrittswahrscheinlichkeit von 0,6 gewichtet und vom Erwartungswert der Vertriebsstrategie abgezogen.
>
> | | Datensituation C ($w = 0{,}6$) | Datensituation D ($w = 0{,}4$) | Erwartungswert | Strafkosten | Neuer Erwartungswert |
> | --- | --- | --- | --- | --- | --- |
> | Vertriebsstrategie A | 150.000 € | 225.000 € | 180.000 € | 15.000 € | 165.000 € |
> | Vertriebsstrategie B | 175.000 € | 150.000 € | 165.000 € | 10.000 € | 155.000 € |
>
> Die Vertriebsstrategie A ist nach Abzug der Strafkosten immer noch dominant, allerdings hat sich der Abstand zwischen den Erwartungswerten verringert.

Die bewusst vereinfachten Beispiele für den Erwartungswert, das Risikomaß und die Strafkosten verdeutlichen, wie das Risiko bei der Beurteilung von Vertriebsstrategien einbezogen wird. In der Praxis steht die Vertriebsleitung vor einer Vielzahl von Strategiealternativen mit mehreren Variablen, die es zu bewerten gilt. Das Vertriebscontrolling muss daher eine strukturierte Vorgehensweise für die Vertriebsleitung entwickeln, um die Strategiealternativen unter Risikoaspekten zu bewerten.

Folgende Vorgehensweise ist empfehlenswert:

1. Vorauswahl der Vertriebsstrategien nach Dominanzkriterien
2. Ableitung von Risikoprofilen

Bei der **Vorauswahl der Vertriebsstrategien** sollten bereits die Strategiealternativen identifiziert werden, die andere Strategien dominieren. Es kann sich um eine absolute Dominanz oder eine Zustandsdominanz handeln. Bei der absoluten Dominanz gibt es in keiner Datensituation eine bessere als die betrachtete Strategie. Bei der Zustandsdominanz dominiert eine Strategie, wenn sie in keiner Datensituation einen schlechteren Zielwert, aber in mindestens einer Situation einen besseren Zielwert aufweist.

Die **Ableitung von Risikoprofilen** visualisiert unterschiedliche Strategiealternativen. Die Basis eines Risikoprofils ist eine Datenmenge der Strategiealternative, die die Ausprägungen in den jeweiligen Datensituationen enthält (vgl. Tab. 2.20).

2.2 Die Methoden für die richtige Strategie

Tab. 2.20 Risikoprofilanalyse

Vertriebs-strategie A	Datensituation C ($w = 0{,}2$)	Datensituation D ($w = 0{,}4$)	Datensituation E ($w = 0{,}3$)	Datensituation E ($w = 0{,}1$)
Absatzmenge	100.000	125.000	150.000	175.000
Umsatz	500.000 €	625.000 €	675.000 €	787.500 €
K_{var}	200.000 €	250.000 €	285.000 €	332.500 €
K_{fix}	100.000 €	100.000 €	150.000 €	150.000 €
Gewinn	200.000 €	275.000 €	240.000 €	305.000 €
$w_{kumuliert}$	1	0,5	0,8	0,1

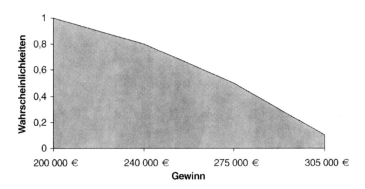

Abb. 2.26 Risikoprofil einer Vertriebsstrategie

Die Daten lassen erkennen, dass mindestens ein Gewinn von 200.000 € in der schlechtesten und höchstens ein Gewinn von 305.000 € in der besten Datensituation erwartet wird.

Das Risikoprofil wird erstellt, indem die Zielgröße auf der X-Achse und die Wahrscheinlichkeit auf der Y-Achse abgetragen wird. In unserem Fall ist die Zielgröße der Gewinn der Vertriebsstrategie (vgl. Abb. 2.26). Die Gewinne werden vorab nach deren Wert aufsteigend sortiert, wobei der niedrigste Wert von 200.000 € eine kumulierte Wahrscheinlichkeit von $w_{kumuliert} = 1$ erhält. Der nächste abzutragende Wert sind die 240.000 € mit einer Wahrscheinlichkeit von $w_{kumuliert} = 0{,}8$ (1 – 0,2). Mit den weiteren Werten wird ebenso verfahren.

Die Risikoprofile werden verglichen, indem alle Strategiealternativen in einem Koordinatensystem abgetragen werden. Die beste Vertriebsstrategie kann abschließend abgeleitet werden, wenn der zu erreichende Schwellenwert wie Gewinn > 250.000 € mit einer Wahrscheinlichkeit von $w > 0{,}7$ eingetragen wird. Zwischen den verbleibenden Strategien muss dann eine endgültige Auswahl getroffen werden, die zusätzliche Kriterien qualitativer oder quantitativer Art berücksichtigt.

2.3 Ein Frühwarnsystem definieren und anwenden

Die Vertriebsleitungen der Firmen, die heute am Absatzmarkt agieren, stecken in einem Dilemma: Es gibt interne und externe Signale, die Marktveränderungen frühzeitig andeuten, allerdings werden diese Signale häufig erst im Nachhinein über die operativen Ergebnisrechnungen erkannt. Fraglich ist, welche Signale für den Vertrieb relevant sind und wie diese Signale aufgespürt werden können.

Die Relevanz eines Frühwarnsystems, um die internen und externen Signale ähnlich einem Radarsystem zu erfassen, wird klar, wenn die Auswirkungen von Marktveränderungen auf einer Zeitachse dargestellt werden.

> **Beispiel**
>
> **Rohölpreise** Die Rohölpreise sind – wie allgemein bekannt – stark von Kriegsgefahren im Nahen Osten abhängig. Bei drohender Kriegsgefahr steigt der Rohölpreis, da die Fördermengen während des Krieges sinken können, aber der Bedarf an Kraftstoff während eines Krieges steigen würde. Das Angebot und die Nachfrage würden sich nach volkswirtschaftlichen Regeln auf einem höheren Preisniveau einpendeln. Die Märkte nehmen diese reale Anpassung durch frühzeitig steigende Preise vorweg.
>
> Ein Unternehmen, das einen hohen Bedarf an Kraftstoffen oder Öl hat, sieht sich während dieser Zeit mit extrem gestiegenen Rohstoffpreisen konfrontiert. Verfügt das Unternehmen über ein ausgeprägtes Frühwarnsystem, so kann das Unternehmen die Preissteigerungen eventuell über Gegengeschäfte absichern oder frühzeitig Verträge mit günstigen Preisen abschließen. Je näher der eigentliche Preisanstieg kommt, desto schwerer wird es für das Unternehmen, die steigenden Rohstoffpreise abzuwehren. Die Gefahr einbrechender Margen oder steigender Absatzpreise mit geringeren Mengen korreliert also mit der Zeit und der Funktionalität des Frühwarnsystems.

Ein Frühwarnsystem erlaubt dem Management, Zeit zum Handeln zu kaufen (vgl. Becker 2001). Der Vertrieb profitiert von einem Frühwarnsystem, da künftige Entwicklungen antizipiert werden und die Vertriebsstrategie rechtzeitig angepasst werden kann. Die Aufgabe der Vertriebsleitung ist es, aus den Vergangenheitsdaten zu lernen, welche Signale mit tatsächlichen Marktänderungen verbunden waren.

Die Signale zur Früherkennung sind vielfältig und können grundsätzlich alle Objekte des modularen Vertriebscontrollings betreffen. Das Management muss die relevanten Signale erkennen und deren Relevanz für die Vertriebsstrategie einschätzen (vgl. Checkliste 8). Ein Werkzeug, um die Korrelationen zwischen Marktsignalen und -veränderungen zu begründen, ist das Data Mining.

2.3 Ein Frühwarnsystem definieren und anwenden

Checkliste 8 Marktsignale

Objekt	Signal	Relevanz für Vertriebsstrategie		
		Niedrig	Mittel	Hoch
Markt	Überkapazitäten	☐	☐	☐
	Geringe Marktrentabilitäten	☐	☐	☐
	Internationalisierung	☐	☐	☐
	Höhere Importe	☐	☐	☐
	Etc.	☐	☐	☐
Kunden	Abflachende Nachfrage	☐	☐	☐
	Abnehmende Kundentreue	☐	☐	☐
	Hohe Abwanderungsraten	☐	☐	☐
	Geringe Kundenrentabilitäten	☐	☐	☐
	Etc.	☐	☐	☐
Wettbewerber	Neue Wettbewerber	☐	☐	☐
	Geänderte Wettbewerbsstrategien	☐	☐	☐
	Geringe Markteintrittsbarrieren	☐	☐	☐
	Relative Marktanteilsverluste	☐	☐	☐
	Etc.	☐	☐	☐
Produkte und Dienstleistungen	Neue Wettbewerbsprodukte	☐	☐	☐
	Veraltetes Produktportfolio	☐	☐	☐
	Steigende Rohstoffkosten	☐	☐	☐
	Steigende Entwicklungskosten	☐	☐	☐
	Etc.	☐	☐	☐
Vertriebsorganisation	Geringe Abschlussquoten	☐	☐	☐
	Geringe Kundenzufriedenheiten	☐	☐	☐
	Steigende Vertriebskosten	☐	☐	☐
	Geringes Qualifikationsniveau	☐	☐	☐
	Etc.	☐	☐	☐

Ist es dem Management gelungen, die wichtigsten Signale zu identifizieren, so müssen diese in einem wiederkehrenden Prozess überwacht werden. Die Prozess-Schritte eines Frühwarnsystems sind (vgl. Becker 2001):

1. **Signale erfassen**
   Unternehmens- wie Umweltsignale, auch in schwacher Form, erfassen und bereitstellen
2. **Veränderungen erkennen**
   Hinweis auf Veränderungen der bisherigen oder neuer Erfolgspotenziale im Hinblick auf die Vertriebsstrategie
3. **Ursachen erforschen**
   Analyse der Zusammenhänge zwischen beobachteten Signalen und Entwicklungen

4. **Bewerten**
   - Beurteilung von langfristigen Entwicklungen beobachteter Faktoren (qualitativ) und je nach Sicherheit der Information Erstellung von Prognosen (quantitativ)
   - Beurteilung der Signale nach ihrer Bedeutung für das eigene Unternehmen
5. **Planen**
   Umsetzung der gewonnenen Erkenntnisse in Ziel- und Planprozesse

Die wichtigsten Signale sollten anhand von Kennzahlen operativ überwacht werden. Eine Möglichkeit ist die im nächsten Kapitel beschriebene Balanced Scorecard, die mittels analytischem CRM über so genannte Dashboards implementiert wird.

Die Konzeption und Implementierung eines Frühwarnsystems soll anhand eines Beispiels illustriert werden: das so genannte „Abwanderungsmanagement" oder „Churn Management", welches bereits erfolgreich in der Telekommunikations- und Bankenindustrie Einzug gehalten hat.

Das **Churn Management** ist ein Kunstwort aus „Change" und „Turn" und bezeichnet den Versuch, Kundenabwanderungen zu vermeiden. Dies betrifft insbesondere Branchen, in denen aufgrund vertraglicher Verpflichtungen der Kunde eine gewisse Zeit an ein Unternehmen gebunden ist und nach Ablauf der Frist den Anbieter wechseln könnte (z. B. Handyverträge). Beim Churn Management sind abwanderungsgefährdete Kunden rechtzeitig vor Vertragsauslauf anzusprechen und vom Bleiben zu überzeugen.

Dabei ist es im Vorfeld wichtig, zunächst die Abwanderungswahrscheinlichkeit sowie den Kundenwert zu ermitteln. Somit werden die Anstrengungen nur bei rentablen und profitablen Kunden unternommen. Eventuell kann es für ein Unternehmen besser sein, einem unprofitablen Kunden die Abwanderung zu erleichtern. Es gibt mehrere Methoden den Kundenwert zu ermitteln, eine davon ist der Customer Lifetime Value.

Es gibt drei Arten von Churn:

1. **aktiver Churn:** wird vom Kunden selbst initiiert und kann durch Aktionsmöglichkeiten des Unternehmens verhindert werden.
2. **passiver Churn:** wird vom Unternehmen initiiert und die Aktionsmöglichkeiten des Unternehmens sind hier Restriktionen (z. B. Mahnungen).
3. **rotationaler Churn:** wird vom Kunden initiiert, indem er vor Ablauf der vertraglichen Verpflichtung „vorsorglich" kündigt, ohne die direkte Absicht zu haben, zu einem Wettbewerber zu wechseln. Dieser Churn lässt sich schwer unterbinden.

Prinzipiell lässt sich folgendes Vorgehen zur Etablierung eines Churn Managements anwenden:

Analyse der Abwanderungssituation
Die folgenden Kernaktivitäten sind in dieser Stufe durchzuführen:

- Identifikation von Frühwarnindikatoren
- Ursachenanalyse kundenseitiger Kündigungen (Aktiver Churn) bei verlorenen Kunden

- Ermittlung von Abwanderungsprozessen (ereignisorientierte Abwanderungsanalysen)
- Berechnung des finanziellen Verlusts der Kundenabwanderung
- Feststellung des Ausmaßes der Kundenabwanderung

Die folgenden Methoden können in dieser Stufe angewandt werden:

- Quantitative Methoden:
  Auswertung von Bewegungsdaten aus dem Data-Warehouse (Stichproben) – Kundenwertberechnungen
- Qualitative Methoden:
  Untersuchung von Marktforschungsstudien/Beschwerden – Kündigerbefragungen

Ansatzermittlung zur Abwanderungsprognose

Die folgenden Kernaktivitäten sind in dieser Stufe durchzuführen:

- Festlegung der Methoden zur Validierung der Frühwarnindikatoren/Prognosemodelle
- Durchführung der Validierung (Test der Prognosemodelle)
- Ableitung der Churn Segmente (quantifizierte Kündigerprofile)
- Ermittlung von Churn-Risiko (individuelle Abwanderungswahrscheinlichkeit)
- Prognosemuster schleichender Kündigungen bei Bestandskunden (predictive analytics)

Die folgenden Methoden können in dieser Stufe angewandt werden:

- Quantitative Methoden:
  - Multivariate Analysemethoden, z. B. diskriminanzanalytische Verfahren, neuronale Netze
  - Regelbasierte Expertensysteme
- Qualitative Methoden:
  - Auswertung von Informationen (z. B. aus dem Beschwerdemanagement)

Festlegung von Maßnahmen

Die folgenden Kernaktivitäten sind in dieser Stufe durchzuführen:

- Festlegung von Maßnahmen zur Reduzierung/Prävention der Abwanderung in Konformität mit der Marktbearbeitungsstrategie
- Maßnahmen zur Retention abwanderungsgefährdeter Gruppen (z. B. Cross-/Upselling, Kampagnen etc.)
- Quantifizierung der Investitionen in die Kundenbindung/-rückgewinnung
- Messung des Maßnahmenerfolgs/Controlling

Die folgenden Methoden können in dieser Stufe angewandt werden:

- Quantitative Methoden:
  Automatisierte Verfahren (z. B. Real Time Decisioning in Siebel)
- Qualitative Methoden:
  Interviews/Workshops mit Fachabteilungen – Branchenbezogene Best-Practices

Bei der Fülle an möglichen Maßnahmen stellt sich schnell die Frage nach der Rechenbarkeit des Churn Managements. Hier gilt allgemein, dass die Nutzenwirkungen der Maßnahmen den anfallenden Kosten permanent gegenübergestellt werden müssen. Der Nutzen über die Rückgewinnungsquote, das Deckungsbeitragspotenzial, die Kostenersparnisse durch geringere Neukundenakquisition, die positiven Kommunikationseffekte und die erhaltenen Informationen zur Leistungsverbesserung müssen durch variable und fixe Kosten abgedeckt werden. Das daraus resultierende Kosten-Nutzen-Kalkül lässt den Erfolg der Maßnahmen messen, wenn Kontrollgruppen als Benchmark eingesetzt werden.

Insgesamt ist Churn Management ein wichtiger Baustein in einem Vertriebscontrolling. Durch die Fokussierung auf ertragsstarke und potenzialträchtige Zielgruppen und die Pflege der Kundenbindung lassen sich Steigerungen des Unternehmenserfolgs erzielen. Voraussetzung ist ein konsequentes Bekenntnis zur Kundenorientierung und eine gezielte Beschäftigung mit den eigenen Fehlern auf allen Hierarchiestufen. Das Ertragspotenzial bei Kündigern muss die „Antriebsfeder" sein, weil sonst gut gemeinte Konzepte zu reinem Aktionismus führen.

2.4 Die Vertriebsstrategie mittels Balanced Scorecard operationalisieren

Eine Vertriebsstrategie ist nur so gut wie deren Umsetzung. Die einzelnen Objekte und die Ziele der Vertriebsstrategie müssen daher operationalisiert werden, damit die Zielerreichung gesteuert werden kann und für die einzelnen Vertriebsmitarbeiter transparent wird.

Die verfolgten Ziele einer Vertriebsstrategie sind mit Kennzahlen messbar. Beispielhaft sind bei einer Wettbewerbsverdrängungsstrategie bei stagnierendem Marktvolumen der Marktanteil und die Umsatzsteigerung zu nennen. Die Problemstellung der Unternehmen liegt allerdings häufig nicht in der Methodik, sondern in der Definition von operationalen Kennzahlen für den Vertrieb, da ein großer Teil einer Vertriebsstrategie – wie eine gesteigerte Kundenbindung – qualitativer Natur sein kann. Der kausale Zusammenhang einer gestiegenen Kundenzufriedenheit – als qualitatives Beispiel – mit verbuchten Umsatzsteigerungen einer Periode ist schwer zu begründen, da es eine Vielzahl von Faktoren gibt, die die Umsatzsteigerungen hervorgerufen haben können. Außerdem wirkt eine Steigerung der Kundenzufriedenheit nicht immer in derselben Periode, sondern über einen längeren Zeitraum. Dies ist vergleichbar mit der Werbewirkung. Dennoch ist es die Aufgabe des Vertriebscontrollers, das Management mit Methoden zu unterstützen, um die Vertriebsstrategie zu operationalisieren. Die Methode muss mit den Ressourcen und Kennzahlen des

2.4 Die Vertriebsstrategie mittels Balanced Scorecard operationalisieren

Unternehmens im Einklang stehen, um eine effiziente Vertriebssteuerung zu ermöglichen. Es geht bei der Methodik also nicht darum, mehr Instrumente zur Steuerung einzusetzen, sondern sich auf einige wenige, besonders geeignete Instrumente zu konzentrieren (vgl. Weber und Schäffer 2000).

Ein Instrument zur Operationalisierung einer Vertriebsstrategie, das das oben genannte Ziel unter Berücksichtigung von qualitativen und quantitativen Kennzahlen erreicht, ist die Balanced Scorecard. Allgemein besteht die Karte aus mehreren Komponenten, die verschiedene Geschäftsbereiche abdecken sollen. Sie wird für das Controlling von Geschäftsbereichen und -prozessen eingesetzt.

> **Exkurs: Balanced Scorecard** Das Konzept der Balanced Scorecard wurde in den 90er Jahren von den Amerikanern Kaplan und Norton entwickelt. Der Grundgedanke war, dass eine alleinige Ausrichtung des Unternehmens nach finanziellen Gesichtspunkten nicht ausreicht. Kaplan und Norton untersuchten in einer empirischen Studie amerikanische Unternehmen und fanden heraus, dass sowohl quantitative als auch qualitative Kriterien für die Unternehmenssteuerung operativ genutzt wurden. Sie entwickelten daraufhin das Konzept der Balanced Scorecard, die vier Perspektiven bei der Unternehmensteuerung berücksichtigt (vgl. Kaplan und Norton 1997):
>
> 1. Finanziell
> 2. Kunde
> 3. Lernen und Entwicklung
> 4. Interne Geschäftsprozesse
>
> Die einzelnen Perspektiven sollten Ziele, Kennzahlen, Vorgaben und Maßnahmen enthalten. Der Tenor der Untersuchung war, dass eine ganzheitliche Unternehmenssteuerung für die unterschiedlichen Perspektiven Erfolg versprechender als die alleinige Betrachtung von rein finanziellen Kennzahlen ist.

2.4.1 Einführung und Nutzung der Balanced Scorecard in der Vertriebspraxis

Die Balanced Scorecard ist ein geeignetes Instrument, um eine Vertriebsstrategie operativ nachhaltig zu steuern und zu kontrollieren. In der Praxis hat sich ein integriertes Vorgehen bewährt, das die Entwicklung der geeigneten Vertriebsstrategie in enger Beziehung zur Operationalisierung mittels Balanced Scorecard sieht (vgl. Abb. 2.27).

Schritt eins zur effektiven Nutzung des Balanced-Scorecard-Konzepts ist die **(1) Erarbeitung oder Anpassung der Strategie** für den Vertriebsbereich. Häufig ist es möglich, eine bestehende Strategie anzupassen. Dieser Schritt sollte periodisch in festgelegten Zeitabständen durchlaufen werden, um Fehlentwicklungen in der strategischen Ausrichtung frühzeitig erkennen zu können.

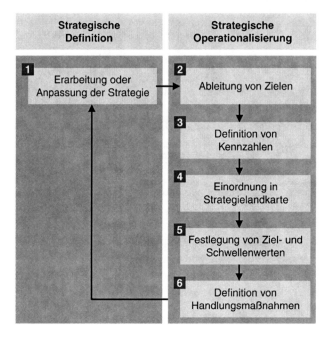

Abb. 2.27 Zusammenspiel der Strategiedefinition und -operationalisierung im Closed-Loop-Ansatz

Sobald sich die Vertriebsleitung auf eine klare Strategie geeinigt hat, geht es an die **(2) Ableitung von Zielen**. In diesem Schritt geht es im Wesentlichen darum, die Strategie in klare Ziele zu übersetzen. Dies ist auch die geeignete Stelle, um die Perspektiven der Balanced Scorecard zu definieren. Die vier Standardperspektiven Finanzen, Kunden, Lernen und Entwicklung und Interne Prozesse sind hierbei lediglich als Vorlage zu verstehen und können sehr wohl an Ihre Bedürfnisse angepasst werden (vgl. Kaplan und Norton 1997). Orientieren Sie sich bei der Definition neuer Perspektiven an folgender Fragestellung:

Welche Stakeholder-Gruppen werden durch meine Strategie beeinflusst, d. h. wen muss ich berücksichtigen, um die Geschichte meiner Strategie erzählen zu können?

Die wichtigsten Stakeholder werden durch die vier Standardperspektiven bereits abgebildet (Shareholder/Eigentümer, Kunden und Mitarbeiter). Weitere Stakeholder können hinzukommen. Umfasst Ihre Vertriebsstrategie zum Beispiel die öffentliche Hand, so wäre eine Perspektive „Gemeinwesen" angebracht. Letztendlich haben die Balanced-Scorecard-Perspektiven beschreibenden Charakter. Das Hauptziel muss sein, durch die Verknüpfung der Perspektiven die Strategie der Vertriebsleitung eingängig erzählen zu können.

Folgende Teilbereiche einer Balanced Scorecard haben sich im Vertrieb bewährt (vgl. Eisenfeld 2000):

1. Finanzen
2. Prozesse

2.4 Die Vertriebsstrategie mittels Balanced Scorecard operationalisieren

3. Verhalten
4. Technik
5. Kunden

Die einzelnen Teilbereiche unterliegen keiner Wertigkeit untereinander, das heißt, ein Teil ist grundsätzlich nicht höher zu bewerten als der andere. Es bietet sich aber natürlich die Möglichkeit der Gewichtung der Zahlen wie in jedem Scoring-Modell. Dies ist von den Anforderungen des Unternehmens abhängig, wobei eine Gewichtung praktisch sinnvoll ist. In Abschn. 2.4.2 werden für jede dieser Perspektiven beispielhaft Kennzahlen vorgestellt.

Die Ziele der definierten Projekte der Balanced Scorecard lassen sich am zweckmäßigsten durch Fragen bestimmen:

Perspektive	Fragestellung
Finanzen	Welche finanziellen Ziele müssen Sie erreichen, um Ihre Strategie umzusetzen?
Kunden	Wer sind unsere Zielkunden und welches Wertversprechen möchten wir vermitteln?
Prozesse	In welchen Prozessen müssen wir ausgezeichnete Ergebnisse erzielen, um unsere Shareholder/Eigentümer und Kunden zufriedenstellen zu können?
Verhalten	Welche Trainingsmaßnahmen und Ressourcen benötigen unsere Vertriebsmitarbeiter?
Technik	Welche technische Unterstützung müssen wir unserem Vertriebsteam zukommen lassen?

Die abgeleiteten Ziele sind *nicht* gleichzusetzen mit Kennzahlen. Vielmehr dienen die Ziele der Übersetzung der Strategie in eine verständlichere und besser kommunizierbare Form.

> **Beispiel**
>
> Ein Unternehmen der Pharmaindustrie entwickelt seine Strategie zur Verwirklichung der Vision „Umsatzsteigerung durch Innovation". Zur Operationalisierung dieser Strategie werden zunächst die notwendigen Ziele abgeleitet. Auf den Vertriebsbereich bezogen lautet eine Zielsetzung „Verbesserung der Beziehung zu Ärzten". Diese Zielsetzung ist in dieser Form nicht quantifizierbar. Das Vertriebsteam muss daher basierend auf Erfahrungen und Annahmen Kennzahlen definieren, die eine „Verbesserung der Beziehung zu Ärzten" bewirken. Potenzielle Kandidaten für messbare Größen sind beispielsweise „Besuchsquote" oder „Reklamationsbearbeitungszeit".

Bei der **(3) Definition von Kennzahlen** werden die vorher definierten Zielsetzungen quantifiziert. Hierbei ist es erfolgskritisch, *Lead-* und *Lag-Indikatoren* zu verwenden: Die Balanced Scorecard sollte sowohl *Lead-* als auch *Lag-Indikatoren* enthalten. Lag-Indikatoren stellen die Konsequenzen von in der Vergangenheit getroffenen Entscheidungen dar. Finanzkennzahlen beispielsweise sind zum überwiegenden Teil dieser Kategorie zuzuordnen.

Ein weiteres klassisches Beispiel für eine vergangenheitsbezogene Kennzahl ist Kundenzufriedenheit. Ein Anstieg oder Abfall dieser Größe zeigt lediglich die Konsequenzen. Ein Gegensteuern auf Basis dieser Kennzahl seitens der Vertriebsleitung ist häufig verspätet. Daher sollten in jede Balanced-Scorecard-Perspektive neben den klassischen Lag-Indikatoren auch Lead-Indikatoren aufgenommen werden. Im Beispiel der Kundenzufriedenheit wäre dies zum Beispiel die Kennzahl „Besuchsquote" (Durchgeführte Besuche/Geplante Besuche). Ein negativer Trend in der Besuchsquote im Außendienst lässt vermuten, dass die Kundenzufriedenheit auch bald beeinflusst wird. Wichtig hierbei ist der Hinweis auf die *vermutete* Ursache-Wirkungsbeziehung.

Die vermutete Ursache-Wirkungsbeziehung kann in der Praxis durch (1) statistische Untersuchungen vergangenheitsbezogener Vertriebsdaten oder (2) iterative Weiterentwicklungen der Balanced Scorecard überprüft werden.

Im nächsten Schritt erfolgt die **(4) Einordnung in die Strategielandkarte.** Hierdurch wird die Firmen- und Vertriebsstrategie anschaulich dargestellt und kann so einfacher innerhalb der Organisation kommuniziert werden. Diese Möglichkeit unterscheidet die Balanced Scorecard wesentlich von anderen Performance-Management-Systemen (vgl. Kaplan und Norton 1997).

In der Strategielandkarte werden die Ziele untereinander in einen Ursache-Wirkungszusammenhang gebracht (vgl. Abb. 2.28). Diese Zusammenhänge werden in Workshop-Sitzungen gemeinsam mit den beteiligten Stakeholdern erarbeitet. Für jedes Ziel sollten nun Kennzahlen aus dem zuvor definierten Kennzahlen-Pool ausgewählt werden, die mit dem strategischen Ziel die größte Übereinstimmung haben. Achten Sie hier unbedingt auf die gleichmäßige Verwendung von Lag- und Lead-Indikatoren.

Ohne eine konkrete **(5) Festlegung von Ziel- und Schwellenwerten** und **(6) Definition von Handlungsmaßnahmen** ist jede noch so anspruchsvolle Balanced-Scorecard-Initiative nicht erfolgsversprechend. Im Idealfall werden Ziel-und Schwellenwerte gemeinschaftlich zwischen Management und Vertriebsmitarbeitern festgelegt.

Zielwerte für die Kennzahlen in der Balanced Scorecard können verschiedene Ausprägungen annehmen (vgl. Eckerson 2009):

1. **Erreichung:** Die Kennzahl soll einen Wert erreichen oder überbieten (Beispiele: Umsatz und Kundenzufriedenheit)
2. **Reduzierung:** Die Kennzahl soll einen Wert nicht überschreiten. Unterbieten ist erlaubt. (Beispiele: Wartezeit)
3. **Einhalten:** Die Kennzahl soll diesen Wert möglichst genau treffen, d. h. nicht unter- oder überschreiten (Beispiel: Lieferzeiten)
4. **Minimum/Maximum:** Die Kennzahl soll in einen bestimmten Bereich fallen (Beispiel: Zeitraum zwischen Reparaturen)
5. **Null:** Die Kennzahl soll möglichst Null betragen (Beispiel: Arbeitsunfälle)

2.4 Die Vertriebsstrategie mittels Balanced Scorecard operationalisieren

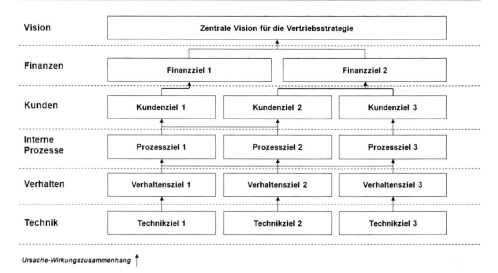

Abb. 2.28 Beispielhafte Darstellung Strategielandkarte

Nachdem die Zielwerte für die Kennzahlen festgelegt wurden, muss die Vertriebsleitung Maßnahmen definieren, wie diese Ziele erreicht werden sollen. Hier ist es wichtig, dass vereinzelte Maßnahmen je nach Effektivität eingestellt, ausgeweitet oder reduziert werden.

2.4.2 Beispielhafte Kennzahlen zur Nutzung in der Vertriebspraxis

Finanzen

Die Finanzkennzahlen beeinflussen die Akzeptanz der Vertriebsaktivitäten bei den Investoren und Stakeholdern. Alle in der Balanced Scorecard aufgeführten Kennzahlen sollten in einer Ursache-Wirkungskette mit den Finanzzielen in Verbindung gebracht werden. Finanzkennzahlen können in aller Regel einer von zwei übergeordneten Ziel-Kategorien zugeordnet werden: (1) Wachstum und (2) Profitabilität.

Nachfolgend werden zu jeder dieser Kategorien Kennzahlen exemplarisch vorgestellt.

Nr.	Ziel	Kennzahl
F1	Wachstum	Umsatzstruktur (%)
F2	Wachstum	Umsatzentwicklung (%)
F3	Profitabilität	Auftragseffizienz (%)
F4	Profitabilität	Rabattstruktur (%)
F5	Profitabilität	Vertriebskostenstruktur (%)

Die Umsatzstruktur (F1) gibt Hinweise auf die Einordnung der Produkte im Produktlebenszyklus und die künftigen Potenziale der Produktpalette. Aus dieser Kennzahl lässt sich für die Investoren und die Vertriebsleitung ferner ableiten, wer die hauptsächlichen Umsatzträger im Produktportfolio des Unternehmens sind.

$$\text{Umsatzstruktur (\%)} = \left(\frac{\text{Umsatz je Artikelgruppe}}{\text{Gesamtumsatz}}\right) \times 100 \quad \text{(F1)}$$

Die Umsatzentwicklung (F2) ist eine wichtige Kennzahl, die ein Indikator für die Performance des Vertriebs am Markt ist. Aus dieser Kennzahl ist abzulesen, wie die einzelnen Mitarbeiter ihre Marktziele erreicht haben und in Umsätze transformieren konnten.

$$\text{Umsatzentwicklung (\%)} = \left(\frac{\text{Umsatz der laufenden Periode}}{\text{Umsatz der letzten Periode}}\right) \times 100 \quad \text{(F2)}$$

Die Auftragseffizienz (F3) beschreibt ein Verhältnis zwischen Umsätzen und Vertriebskosten. Sie gibt an, wie hoch die Vertriebskosten für eine Auftragsgewinnung waren, und ist ein Rentabilitätsmaß. Je höher der Wert dieser Kennzahl ist, desto besser ist das Verhältnis zwischen Vertriebskosten und Umsatz.

$$\text{Auftragseffizienz (\%)} = \left(\frac{\text{Umsatz}}{\text{verursachte Vertriebskosten des Auftrags}}\right) \times 100 \quad \text{(F3)}$$

Eine weitere Kennzahl, um die Effizienz der Auftragsgewinnung zu messen, ist die Rabattstruktur (F4). Diese Kennzahl verdeutlicht, wie viel Rabatte den Kunden pro Produkt/Produktlinie eingeräumt werden mussten, um die Produkte am Markt abzusetzen. Ein hoher Prozentsatz Rabatt vom Umsatz lässt auf schlechte Marktbedingungen, schlechte Marktpositionierung oder mangelndes Verhandlungsgeschick der Mitarbeiter schließen und sollte unbedingt analysiert werden.

$$\text{Rabattstruktur (\%)} = \left(\frac{\text{Rabatt bei Produkt/-linie}}{\text{Umsatz bei Produkt/-linie}}\right) \times 100 \quad \text{(F4)}$$

Die Vertriebskostenstruktur (F5) ist ein wichtiger Finanzindikator, um die langfristige Bestandsfestigkeit des Unternehmens zu messen. Ein hoher Anteil an fixen Kosten im Vertrieb bedeutet eine geringe Flexibilität bei Marktschwankungen. Ein hoher Anteil an variablen Kosten ist dagegen positiver zu beurteilen, da variable Kosten wie Akquisitionskosten in der Regel vom Management beeinflussbar sind.

$$\text{Vertriebskostenstruktur (\%)} = \left(\frac{\text{variable Vertriebskosten}}{\text{gesamte Vertriebskosten}}\right) \times 100 \quad \text{(F5)}$$

Kunden

Innerhalb der Kundenperspektive können abermals verschiedene Zielsetzungen verfolgt werden, die wiederum eng mit dem Wertversprechen des Unternehmens zusammenhängen. Beispielhafte Ziele mit dazugehörigen Kennzahlen sind nachfolgend dargestellt:

2.4 Die Vertriebsstrategie mittels Balanced Scorecard operationalisieren

Nr.	Ziel	Kennzahl
K1	Bevorzugter Partner unserer Kunden	Exklusivkunden (%)
K2	Bevorzugter Partner unserer Kunden	Neu-/Verlustkunden (%)
K3	Steigerung der Kundenwertigkeit	Durchschnittlicher Kundenwert pro Kundenwertklasse
K4	Steigerung der Kundenwertigkeit	Kundenrentabilität (%)
K5	Bevorzugter Partner unserer Kunden	Marktanteil (%)

Teil einer umfassenden Vertriebsstrategie kann die Positionierung als bevorzugter Lieferant oder Partner sein. Dieses Ziel lässt sich durch zahlreiche Kennzahlen überwachen und steuern.

So kann beispielsweise die Kennzahl Exklusivverträge (K1) Rückschlüsse auf die Zufriedenheit mit der Serviceleistung des Vertriebs geben. Weitere Einsichten können erzielt werden, wenn diese Kennzahl auf bestimmte Kernbranchen angewendet wird.

$$\text{Exklusivverträge (\%)} = \left(\frac{\text{Anzahl Kunden mit Exklusivvertrag}}{\text{Gesamtzahl Kunden}} \right) \times 100 \quad (K1)$$

Eine weitere Gegenüberstellung (K2) gibt Auskunft über die Effektivität und Qualität der eigenen Vertriebsanstrengungen. K2 gibt hierbei indirekt Auskunft über die Kundenbindungsrate. Wichtig ist die indirekte Beachtung der Auswirkungen auf das Geschäftsergebnis. Aus diesem Grund ist es wenig sinnvoll – und in einigen Fällen sogar ablenkend – einfach die Anzahl der Neu- und Verlustkunden gegenüberzustellen. Ein Verlust von zahlreichen kleineren Kunden ist unter Umständen einfacher zu verkraften als der Verlust weniger Key Accounts. Daher ist die Einbeziehung einer Ergebnisgröße von zentraler Bedeutung. Alternativ zum Umsatz könnten auch die Kundenwertigkeit oder der Deckungsbeitrag verwendet werden.

$$\text{NK/VK-Relation (\%)} = \left(\frac{\text{Umsatz mit Neukunde}}{\text{Umsatz mit Verlustkunden}} - 1 \right) \times 100 \quad (K2)$$

Die Relevanz des Kundenwerts als Customer Lifetime Value ist bereits verdeutlicht worden (vgl. Abschn. 2.2.3). Der Vertriebscontroller sollte eine Kennzahl für den Kundenwert in der Balanced Scorecard des Vertriebs berücksichtigen, um die Entwicklung des Kundenwerts zu steuern und die Bestandskraft durch den Vertrieb nachhaltig zu sichern. Ein steigender durchschnittlicher Kundenwert (K1) ist ein Indiz für eine höhere Kundenzufriedenheit. Die aus gesteigerten Kundenwerten resultierenden höheren Umsatzerlöse sind positiv für den Unternehmenswert an der Börse, da die Stakeholder höhere künftige Gewinne erwarten. Die Kreditwürdigkeit bei Banken kann ebenfalls positiv beeinflusst sein, da die künftigen Marktaussichten positiv sind. Natürlich sind die Kennzahlenwerte für diesen Zweck durch externe Kundenzufriedenheitsstudien zu validieren.

$$\varnothing \text{Kundenwert (WE)} = \frac{\text{Summe der Kundenwerte (CLV)}}{\text{Kundenanzahl}} \quad (K3)$$

Die Kundenrentabilität (K4) ist der Auftragseffizienz sehr ähnlich. Die Rentabilität eines Kunden ist als Verhältnis von verursachten Vertriebskosten zu generiertem Umsatz zu definieren. Je geringer die Vertriebskosten pro Kunde sind, desto besser ist die Rentabilität zu bewerten. Diese Kennzahl ist selbstverständlich auch für Kundengruppen ermittelbar.

$$\text{Kundenrentabilität (\%)} = \left(\frac{\text{Vertriebskosten pro Kunde}}{\text{Kundenumsatz}}\right) \times 100 \qquad (K4)$$

Der Kunde entscheidet sich im Markt, ob er das Produkt Ihres Unternehmens oder das des Wettbewerbers kauft. Ein Maß für dieses Verhalten ist der Marktanteil (K5) oder der relative Marktanteil. Der Marktanteil drückt aus, wie viel Anteil das eigene Unternehmen an den Marktumsätzen hat. Der relative Marktanteil setzt den eigenen Umsatz ins Verhältnis zu den Wettbewerbern.

$$\text{Marktanteil (\%)} = \left(\frac{\text{eigener Umsatz}}{\text{Umsatz des Marktes}}\right) \times 100 \qquad (K5)$$

Prozesse
Die Prozesse beeinflussen den Verkaufserfolg. Suboptimale oder gar in ihrem Fluss unterbrochene Prozesse stören die Vertriebseffizienz. Die Abschlussquoten brechen ein, da die Vertriebsmitarbeiter in der gleichen Zeit weniger Angebote schreiben und Aufträge annehmen können. Im positiven Fall sind gut durchdachte Prozesse eine Voraussetzung für mehr Erfolg (vgl. zu Vertriebsprozessen Abschn. 2.2.7). Die in diesem Teil der Balanced Scorecard abgebildeten Kennzahlen tragen dem Rechnung.

Nachfolgend werden Kennzahlen exemplarisch vorgestellt.

Nr.	Ziel	Kennzahl
P1	Verbesserung der operativen Effizienz	Angebotszeit (ZE)
P2	Verbesserung der operativen Effizienz	Auftragsdurchlaufzeit (ZE)
P3	Verbesserung der Servicequalität	Gewährleistungsquote (%)
P4	Verbesserung der Servicequalität	Reklamationsbearbeitungszeit (ZE)

Die Zeit der Angebotserstellung ist in schnelllebigen Märkten kritisch für den Vertrieb. Im Industriegütersektor ist es bei Ausschreibungen entscheidend, die gesetzten Fristen einzuhalten, da das Angebot sonst ausgeschlossen wird. Es können so eventuell Auftragsverluste vermieden werden. Die Reduktion der Angebotszeit (P1) kann zusätzlich bedeuten, dass die Personalkosten pro Angebot sinken, da eine Person in der gleichen Arbeitszeit mehr anbieten kann.

$$\text{Angebotszeit (ZE)} = \frac{\text{Summe der Angebotszeiten}}{\text{Anzahl der Angebote}} \qquad (P1)$$

Die Auftragsdurchlaufzeit (P2) erfasst die Zeit, die von der Kundenanfrage bis zur Rechnungsstellung benötigt wird. Eine Durchlaufzeitverringerung hat positiven Einfluss auf

2.4 Die Vertriebsstrategie mittels Balanced Scorecard operationalisieren

die Lagerumschlagshäufigkeit bei produzierenden Unternehmen. Eine höhere Lagerumschlagshäufigkeit verringert die Lagerhaltungskosten pro Auftrag. Zusätzlich ist eine Verringerung der Kennzahl ein Indiz für eine schnellere Ausfertigung der Kundenrechnung. Die Rechnungen werden also in der Regel schneller vom Kunden bezahlt, und das Unternehmen ist liquider.

$$\text{Auftragsdurchlaufzeit (ZE)} = \frac{\text{Summe der Auftragsdurchlaufzeiten}}{\text{Anzahl der Aufträge}} \quad \text{(P2)}$$

Kennzahlen zur Verbesserung der Servicequalität umfassen (P3) und (P4).

$$\text{Gewährleistungsquote (\%)} = \left(\frac{\text{Gewährleistungskosten}}{\text{Umsatz}}\right) \times 100 \quad \text{(P3)}$$

$$\text{Reklamationsbearbeitungsquote (\%)} = \left(\frac{\text{Abarbeitungsdauer Reklamationen}}{\text{Anzahl Reklamationen}}\right) \times 100 \quad \text{(P4)}$$

Verhalten
Der heutige Vertrieb ist komplex. Die Mitarbeiter sind mit einer Vielzahl von Anforderungen – sei es markt- oder kundenseitig – konfrontiert, die es für sie zu bewältigen gibt.

Vertriebscontrolling und Management sind gefordert, die Mitarbeiter bei ihrem täglichen Geschäft zu unterstützen und Fehlverhalten positiv zu korrigieren. Eine Managementphilosophie, die die Ausrichtung aller Prozesse auf den Kunden und somit auch das Mitarbeiterverhalten zum Fokus hat, ist das Customer Relationship Management (CRM).

Die Mitarbeiter sollen ihr Verhalten und ihre Denkweise auf den Kunden ausrichten, was dieser mit höheren Umsätzen honorieren soll. Soweit die Theorie. Die Praxis sieht oft ganz anders aus. Viele Vertriebsstrategien scheitern nicht an der Technik oder an den Prozessen, sondern an der Akzeptanz der Kunden und der Mitarbeiter. Aufgabe des Vertriebscontrolling ist es, Kennzahlen in der Balanced Scorecard des Vertriebs zu verankern, damit die Akzeptanz der Vertriebsstrategie bei den Mitarbeitern gemessen werden kann.

Nachfolgend werden Kennzahlen exemplarisch vorgestellt.

Nr.	Ziel	Kennzahl
V1	Konsequente Kundenorientierung	Kundenzufriedenheitsscore
V2	Verbesserung des Mitarbeiterverhaltens	(a) Geschlossene Angebote (b) Erfolgreiche Angebote (c) Geschlossene Aufträge (d) Erfolgreiche Aufträge
V3	Verbesserung des Mitarbeiterverhaltens	Systemnutzung (%)

Parallel zur Operationalisierung der Vertriebsstrategie und nach deren Abschluss in gleich bleibenden Zeitabständen erfolgt die Messung der Kundenzufriedenheit (V1). Der Kunde ist der wichtigste Maßstab, um festzustellen, ob die Vertriebsstrategie erfolgreich ist.

Nur bei gleich bleibender oder höherer Kundenzufriedenheit ist die Vertriebsstrategie oder ein Strategiewechsel gelungen. Ein periodenübergreifender niedriger Wert im Vergleich zum Zeitpunkt vor den Strategiemaßnahmen deckt die ungenügende Zielerreichung auf.

$$\text{Kundenzufriedenheit (Score)} = \left(\frac{\text{Anzahl zufriedener Kunden}}{\text{Gesamtzahl der Kunden}} \right) \times 100 \quad \text{(V1)}$$

Die Kennzahlen (V2a) bis (V2d) lassen auf die Mitarbeiterqualität und deren Effizienz schließen. Diese Kennzahlen sind allerdings mit höchster Vorsicht einzusetzen, da sie von mehreren Faktoren beeinflusst werden. Ein hoher Auftragsstand kann beispielsweise zu einem hohen Anteil bei (2c) führen, da die Aufträge in der Produktion warten. Geringe Kennzahlenwerte deuten bei normaler Produktionsauslastung darauf hin, dass die Mitarbeiter ihr früheres Verhalten nicht geändert haben. Die Angebote und Aufträge werden bis zu einem bestimmten Punkt bearbeitet und dann im System nicht abgeschlossen.

$$\text{Anteil geschlossener Angebote (\%)} = \frac{\text{Geschlossene Angebote}}{\text{Angebotsgesamtheit}} \quad \text{(V2a)}$$

$$\text{Anteil erfolgreicher Angebote (\%)} = \frac{\text{Erfolgreiche Angebote}}{\text{Angebotsgesamtheit}} \quad \text{(V2b)}$$

$$\text{Anteil geschlossener Aufträge (\%)} = \frac{\text{Geschlossene Aufträge}}{\text{Angebotsgesamtheit}} \quad \text{(V2c)}$$

$$\text{Anteil erfolgreicher Aufträge (\%)} = \frac{\text{Erfolgreiche Aufträge}}{\text{Angebotsgesamtheit}} \quad \text{(V2d)}$$

Wird ein Vertriebsinformationssystem eingesetzt, so kann die Systemnutzung der Mitarbeiter durch den Systemadministrator anhand so genannter Logfiles oder im Contact Center anhand eines Monitoring eingesehen werden. In Deutschland setzt dies die Zustimmung des Betriebsrats voraus.

Eine geringe Systemnutzung (V3) gibt Anlass zu Nachforschungen, denn die Gründe hierfür können mannigfaltig sein. Die Praxis zeigt aber eine hohe Relevanz dieser Kennzahl. Die Gründe für eine geringe Systemnutzung können in schlechter Mitarbeiterschulung, geringer Akzeptanz, schlechten Prozessen oder schlechter Systemverfügbarkeit liegen. Eine geringe Systemnutzung bei einem hohen Technikgrad des Vertriebs ist aber immer negativ zu bewerten. Das Management sollte diese Kennzahl als Frühwarnsystem für bereichsübergreifende Probleme sehen.

$$\text{Systemnutzung (\%)} = \frac{\text{Anteil der Mitarbeiter, die das VIS regelmäßig nutzen}}{\text{Mitarbeiteranzahl}} \quad \text{(V3)}$$

Technik

Die Technik ist ein entscheidender Faktor im Vertrieb (vgl. Kap. 5). Je nach Technikgrad der Vertriebsoptimierung ist dieser Bereich mehr oder weniger entscheidend, aber ein gewisser Teil an Technik wird wohl immer zu finden sein. Die hier zuzuordnenden Kennzahlen sollten eine Aussage ermöglichen, ob die eingesetzte Technik die Effizienz erhöht und so die anderen Bereiche unterstützt (vgl. Eisenfeld 2000).

Nachfolgend werden Kennzahlen exemplarisch vorgestellt.

Nr.	Ziel	Kennzahl
T1	Verbesserung der operativen Unterstützung durch IT	Durchschnittliche Antwortzeiten
T2	Verbesserung der operativen Unterstützung durch IT	(a) Synchronisationszeit (%) (b) Synchronisationsqualität
T3	Verbesserung der operativen Unterstützung durch IT	Usability (%)
T4	Verbesserung der Datenqualität	Datenqualitätsindex (%)

Die Antwortzeit der Applikation in Zeiteinheiten (T1) ist eine quantitative Kennzahl und sagt aus, wie lange das VIS braucht, um die Datenabfrage eines Mitarbeiters zu bearbeiten. Dies ist in Contact Centern besonders wichtig, da der Kunde während dieser Zeit am Telefon warten muss. Eine schlechte durchschnittliche Antwortzeit kann sich negativ auf die Kundenzufriedenheit und die Akzeptanz des VIS auswirken.

$$\varnothing \text{ Antwortzeit der Applikation (ZE)} = \frac{\text{Summe der Antwortzeiten}}{\text{Anzahl der Systemabfragen}} \qquad (T1)$$

Die Synchronisationszeit ist nur bei mobilen Rechnern für den Außendiensteinsatz anwendbar. Sie bestimmt die Zeit, die der Außendienstmitarbeiter zum Datenaustausch mit dem Unternehmensserver braucht. Die Zeit kann entweder quantitativ über eine Messung erhoben werden (T2a) oder qualitativ durch eine Mitarbeiterbefragung (T2b). Eine schlechte Zeit verkürzt die effektive Verkaufszeit und kann daher die Anzahl der Kundenkontakte sowie daraus entstehende Umsätze negativ beeinflussen.

$$\varnothing \text{ Synchronisationszeit (ZE)} = \frac{\text{Summe der Synchronisationszeit}}{\text{Synchronisationszeit}} \qquad (T2a)$$

$$\text{Synchronisationsqualität (\%)} = \left(\frac{\text{Anzahl zufriedener Vertriebsmitarbeiter}}{\text{Gesamtzahl der Vertriebsmitarbeiter}}\right) \times 100 \qquad (T2b)$$

Die Systemqualität kann nur über eine Mitarbeiterbefragung erhoben werden, wobei die Befragung sowohl mit technisch versierten als auch mit technisch weniger versierten Mitarbeitern durchgeführt werden muss. Es sollte abgefragt werden, wie zufrieden die Mitarbeiter mit dem Handling (Usability) des Systems und der Datenqualität sind. Dieser Wert

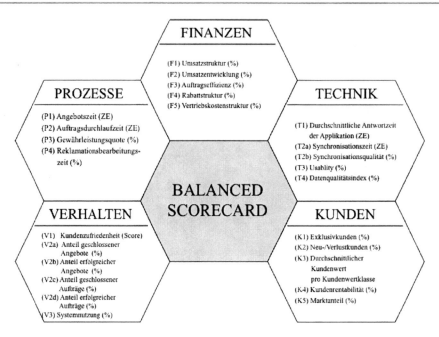

Abb. 2.29 Balanced Scorecard

ist ein Indikator für die Akzeptanz des Systems und dessen Nutzung.

$$\text{Usability (\%)} = \left(\frac{\text{Anzahl zufriedener Vertriebsmitarbeiter}}{\text{Anzahl Vertriebsmitarbeiter}} \right) \times 100 \quad \text{(T3)}$$

Die Akzeptanz eines IT-Systems für den Vertriebsbereich wird insbesondere von der zugrunde liegenden Datenqualität geprägt. Zudem wirken sich qualitativ mangelhafte Daten für Folgeprozessschritte negativ aus. Beispielsweise können Marketingkampagnen nicht ihr volles Potenzial ausschöpfen, wenn Marketingmaterial nicht zugestellt werden kann (z. B. aufgrund von fehlenden oder fehlerhaften Adressdaten).

Datenqualität ist ein multidimensionales Konstrukt, d. h. verschiedene Teilbereiche müssen separat gemessen werden. Erfahrungsgemäß sind die folgenden Datenqualitätsdimensionen besonders wichtig:

(a) Konsistenz
(b) Korrektheit
(c) Vollständigkeit
(d) Aktualität

Wird Datenqualität auf die Dimension „Korrektheit" reduziert – was in der Praxis häufig geschieht –, kann die gefühlte Datenqualität trotzdem niedrig sein. Beispielsweise sind veraltete Vertriebsdaten (Dimension Aktualität) von geringer Datenqualität.

2.4 Die Vertriebsstrategie mittels Balanced Scorecard operationalisieren

Aus den verschiedenen Datenqualitätskennzahlen lässt sich ein Datenqualitätsindex (T4) bilden. Hierzu werden die einzelnen Datenqualitätskennzahlen in Form eines gewichteten Durchschnittswerts zusammengefasst. Es gilt zu beachten, dass die zusammengefassten Datenqualitätsindikatoren gleichartig sind. Beispielsweise sollten die Kennzahlen als Prozentwerte ausgedrückt werden und in die gleiche Richtung streben, d. h. ein hoher Prozentwert bedeutet eine positive Geschäftsverbesserung. Sollten die Datenqualitätsindikatoren in unterschiedlicher Weise interpretierbar sein, so müssen diese mittels Umwandlungen gleichartig gemacht werden.

$$\text{Datenqualitätsindex (\%)} = \left(\frac{\text{Summe gleichartiger Datenqualitätsindikatoren}}{\text{Anzahl der Datenqualitätsindikatoren}} \right) \times 100$$

(T4)

Die dargestellte Balanced Scorecard wird in Abb. 2.29 zusammengefasst.

3 Operatives Vertriebscontrolling

3.1 Die steuernde Komponente

Die Vertriebsleitung benötigt wirksame Unterstützung, um komplexe Entscheidungen im Vertriebsumfeld zu treffen. Die Marktbedingungen, mit denen sich die Vertriebsleitung konfrontiert sieht, werden immer komplexer und zeichnen sich durch zunehmende Dynamik aus. Die Vertriebsleitung muss vorausschauend planen und kurz-, mittel- und langfristige Entscheidungen auf einer fundierten Zahlenbasis treffen, um die komplexen Marktbedingungen zu beherrschen.

Strategisches und operatives Vertriebscontrolling unterscheiden sich wesentlich in der Zielsetzung. Das strategische Vertriebscontrolling zielt auf eine langfristige Existenzsicherung, indem künftige Erfolgspotenziale geschaffen und erhalten werden; das operative Vertriebscontrolling orientiert sich an der kurz- bis mittelfristigen Sicherstellung der Vertriebseffizienz und verfolgt die Ziele des Erfolgs, der Rentabilität und der Liquidität.

Das operative Vertriebscontrolling greift nicht aktiv in das Marktumfeld ein, sondern analysiert die Vertriebsaktivitäten unter den aktuellen Marktbedingungen. Die Analysen beziehen sich primär auf interne Informationsquellen wie das interne Rechnungswesen. Die Daten des operativen Vertriebscontrolling stammen demnach aus der Vergangenheit und der Gegenwart.

Das strategische Vertriebscontrolling hat als zentrale Steuerungsgrößen die Marktpotenziale in Bezug auf Kunden, Produkte, Wettbewerber etc. Das operative Vertriebscontrolling arbeitet mit messbaren Steuerungsgrößen wie:

- Umsatz
- Kosten
- Gewinn

Anhand der Steuerungsgrößen versucht der Vertriebscontroller, einen Überblick über die gegenwärtigen finanziellen Auswirkungen der Vertriebsaktivitäten zu erlangen. Die

Steuerungsgröße „Umsatz" steht für die Geschäftstüchtigkeit der Vertriebseinheit. Die Umsätze werden allerdings nur generiert, wenn Ressourcen und Waren seitens des Vertriebs eingesetzt werden. Diese Vertriebskosten wie Reisekosten werden in der Steuerungsgröße „Kosten" erfasst. Aus der Differenz der beiden vorher genannten Steuerungsgrößen resultiert der „Gewinn". Diese Steuerungsgröße bestimmt, welche Erträge dem Unternehmen durch die Vertriebstätigkeiten zufließen.

Die Steuerungsgrößen werden im Allgemeinen auf unterschiedliche Objekte bezogen, um den allgemeinen Controllingfunktionen des Informierens, Koordinierens und Kontrollierens gerecht zu werden. Besonderes Augenmerk legt das Vertriebscontrolling im operativen Geschäft auf die Analyseobjekte:

- Vertriebseinheit
- Produkteinheit/-linie
- Kunden/-gruppe
- Mitarbeiter/-gruppe
- Vertriebsweg

Folgende Fragestellungen im operativen Vertriebscontrolling sind zu beantworten:

- Wie viel Umsatz wird mit Produkt A oder Produktlinie B erwirtschaftet?
- Welcher Mitarbeiter generiert den höchsten Umsatz?
- Welcher Vertriebsweg verursacht die höchsten Vertriebskosten?
- Welche Kundengruppe ist rentabel und welche bringt Verluste?
- Welche Vertriebseinheit ist gewinnbringend?

Wie bereits erläutert, werden die Steuerungsgrößen auf die Analyseobjekte angewendet (vgl. Abschn. 1.4). In der Regel geschieht dies mit festgelegten Methoden wie der Deckungsbeitragsrechnung, um die Erfolge zu messen und objektiv nachvollziehbar darzustellen. Letzteres bedeutet, dass ein Dritter mit der gleichen Methode zu gleichem Ergebnis gelangt.

Vorab stellt sich im Vertrieb – wie auch in anderen Unternehmensbereichen – die Frage der Abgrenzung der Umsätze und der verursachten Kosten. Erstere stellen kein großes Problem für das Vertriebscontrolling dar, da diese sachlich durch die einzelnen Aufträge abgegrenzt sind. Die zeitliche Abgrenzung der Aufträge bereitet ebenfalls keine Probleme, da das Lieferdatum, Rechnungsdatum oder der Zahlungseingang zur Abgrenzung dienen.

Schwieriger wird die Zurechnung der verursachten Kosten auf die Kostenträger. Klassisch wird zwischen

1. Kostenartenrechnung,
2. Kostenstellenrechnung und
3. Kostenträgerstückrechnung

unterschieden (vgl. Coenenberg 2003).

Alle Rechnungsarten haben Vergangenheitsdaten als Grundlage. Sie entsprechen den elementaren Zurechnungsprinzipien des Verursachungsprinzips und des Durchschnittsprinzips. Kann eindeutig festgestellt werden, wer die Kosten verursacht hat, so müssen diese direkt zugerechnet werden (Verursachungsprinzip). Kann keine eindeutige Zurechnung erfolgen, so greift das Durchschnittsprinzip, welches die Kosten auf die einzelnen Kostenträger nach einem Schlüssel verteilt.

▸ **Merke:** Aus Gründen der Wirtschaftlichkeit gilt prinzipiell, dass Kosten so weit wie möglich und wirtschaftlich sinnvoll zugerechnet werden.

Für die verursachungsgerechte Zurechnung auf die Kostenträger werden die Kosten zuerst erfasst und mit der **Kostenartenrechnung** in Gemein- und Einzelkosten unterteilt. Die Gemeinkosten sind dem Namen nach mehreren Kostenträgern gemein und können entweder nicht oder nur mit unverhältnismäßig hohem Aufwand zugerechnet werden.

Beispiel

Gemeinkosten Ein klassisches Beispiel für Gemeinkosten im Vertrieb sind die anfallenden Kosten für die Vertriebsleitung. Das Management führt gleichzeitig mehrere Tätigkeiten aus, die unterschiedliche oder alle Produkte und Kunden betreffen. Die anfallenden Kosten sind daher nicht eindeutig zurechenbar und werden als Gemeinkosten verrechnet.

Die Einzelkosten sind eindeutig auf die einzelnen Kostenträger zurechenbar. Sie gehen daher direkt in die Kostenträgerrechnung ein.

Beispiel

Einzelkosten Ein Chemieunternehmen vertreibt chemische Produkte an seine Endkunden. Die Güter werden entweder im Bulk (Tankwagen) oder in Fässer abgefüllt. Die Transportkosten für die Güter zum Kunden sind eindeutig sowohl auf die Produkte als auch auf die Kunden zurechenbar. Wird ein ganzer Tankzug zu einem Kunden geschickt, so können alle Transportkosten sowohl auf den Kunden als auch auf das Produkt bezogen werden. Im Fall einzelner Fässer sind die Transportkosten mit einem gemeinsamen Nenner (beispielsweise Auftragswert, Fässer oder Gewicht) zu verrechnen.

Die **Kostenstellenrechnung** ist das Bindeglied zwischen der Kostenarten- und der Kostenträgerrechnung. Obwohl die Gemeinkosten keinem einzelnen Kostenträger wie Produkt oder Kunde zugerechnet werden können, so sind die Kosten doch auf der nächst höheren Ebene zu gliedern. Die Kostenstellenrechnung verteilt die angefallenen Kosten daher auf die Kostenstellen, wie beispielsweise den Vertrieb oder einzelne Vertriebsstandorte, welche im Vorfeld der Rechnung definiert sein müssen.

Rechnung	Kostenerfassung		Kostenverrechnung
	Kostenartenrechnung	Kostenstellenrechnung	Kostenträgerrechnung
Kostenart	• Einzelkosten • Gemeinkosten	• Gemeinkosten	• Einzelkosten • Gemeinkosten
Zweck	• Aufteilung der Kosten in Einzel- und Gemeinkosten	• Verteilung der Gemeinkosten auf Kostenstellen • Gliederung in primäre und sekundäre Gemeinkosten	• Kostenträgerstückrechnung => Kalkulation • Kostenträgerzeitrechnung => Periodische Erfolgsrechnung

Abb. 3.1 Kostenerfassung und -verrechnung

Streng nach dem Prinzip der verursachungsgerechten Zuordnung der Kosten werden diese in primäre und sekundäre Gemeinkosten unterteilt. Die primären Gemeinkosten wie das Gehalt eines Regionalleiters sind wiederum eindeutig der Kostenstelle zuzurechnen, wobei die sekundären Gemeinkosten wie Strom, bedingt durch Rahmenverträge oder gemeinsam genutzte Räumlichkeiten, nicht direkt aufzulösen sind.

Die Verrechnung der sekundären Gemeinkosten erfolgt dann mit unterschiedlichen Verfahren wie dem Anbauverfahren, dem Stufenleiterverfahren, anhand von Standardsätzen oder mittels linearer Kostenverrechnung (vgl. ausführlich Coenenberg 2003).

Die Kostenträgerrechnung bildet den Abschluss der Rechnungen. Sie ist einerseits als Kostenträgerstückrechnung (Kalkulation) oder als Kostenträgerzeitrechnung (Betriebsergebnis) bekannt. Beide Ausprägungen der Kostenträgerrechnungen werden im folgenden Kapitel beschrieben. Die Beziehungen zwischen den einzelnen Rechnungen des operativen Vertriebscontrolling werden in Abb. 3.1 verdeutlicht.

3.2 Vertriebsplanung

Einer der häufigsten Produktivitätskiller in vielen Vertriebsorganisationen ist die regelmäßige Vertriebsplanung bzw. der so genannte Forecast (vgl. Abb. 3.2).

Abb. 3.2 Dauer des unterjährigen Forecast für den Vertrieb (Quelle: PwC 2011)

Nach einer Studie der Unternehmensberatung PwC im Mai 2010 dauert bei mehr als 41 % der befragten Unternehmen der Forecast länger als vier Wochen im Vertrieb.

Die Vertriebsplanung ist in der Regel ein iteratives Vorgehen, welches Top-Down von der Vertriebsleitung durch Vorgaben für die einzelnen Vertriebsregionen zum Jahresende für das Folgejahr angestoßen wird. Im zweiten Schritt planen die einzelnen Vertriebsmitarbeiter die jeweiligen Ab- und Umsätze pro Kunde, Produkt, Produktlinie, Region etc. Resultat ist häufig eine mehr oder minder gute Planung, wo die Vorgaben aus dem Management bestmöglich auf die einzelnen Planungsobjekte heruntergebrochen werden. Allerdings entsteht hier häufig ein Resultat am grünen Tisch, was nur bedingt mit der Realität zu tun hat.

Ist die initiale Planung zu Jahresende oder -beginn fixiert, so kommen unterjährige Forecasts oder Planungsanpassungen im nächsten Schritt bis hin zu Planungen je Verkaufschance.

Im Alltag arbeitet ein Vertriebsmitarbeiter an Verkaufschancen. Dies trifft insbesondere für größere Verkaufschancen im B2B oder im Projektgeschäft im B2C zu. In der Regel arbeitet ein Vertriebsmitarbeiter nur an den Vertriebschancen, die auch Erfolg versprechend sind. Dennoch haben diese Verkaufschancen statistisch betrachtet zum Teil schlechte Chancen.

Ein guter Weg ist, die Verkaufschance als Projekt zu betrachten und nach klar messbaren Meilensteinen zu strukturieren (vgl. Abschn. 3.3.5).

Auf Basis der initialen und laufenden Vertriebsplanung verschaffen Berichte und Analysen einen Überblick über die Verkaufspipeline eines Unternehmens. Hierzu werden Informationen aus den Bereichen Vertrieb, Kundenservice und Finanzen zu einem vollständigen Bild über die Leistung des Vertriebs zusammengefügt. Wenn hinter den Prognosen Business Intelligence Lösungen stehen, kann man einzelne Geschäftsmöglichkeiten genauer verfolgen und besser reagieren. Man erhält zudem genauere Aussagen über das aktuelle und zukünftige Umsatzpotenzial und über die Einflussgrößen, die das Geschäft steuern. Gewinne und Verluste von Aufträgen lassen sich damit genau analysieren. Das Führungsteam erhält grafisch aufbereitete Übersichten, um darüber die aktuellen Ist-Daten und im Vergleich dazu die Planungen abzurufen. Strategische Entscheidungen zur Erhöhung der Effizienz im Vertrieb basieren damit auf genauen Fakten.

Folgende Aufgaben einer Vertriebsplanung können mittels Business Intelligence unterstützt werden (vgl. hierzu u. a. www.microstrategy.com):

- **Effektive Vertriebsplanung durch Trendanalysen und Hinweise auf Abschlussmöglichkeiten:** Die Manager im Vertrieb und das Führungsteam erwarten genaue Informationen, wobei aktuelle Informationen genauso berücksichtigt werden wie historische Informationen, um etwa die Wahrscheinlichkeit eines Abschlusses zu ermitteln. BI-Lösungen bieten übersichtliche und leicht verständliche Darstellungsmöglichkeiten – gleichzeitig aber auch statistische Funktionen, um prognostische Modelle zu entwickeln.

- **Analyse der Pipeline aus verschiedenen Blickwinkeln:** Das Management muss alle Entwicklungen kennen und verstehen, die zum Auftragsabschluss oder -verlust führen. Diese Trends können unterschiedlich ausfallen und von der Region, vom Mitarbeiter (seiner Erfahrung, seiner Ausbildung usw.), von der Wettbewerbspräsenz und vom Produkt abhängen. Business Intelligence bietet hier die nötige Flexibilität, um die Pipeline nach den gewünschten Kriterien betrachten zu können. Dabei hat man jederzeit Zugriff auf Daten von einzelnen Abschlüssen.
- **Die Kombination von Daten aus den Bereichen Vertrieb, Marketing, Produkte und Kunden:** Zur genaueren Analyse von Vertriebs- und Marketingprozessen benötigt man in der Regel mehr Informationen als diejenigen, die von den üblichen SFA-Systemen (Sales Force Automation) verwaltet werden. Für die Darstellung der Profitabilität, des Umsatzpotenzials nach Kundengruppe oder für die Analyse von Marketingkampagnen benötigt man Informationen aus allen Systemen des Unternehmens. BI-Lösungen integrieren Daten aus allen im Unternehmen genutzten Systemen. Nur dann erhält man die gewünschte Transparenz zu allen Faktoren, die die Vertriebspipeline eines Unternehmens beeinflussen.
- **Sicheres Berichtswesen für alle Hierarchiestufen:** Bei einer unternehmensweit verteilten Vertriebsplanung müssen alle Manager und Mitarbeiter im Vertrieb individuellen Zugriff auf ihre spezifischen Informationen haben. Der Einsatz einer Lösung über das Intra- oder Internet erfordert für den Schutz dieser wichtigen Daten sehr hohe Sicherheitsstandards und eine skalierbare Infrastruktur, damit diese Informationen einer weit verteilten Anzahl von Benutzern zur Verfügung gestellt werden können. Bei der Vertriebsplanung sind die Anforderungen an die Skalierbarkeit, an die Datenaufbereitung und -sicherheit äußerst hoch.

Es ist eine der wichtigsten Aufgaben des Vertriebscontrollings, zuverlässige Aussagen über den künftigen Auftragseingang zu liefern. Der einzelne Vertriebsmitarbeiter sollte aber nicht durch zu intensive Datenpflege in IT-Systemen von seiner eigentlichen Aufgabe, dem Verkaufen, abgehalten werden. Vielmehr sollte der einzelne Vertriebsmitarbeiter wie beschrieben eine initiale Planung liefern, die mögliche Auftragseingänge pro Produktlinie, Produkt, Region bzw. Kunde oder Kundengruppe prognostizieren lässt. Zudem muss der einzelne Vertriebsmitarbeiter im Tagesgeschäft – allerdings abhängig vom jeweiligen Geschäftsmodell – den rollierenden Planungsprozess unterstützen, um notwendige Plananpassungen durch das Vertriebscontrolling frühzeitig erkennen zu können.

3.3 Die Blickwinkel des operativen Vertriebscontrollings

Das operative Vertriebscontrolling hat eine Informations-, Koordinations- und Kontrollfunktion. Die einzelnen Funktionen werden mit unterschiedlichen Methoden und Instrumenten ausgeübt.

3.3 Die Blickwinkel des operativen Vertriebscontrollings

Abhängig von der Aufgabenstellung im Vertrieb unterstützt der Vertriebscontroller das Management mit den richtigen Informationen und Methoden. Die Informationen des operativen Vertriebscontrollings werden mit einigen Ausnahmen im internen Rechnungswesen sowie im Vertrieb gewonnen. Die Informationen aus der Buchhaltung und der Kostenrechnung werden verwendet, um vertriebsbedingte Entscheidungen zu unterstützen und die Vertriebsaktivitäten zu koordinieren oder zu kontrollieren. Ausgewählte Methoden werden in den folgenden Abschnitten vorgestellt.

Alle Methoden haben gemeinsam, dass sie die Basis für operative Entscheidungen bilden. Die Ergebnisse der angewendeten Methoden sind die ökonomischen Steuerungsgrößen des operativen Vertriebscontrollings. Allerdings sind die Entscheidungen im Vertrieb nicht allein durch ökonomische Größen gestützt, sondern unterliegen dem Einfluss so genannter weicher Faktoren. Beispielsweise ist ein kalkulierter Preis, der für den Verkauf eines Produkts errechnet wird, nur dann sinnvoll, wenn der Konsument bereit ist, den Preis für das Produkt zu bezahlen. Die Konsumenteneinstellung zu einem Produkt wird durch quantitative Faktoren, wie beispielsweise die technischen Produkteigenschaften, oder qualitativen Faktoren, wie dem Produktimage, determiniert. Es ist daher nicht ratsam, die qualitativen Faktoren im operativen Vertriebscontrolling gänzlich zu vernachlässigen. Dennoch sind die quantitativen Steuerungsgrößen wie Umsatz, Kosten und Gewinn vorrangig, da sie objektivierbar sind.

Der Vertriebscontroller steht aber noch vor einer weiteren Entscheidung, die seine Methodenergebnisse maßgeblich beeinflussen: Welche Kosten sollen Entscheidungsgrundlage für das operative Vertriebscontrolling sein?

Dazu muss zunächst der Zweck analysiert werden, für den die Methode angewendet werden soll. Allgemein wird in der Kostenrechnung zwischen der Vollkostenrechnung und der Grenzkostenrechnung unterschieden.

Die Vollkostenrechnung unterscheidet sich von der Grenzkostenrechnung im Umfang der einzubeziehenden Kosten. Während die Vollkostenrechnung – wie schon der Name vermuten lässt – alle anfallenden Kosten (fixe und variable Kosten) in die Rechnungen einbezieht, geht die Grenzkostenrechnung von bestimmten Annahmen aus, durch die einige Kosten kurzfristig nicht entscheidungsrelevant sind.

> **Exkurs: Grenzkostenrechnung** „Der Begriff der Grenzkosten bezeichnet diejenigen Kosten, die zusätzlich entstehen (entfallen), wenn die Ausbringungsmenge um eine Einheit erhöht (vermindert) wird. In der Grenzkostenbetrachtung findet das Verursachungsprinzip somit seinen besonderen Ausdruck" (vgl. Coenenberg 2003).
> Die Grenzkostenrechnung geht von kurzfristig unveränderten Kapazitäten aus. Die fixen Kosten werden daher periodisiert und als vorgegeben angenommen. Die Gemeinkosten (Def.: Kosten, die nicht eindeutig auf einen Kostenträger verrechnet werden können) werden wie in der Vollkostenrechnung geschlüsselt, aber eine Proportionalisierung der fixen Kosten entfällt.

Tab. 3.1 Verfahren der Kostenträgerstückrechnung

Kalkulationsverfahren	Anwendungsgebiet	Branche
Divisionskalkulation	Massenproduktion	Strom, Gas etc.
Äquivalenzziffernkalkulation	Sorten- und Serienfertigung	Chemie, Stahl, Automobil etc.
Zuschlagskalkulation	Serien- und Einzelfertigung	Automobil, Anlagenbau, Konsumgüter etc.
Prozesskostenkalkulation	Handel und Dienstleistung	Logistik
Sonstige	Kuppelproduktion	Chemie, Gas, Bergbau etc.

Die Grenzkostenrechnung ist als Basis des operativen Vertriebscontrollings daher besonders geeignet, da kurzfristige Zeiträume betrachtet werden und die fixen Kosten für die operativen Entscheidungen im Vertrieb nicht relevant sind.

3.3.1 Preiskalkulation

Die Kostenträgerstückrechnung als Glied der Kostenverrechnungskette wird auch als Kalkulation bezeichnet (vgl. Abschn. 3.1). Nachdem die Kosten durch die Kostenartenrechnung in Einzel- und Gemeinkosten unterteilt sind und die Kostenstellenrechnung die Gemeinkosten auf einzelne Kostenstellen geschlüsselt hat, kann mithilfe der Kostenträgerstückrechnung eine Preiskalkulation im Vertrieb stattfinden.

Im Rahmen von Vertriebsentscheidungen mit vorgegebenen Kapazitäten sollte aus bereits genannten Gründen eine Grenzkostenbetrachtung erfolgen. Mittels der Ergebnisse einer Kostenträgerstückrechnung beziehungsweise einer Produktkalkulation auf Grenzkostenbasis kann die Vertriebsleitung analysieren, welche Produkte rentabel für das Unternehmen sind.

Darüber hinaus ermöglicht die Kostenträgerstückrechnung auf Grenzkostenbasis Entscheidungen über

- das optimale Produktprogramm bei vorgegebenen Kapazitäten,
- die Produktprogrammbereinigung,
- die Ermittlung kurzfristiger Preisuntergrenzen,
- „Make or buy".

Im Allgemeinen werden unterschiedliche Kalkulationsverfahren je nach Anwendungsbereich angewendet (vgl. zu den einzelnen Verfahren ausführlich Coenenberg 2003), s. a. Tab. 3.1.

Die **Divisionskalkulation** ist die Basis der Kalkulationsverfahren und am einfachsten zu handhaben. Dieses Verfahren wird bei der Massenproduktion eingesetzt und setzt alle

3.3 Die Blickwinkel des operativen Vertriebscontrollings

Tab. 3.2 Zuschlagskosten auf Grenzkostenbasis

	Kostenart	
+	1. Materialeinzelkosten (MEK)	(%-Zuschlag basierend auf MEK)
=	2. variable Materialgemeinkosten (MGK)	
	3. Materialkosten (MK)	(Summe aus MEK + MGK)
+	4. Fertigungseinzelkosten (FEK)	(%-Zuschlag basierend auf FEK)
=	5. variable Fertigungsgemeinkosten (FGK)	
	6. Fertigungskosten (FK)	(Summe aus FEK + FGK)
=	**7. Herstellungskosten (HK)**	(Summe aus MK + FK)
+	8. variable Verwaltungskosten (VwGK)	(%-Zuschlag basierend auf HK) (%-
+	9. variable Vertriebskosten (VGK)	Zuschlag basierend auf HK)
=	**10. variable Selbstkosten (SK)**	(Summe aus HK + VwGK + VGK)

angefallenen Kosten in das Verhältnis zur hergestellten Stückzahl. Es ist nur bei Einproduktunternehmen wie in der Strom- und Gaswirtschaft anwendbar.

Die **Äquivalenzziffernkalkulation** verfährt nach dem Grundsatz einer Kostennivellierung. Alle Produkte werden mit einem Standardprodukt (Äquivalenzziffer = 1) verglichen und zur anteiligen Berechnung der Herstellkosten in das Verhältnis gesetzt. Dieses Verfahren ist für die Sorten- und Serienfertigung geeignet, bei dem die Kosten klar bestimmbar sind.

Die **mehrstufige Zuschlagskalkulation** ist in der Praxis weit verbreitet, da sie für die Serien- und Einzelfertigung einsetzbar ist. Dieses Verfahren wurde entwickelt, da die Divisions- und Äquivalenzziffernkalkulation nicht die nötige Transparenz für Entscheidungen bei hoch diversifizierter Serienfertigung verschafft.

Die Ermittlung der Selbstkosten auf Grenzkostenbasis nach dem Zuschlagsverfahren unterliegt folgendem Allgemeinschema (vgl. Tab. 3.2).

Eine Kostenstellenrechnung ist für dieses Verfahren vorausgesetzt, da die Gemeinkosten auf die unterschiedlichen Kostenträger aufgeteilt werden müssen. Die Verrechnung der Gemeinkosten erfolgt anhand von Zuschlagssätzen auf die einzelnen Kostenträger.

> **Beispiel**
>
> **Kalkulation im Vertrieb** Die Vertriebsabteilung der Firma SuperHair vertreibt die Varianten A und B eines Haartrockners an Friseursalons in unterschiedlichen Preissegmenten. Die Variante A hat einen höheren Preis und bietet einige zusätzliche Funktionen im Vergleich zur Basisvariante B. Laut Marktforschung können von der Variante A jährlich 3500 Stück vertrieben werden, die Standardvariante B wird voraussichtlich 5000 Mal verkauft.

Die einzelnen Daten stellen sich für beide Varianten wie folgt dar:

	Gesamt (A + B)	Zu-schlags-sätze	Stück-kosten A	Stück-kosten B	Gesamt A	Gesamt B
MEK	80.000,00 €		12,86 €	7,00 €	45.000,00 €	35.000,00 €
MGK	50.000,00 €	62,50 %	8,04 €	4,38 €	28.125,00 €	21.875,00 €
MK	130.000,00 €		20,89 €	11,38 €	73.125,00 €	56.875,00 €
FEK	100.000,00 €		17,14 €	8,00 €	60.000,00 €	40.000,00 €
FGK	130.000,00 €	130,00 %	22,29 €	10,40 €	78.000,00 €	52.000,00 €
FK	230.000,00 €		39,43 €	18,40 €	138.000,00 €	92.000,00 €
HK	360.000,00 €		60,32 €	29,78 €	211.125,00 €	148.875,00 €
VwGK	35.000,00 €	9,72 %	5,86 €	2,89 €	20.526,04 €	14.473,96 €
VGK	50.000,00 €	13,89 %	8,38 €	4,14 €	29.322,92 €	20.677,08 €
SK	**445.000,00 €**		74,56 €	36,81 €	**260.973,96 €**	**184.026,04 €**

Die beiden Varianten werden selbst produziert, wodurch Einzelkosten für die Teile und die Montage der Haartrockner anfallen. In jeder Kostenstelle fallen Gemeinkosten für die Mitarbeitergehälter und sonstige Kosten an.

Die Materialeinzelkosten verteilen sich zu 45.000 € auf die Variante A und zu 35.000 € auf die Variante B. Die Lohneinzelkosten in der Montage sind bei Variante A mit 60.000 € und bei B mit 40.000 € aufgrund des erheblich höheren Montageaufwands bei Variante A veranschlagt. Der Zuschlagssatz für die Materialkosten berechnet sich wie folgt: MGK 50.000 €/MEK 80.000 € = 62,50 %. Die Zuschlagssätze für die Verwaltung und den Vertrieb werden auf die Herstellkosten berechnet.

Die Kalkulation offenbart dem Vertriebsmanagement, dass die Variante A aufgrund der zusätzlichen Funktionen erheblich mehr Kosten verursacht als die Standardvariante B. Nur wenn es gelingt, einen fast doppelt so hohen Preis für Variante A beim Endabnehmer zu erzielen, kann diese Variante am Markt bestehen.

Die Verrechnung der variablen Gemeinkosten anhand von Zuschlagssätzen ist problematisch, da sie die Kosten nur bedingt verursachungsgerecht verteilt. Die Berechnung der Zuschlagssätze erfolgt bei der Zuschlagskalkulation auf Basis der gesamten Herstellkosten, obwohl diese Größe wenig reellen Bezug zu den verursachten Kosten pro Variante hat. Dies ist bei fixkostenintensiven Branchen und steigenden Fixkosten durch hohe Entwicklungskosten besonders kritisch.

Die ermittelten Selbstkosten sind die Kosten, die für die Herstellung und den Vertrieb eines Produkts anfallen. Die Selbstkosten eines Produkts auf Grenzkostenbasis bilden die kurzfristige Preisuntergrenze. Die langfristige Preisuntergrenze des Produktes muss die fixen Kosten für dessen Herstellung beinhalten.

Die **Prozesskostenkalkulation** nimmt sich der oben genannten Problematik der Gemeinkostenverrechnung an. In einigen Unternehmen oder Unternehmensbereichen ist der

3.3 Die Blickwinkel des operativen Vertriebscontrollings

Fixkostenanteil so hoch, dass die Gemeinkostenverrechnung anhand von Zuschlagssätzen zu einem verzerrten Abbild der Kostenstrukturen bei der Kalkulation führt. Diese Prozesskostenkalkulation, welche eine Prozesskostenrechnung als Grundlage hat, versucht die Gemeinkosten daher nicht prozentual zu schlüsseln (vgl. zur Prozesskostenrechnung ausführlich Horváth 2006; Coenenberg 2003; Klenger 2000).

Die Prozesskostenrechnung ermittelt im Gegensatz zur Voll- oder Grenzkostenrechnung die Kosten für einen Prozess und verrechnet diese Kosten. Beispielsweise entstehen im Vertrieb die gleichen Auftragserfassungskosten unabhängig davon, ob 2000 oder 10.000 Stück bestellt werden, denn der Vertriebsmitarbeiter besucht den Kunden einmal und gibt ja nur einen Auftrag ein.

In unserem obigen Beispiel wird die Variante A mit erheblich mehr variablen Vertriebskosten belastet, obwohl die Auftragsbearbeitung für die Variante A und B gleich sein dürfte. Wären Unterschiede bei der Auftragsbearbeitung der beiden Varianten auszuweisen, würden zwei unterschiedliche Prozesse mit unterschiedlichen Prozesskostensätzen entstehen.

Durch die Prozesskostenrechnung werden im Allgemeinen drei unterschiedliche Effekte erreicht (vgl. Coenenberg 2003):

1. **Allokationseffekt**
Unter dem Allokationseffekt der Prozesskostenrechnung wird die verursachungsgerechtere Zuordnung der Gemeinkosten auf die Produkte verstanden. Ein Produkt erhält nur die Prozesskosten zugerechnet, die es verursacht. Die Prozesskosten sind dabei nicht proportional abhängig von der Zuschlagsbasis, sondern von den wirklich entstandenen Kosten.

Beispiel
Allokationseffekt

	Gesamt (A + B)	Zuschlagssätze	Zuschlagskalk. A	Zuschlagskalk. B	Prozesskostenkalk. A	Prozesskostenkalk. B
HK	360.000,00 €		60,32 €	29,78 €	60,32 €	29,78 €
VwGK	35.000,00 €	9,72 %	5,86 €	2,89 €	5,86 €	2,89 €
VGK	50.000,00 €	13,89 %	8,38 €	4,14 €	20,00 €	20,00 €
SK	445.000,00 €		74,56 €	36,81 €	86,18 €	52,67 €

Nehmen wir vereinfacht an, durch die Prozesskostenrechnung wurde ein Prozesskostensatz von 20 € pro Bestellvorgang ermittelt. Alle anderen Daten aus der Zuschlagskalkulation bleiben gleich. Der Effekt ist sofort ersichtlich, wenn man die Selbstkosten der Prozesskostenkalkulation mit den Selbstkosten der Zuschlagskalkulation vergleicht. Beide Varianten haben höhere Selbstkosten, aber die Differenz zwischen Variante A und B verringert sich zu Gunsten von Variante A.

2. **Komplexitätseffekt**
   Die Prozesskostenkalkulation ermöglicht die Berücksichtigung von Komplexitätskosten bei hoher Variantenvielfalt. Durchläuft ein Produkt beispielsweise eine zusätzliche Fertigungsstraße, die ein Standardprodukt nicht durchlaufen muss, so werden die Prozesskosten für diesen Bearbeitungsschritt nur dem höherwertigen Produkt zugeschlagen.
   Das Prinzip kann auch im Vertrieb greifen: Bedarf es bei Aufträgen für ein Produkt einer zusätzlichen Prüfung, wie beispielsweise bei Produkten der Spezialchemie, die in bestimmte Länder nicht exportiert werden dürfen, so werden die Kosten der zusätzlichen Prüfung nur auf die entsprechenden Produkte in einem Prozesskostensatz verrechnet.
3. **Degressionseffekt**
   Die Prozesskostenrechnung stellt die Degressionseffekte dar, die bei größeren bestellten Mengen im Vertrieb pro Stück entstehen. Die Bestellkosten sind unabhängig von der Stückzahl, die durch die Kundenbestellung geordert wird.

Beispiel
Degressionseffekt

Stk.	Zuschlagskalkulation (13,89 % Zuschlag)			Prozesskostenkalkulation (Prozesskosten = 20 €)		
	HK incl. VvGK	VGK	Stückkosten	HK incl. VvGK	VGK	Stückkosten
1	66,18 €	9,19 €	75,37 €	66,18 €	20,00 €	86,18 €
5	330,90 €	45,96 €	75,37 €	330,90 €	20,00 €	70,18 €
10	661,80 €	91,92 €	75,37 €	661,80 €	20,00 €	68,18 €
15	992,70 €	137,89 €	75,37 €	992,70 €	20,00 €	67,51 €
20	1323,60 €	183,85 €	75,37 €	1323,60 €	20,00 €	67,18 €

Die Tabelle zeigt, dass die Stückkosten bei der Zuschlagskalkulation durch den Zuschlagssatz proportional mit der Menge steigen. Bei der Prozesskostenkalkulation werden die Vertriebskosten (hier in Form der Auftragsbearbeitung) unabhängig von der Stückzahl verrechnet. Die Stückkosten verringern sich deshalb mit zunehmender Menge.

Die Theorie der Prozesskostenrechnung und der damit verbundenen Kalkulation ist allerdings einfacher als die praktische Umsetzung. Die Überleitung der Prozesskostensätze in die Kalkulation fällt schwer, da es beispielsweise schwierig ist, exakt zu bestimmen, wie viele Beschaffungsvorgänge für ein einzelnes Produkt anfallen und daher in der Kalkulation zu berücksichtigen sind. Die Prozesskostenrechnung könnte das Vertriebscontrolling jedoch bei verschiedenen Auswertungshierarchien durch die Differenzierung des Gemein-

3.3 Die Blickwinkel des operativen Vertriebscontrollings

kostenblocks unterstützen (vgl. Stahl 1992). Dabei kann sie anhand von Parallel- oder Sonderrechnungen nützlich sein.

Die **sonstigen Kalkulationsverfahren** zur Kalkulation der Selbstkosten sind die Marktpreismethode, die Restwertmethode und die Kostenverteilungsmethode. Letztere werden der Vollständigkeit halber genannt, aber nicht weiter ausgeführt.

Der Schluss von den Selbstkosten auf den Preis, zu dem das Produkt am Markt angeboten wird, obliegt den Vertriebsverantwortlichen. Die einfache Variante ist, eine angemessene Rendite auf die Selbstkosten aufzuschlagen. Dieses Vorgehen ist in der Praxis gerade im Mittelstand oft üblich, lässt aber das eingesetzte Kapital außen vor.

Eine Methode, um das eingesetzte Kapital zu berücksichtigen, ist eine Zielrendite für ein Produkt unter Berücksichtigung des Anlagevermögens. Der Preis des Endprodukts kann über die folgende Formel bestimmt werden (vgl. zur Herleitung Coenenberg 2003)

$$p = \frac{r \times AV + SK}{x \times \left(1 - \frac{UV}{U}\right)}$$

mit

AV = Anlagevermögen
p = Preis
r = Zielrendite
SK = Selbstkosten
U = Umsatz
UV = Umlaufvermögen

Die Preisberechnung unterliegt der Annahme, dass die bisherige Ratio zwischen Umlaufvermögen und Umsatz bekannt und weiterhin gültig ist.

> **Beispiel**
>
> **Preisberechnung mit Zielrendite** Das Unternehmen SuperHair hat die Selbstkosten für die Variante A bestimmt und möchte nun einen Marktpreis mit einer Zielrendite von acht Prozent bestimmen. Das Anlagevermögen, das zur Herstellung und für den Vertrieb der Variante A genutzt und ihr eindeutig zugeordnet werden kann, beträgt 185.000 €. Die bisherige Ratio zwischen Umlaufvermögen und Umsatz beläuft sich auf 80 %. Die potenzielle Absatzmenge liegt laut Marktforschung bei 3500 Stück.
>
> Folgender Preis lässt sich ermitteln:
>
> $$p = \frac{0{,}08 \times 185.000 + 260.974}{3500 \times (1 - 0{,}08 \times 0{,}8)} = 84{,}18\,€$$

Umsatz	294.630,30 €
./. Selbstkosten	260.973,96 €
= Nettoerfolg	33.656,34 €
Anlagevermögen (AV)	185.000,00 €
+ Umlaufvermögen (UV)	235.704,24 €
= Gesamtvermögen (GV)	420.704,24 €
Rendite (8 % von GV)	33.656,34 €

Der Preis von 84,18 € erwirtschaftet mit einem Umlaufvermögen von 235.704 € (294.630,30 € × 0,8) die gewünschte Rendite von acht Prozent vom Gesamtvermögen.

Der Preis von $p = 84{,}18$ € entspricht immer noch nicht dem Preis, der am Markt angeboten wird. Es müssen noch Aufschläge für Skonti und Rabatte einbezogen werden, um zum Angebotspreis zu gelangen.

Netto-Verkaufspreis	84,18 €
+ Skonto (3 %)	2,53 €
= Brutto-Verkaufspreis	86,71 €
+ Rabatt (5 %)	4,34 €
= Marktpreis	91,05 €

Der Preis von 91,05 € ist in unserem Beispiel der Preis, der am Markt die Grundlage für die Preisverhandlungen bildet.

Mit Ausnahme der **Marktpreismethode** gehen die traditionellen Preiskalkulationen von den intern verursachten Kosten aus und schließen dann auf einen Marktpreis inklusive einer Rendite. Es bleibt offen, ob der Marktpreis auch wirklich erzielbar ist.

Die Marktpreismethode unterliegt dem Prinzip der Kostentragfähigkeit. Dies bedeutet, dass ein Produkt nur die Kosten tragen kann, die der Markt erlaubt. Dieses Kalkulationsverfahren ist ein Schritt in die richtige Richtung, allerdings ist es ein grundsätzlicher Verstoß gegen das Verursachungsprinzip, nur die Kosten zu verrechnen, die getragen werden können.

Das **Target Costing** versucht die Problematik aus der Marktperspektive zu lösen. Diese Methode wurde in Japan für komplexe Produkte entwickelt und verbindet einen gegebenen Marktpreis, moderne Marktforschung und technische Fertigkeiten.

▶ **Die Schritte des Target Costing**

1. Ermittlung des potenziellen Absatzpreises und der korrespondierenden Absatzmengen
2. Festlegung der zulässigen Soll-Kosten („allowable costs") anhand der Differenz aus Umsatz und Zielrendite
3. Aufspaltung der zulässigen Soll-Kosten für einzelne Funktionen und Komponenten

3.3 Die Blickwinkel des operativen Vertriebscontrollings

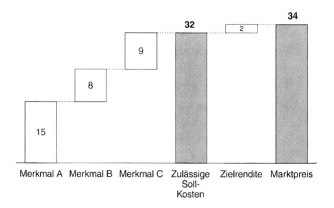

Abb. 3.3 Target Costing

4. Ermittlung der wahrscheinlichen Ist-Kosten für einzelne Funktionen und Komponenten („drifting costs")
5. Kostenoptimierung, solange wahrscheinliche Ist-Kosten > zulässige Soll-Kosten

Das Target Costing nimmt an, dass der Markt den Produktpreis bestimmt. Der Vertrieb und andere Unternehmensbereiche wie die Fertigung haben sich auf diese Marktgegebenheit auszurichten. Das Target Costing wird besonders für die Neueinführung von hochwertigen Produkten in der Automobilindustrie oder bei Industriegütern angewendet.

Zuerst wird vor der Neueinführung eines Produkts der potenzielle Marktpreis durch interne oder externe Marktforschung ermittelt. Korrespondierend werden die potenziellen Absatzmengen und die dazugehörige Preis-Absatz-Kurve bestimmt. Die Marktforschung bestimmt die Teilnutzen der einzelnen Produktfunktionen für den Endabnehmer mittels Conjoint Measurement (vgl. zur Methodik des Conjoint Measurements ausführlich Backhaus et al. 2003). Anhand der Preis-Absatz-Kurve wird der erzielbare Umsatz bestimmt.

Zur Ermittlung der zulässigen Soll-Kosten („allowable costs") werden die mit dem Marktpreis erzielbaren Umsätze um eine Zielrendite verringert. Die zulässigen Soll-Kosten sind die Kosten, die am Markt im äußersten Fall vertretbar sind, wenn das Produkt die Zielrendite erwirtschaften soll. Die zulässigen Soll-Kosten beziehen sich auf das gesamte Produkt (vgl. Abb. 3.3).

In der Nutzentheorie existieren negative und positive Teilnutzenwerte, deren Summe den Produktnutzen bilden. Nach den zulässigen Soll-Kosten für das Gesamtprodukt werden daher in einem weiteren Schritt die zulässigen Soll-Kosten für die einzelnen Produktmerkmale analysiert. Die zulässigen Soll-Kosten werden zu diesem Zweck auf die einzelnen Produktmerkmale heruntergebrochen.

Nachdem die zulässigen Soll-Kosten auf der untersten Ebene analysiert sind, widmet man sich den wahrscheinlichen Ist-Kosten. Anhand von Erfahrungswerten und unter Berücksichtigung der im Unternehmen verfügbaren Technologien und Ressourcen werden die wahrscheinlichen Ist-Kosten geschätzt.

Solange die wahrscheinlichen Ist-Kosten größer als die vom Markt zulässigen Soll-Kosten sind, wird eine Fertigungs- und Vertriebsoptimierung durchgeführt, um den vorgegebenen Marktpreis zu halten und trotzdem Gewinne zu erwirtschaften.

> **Beispiel**
>
> **Target Costing in der Automobilindustrie** Das Target Costing hat in der deutschen Automobilindustrie dazu geführt, dass die Kosten bis auf die Zulieferer heruntergebrochen wurden. Die Zulieferer erhalten von den Automobilfirmen genaue Vorgaben, zu welchem Preis ihre Produkte abgenommen werden. Die Kontrolle der Automobilfirmen reicht soweit, dass den Zulieferern sogar Gewinne aufgrund von Prozessanalysen genau vorgegeben werden. Auf diesem Weg gelingt es den Automobilherstellern, die Kosten für neue Modelle immer weiter zu drücken und die Marktpreise weitestgehend stabil zu halten.

3.3.2 Vertriebserfolgsrechnungen

Die Vertriebsleitung hat zur Aufgabe, die Vertriebsaktivitäten zu koordinieren und gewinnbringend zu führen. Zur Erfüllung dieser Aufgabe ist die Vertriebsleitung auf unterschiedliche Informationen angewiesen, welche die operative Steuerung erst ermöglichen. Die Instrumente unterscheiden sich je nach Fragestellung, die es zu beantworten gibt.

Das reine Verkaufsergebnis wird über die **Kostenträgerzeitrechnung** ermittelt, welche auf den Ergebnissen der Kostenarten- und Kostenstellenrechnung aufbaut (vgl. Abschn. 3.1). Die Zielgröße der Kostenträgerzeitrechnung ist der Betriebserfolg. Es handelt sich bei der Zielgröße um eine periodische Größe. Im Gegensatz zur Kostenträgerstückrechnung werden also nicht die Kosten der produzierten Einheit, sondern die Kosten einer Rechnungsperiode (beispielsweise Quartal, Halbjahr oder Jahr) verrechnet.

Grundsätzlich ist die Kostenträgerzeitrechnung eine Gegenüberstellung von Umsätzen und den damit verbundenen Kosten einer Periode. Die Kosten werden über die gesamte Wertkette ermittelt, das heißt angefangen von der Forschung bis zum Vertrieb.

Zwei alternative Vorgehensweisen zur Ermittlung des Betriebsergebnisses sind zu unterscheiden:

1. Umsatzkostenverfahren (UKV)
2. Gesamtkostenverfahren (GKV)

Beim Umsatzkostenverfahren werden nur die Kosten der abgesetzten Produkte berücksichtigt; beim Gesamtkostenverfahren werden hingegen alle Kosten der produzierten Produkte berücksichtigt. Es werden somit auch aktivierte Eigenleistungen und Bestandserhöhungen/-minderungen beim Gesamtkostenverfahren einbezogen. Letztere sind vom Vertrieb nicht beeinflussbar und werden deshalb hier nur der Vollständigkeit halber erwähnt.

3.3 Die Blickwinkel des operativen Vertriebscontrollings

Tab. 3.3 Betriebsergebnis nach UKV auf Grenzkostenbasis

	Σ Bruttoumsatzerlöse
./.	Σ Erlösschmälerungen
=	**Σ Nettoumsatzerlöse**
./.	Σ variable SK der abgesetzten Produkte
=	**Deckungsbeitrag (DB)**
./.	Σ Fixkosten
=	**Betriebsergebnis**

Das Betriebsergebnis ist sowohl mittels Umsatz- als auch Gesamtkostenverfahren auf Vollkosten- und Grenzkostenbasis ermittelbar. Beide Verfahren führen zum gleichen Betriebsergebnis, der Weg ist allerdings aufgrund der unterschiedlichen Kosten ein anderer.

Das Betriebsergebnis als kurzfristige Erfolgsrechnung auf Grenzkostenbasis wird nach dem Umsatzkostenverfahren wie folgt ermittelt (vgl. Tab 3.3).

Die Ermittlung des Betriebsergebnisses nach Umsatzkostenverfahren geht von den generierten Umsatzerlösen einer Periode aus. Die Umsatzerlöse werden um die Erlösschmälerungen wie gewährte Rabatte und Boni bereinigt, um zu den Nettoerlösen einer Periode zu gelangen. Die variablen Selbstkosten der abgesetzten Produkte, die durch die Kostenträgerstückrechnung ermittelt werden, werden als Summe für alle abgesetzten Produkte in Abzug gebracht, um den Deckungsbeitrag der Periode zu erhalten. Nach Abzug des Fixkostenblocks vom Deckungsbeitrag kann festgestellt werden, ob ein Betriebsgewinn oder Betriebsverlust in einer Periode erwirtschaftet wurde. Das obige Schema wird aufgrund des Fixkostenblocks als einstufige Deckungsbeitragsrechnung bezeichnet.

▶ **Deckungsbeitrag** Der Deckungsbeitrag ist der Anteil am Nettoerlös, der nach Abzug aller variablen Selbstkosten zur Deckung des Fixkostenblocks zur Verfügung steht.

Beispiel

Betriebsergebnis nach UKV auf Grenzkostenbasis Nehmen wir an, das Unternehmen SuperHair, welches die Haartrockner der Varianten A und B herstellt und vertreibt (vgl. Beispiel in Abschn. 3.3.1), möchte den Deckungsbeitrag und das Betriebsergebnis ermitteln. Wie bereits im vorangegangenen Beispiel wird das Betriebsergebnis auf Grenzkostenbasis ermittelt, um die zuvor errechneten Selbstkosten einfließen zu lassen.

Die Variante A (B) möge zu einem Listenpreis von 90,00 € (45,00 €) in den Friseursalons angeboten werden. Die Salons erhalten einen Nachlass von fünf Prozent auf den Listenpreis. Daraus ergibt sich folgende vereinfachte Rechnung:

	Variante A	Variante B	Summe (A + B)
Umsatzerlöse	315.000 €	225.000 €	540.000 €
Rabatte	15.750 €	11.250 €	27.000 €
Nettoerlöse	299.250 €	213.750 €	513.000 €
Σ var. SK	260.974 €	184.026 €	445.000 €
DB	38.276 €	29.724 €	68.000 €
Fixkosten			50.000 €
BE			**18.000 €**

Mit der Herstellung und dem Vertrieb der beiden Haartrockner wird in unserem Beispiel ein positiver Deckungsbeitrag von 68.000 € und ein Betriebsgewinn von 18.000 € in der Betrachtungsperiode erwirtschaftet.

Es ist offensichtlich, dass die einstufige Deckungsbeitragsrechnung für die heutigen Großkonzerne und die stark diversifizierten Unternehmen ungenügende Informationen für unternehmerische Entscheidungen offenbart. Dem Verursachungsprinzip folgend wird mittels einer **mehrstufigen Deckungsbeitragsrechnung** versucht, mehr Transparenz in den Fixkostenblock zu bringen. Die fixen Kosten sind durchaus zurechenbar, allerdings ist fraglich, auf welcher Ebene.

Fixe Kosten können eventuell nicht für ein Produkt oder einen Kunden zugeordnet werden, aber oftmals sind die Kostenblöcke für eine Produkt- oder Kundengruppe zurechenbar. Dieser Grundsatz der relativen Einzelkosten gilt insbesondere für die Vertriebskosten.

> **Beispiel**
> **Vertriebskosten** Das Gehalt eines Vertriebsmitarbeiters, der eine Produktgruppe betreut, ist auf die einzelne Produkteinheit nicht verursachungsgerecht zu verrechnen. Das Gehalt des Vertriebsmitarbeiters ist aber auf die Produktgruppe als Einzelkosten zu verrechnen.

Aus dem Grundsatz der relativen Einzelkosten können verschiedene Gliederungskriterien für die mehrstufige Deckungsbeitragsrechnung abgeleitet werden:

- Deckungsbeitrag pro Geschäftseinheit
- Deckungsbeitrag pro Produktgruppe
- Deckungsbeitrag pro Produkt
- Deckungsbeitrag pro Region
- Deckungsbeitrag pro Vertriebskanal
- Deckungsbeitrag pro Kunde
- Deckungsbeitrag pro Mitarbeiter
- Deckungsbeitrag pro Auftrag

3.3 Die Blickwinkel des operativen Vertriebscontrollings

Die unterschiedlichen Gliederungskriterien sind durch das relationale Datenbankschema der heutigen Vertriebsinformations- und Kostenrechnungssysteme möglich (vgl. Klenger 2000). Bereits bei der Erfassung werden die einzelnen Geschäftsvorfälle mit den nötigen Schlüsseln wie Kundennummer, Produktgruppe, Region etc. versehen.

Die mehrstufige Deckungsbeitragsrechnung baut auf den Informationen aus dem Vertriebsinformations- und Kostenrechnungssystem auf. Bevor die Gliederung der mehrstufigen Deckungsbeitragsrechnung allerdings nach oben genannten Kriterien erfolgen kann, sind einige vorbereitende Arbeitsschritte für die Datenerfassung erforderlich (vgl. Coenenberg 2003):

1. Festlegung der Rechnungsperiode
2. Kostenrechnerische Gliederung des Vertriebs in eine zweckmäßige Hierarchie
3. Gliederung des Fixkostenblocks nach der Zurechenbarkeit zu einzelnen Hierarchiestufen
4. Erfassung der Fixkosten in der Hierarchie nach dem Verursachungsprinzip
5. Ermittlung von Deckungsbeiträgen auf jeder Hierarchiestufe

Die Grundlage der Aufspaltung des Fixkostenblocks ist die zeitliche Abgrenzung der fixen Kosten in der Kostenartenrechnung. Zu diesem Zweck muss eine Rechnungsperiode festgelegt werden.

In einem zweiten, sehr aufwändigen Schritt wird der Vertrieb in hierarchische Ebenen unterteilt, die dem Rechnungszweck entsprechen. Die hierarchischen Ebenen müssen den späteren Gliederungskriterien entsprechen, damit die nötigen Schlüssel bei der Kostenerfassung vergeben werden können. Übliche Gliederungskriterien im Vertrieb sind Regionen, Kunden und/oder Produkte.

Natürlich ist es wünschenswert, eine möglichst tiefe hierarchische Gliederung zu haben und die relativen Einzelkosten möglichst gut zu bestimmen. Die Praktikabilität setzt diesem Vorhaben allerdings Grenzen, da die Kosten-Nutzen-Relation ab einer bestimmten Gliederungsstufe nicht mehr stimmt. Welche Gliederungstiefe optimal ist, lässt sich leider nicht pauschal beantworten, sondern muss im Einzelfall bestimmt werden. Eine mehrstufige Deckungsbeitragsrechnung wird allerdings nicht jeden Tag eingeführt, sodass der Implementierungsaufwand gerade in Bezug auf das korrekte Analyseergebnis gerechtfertigt sein sollte.

Anhand der hierarchischen Struktur werden die Fixkosten aufgeteilt. Beginnend mit der untersten Hierarchieebene wie dem Produkt oder dem Kunden wird versucht, die Einzelkosten den Kostenträgern zuzuordnen. Ähnlich einem Springbrunnen wird mit nicht verursachungsgerecht zurechenbaren Kosten bei den Kostenträgern der nächsthöheren Ebene verfahren.

Zum Abschluss der mehrstufigen Deckungsbeitragsrechnung erfolgt die Berechnung des Deckungsbeitrags für die einzelnen Hierarchiestufen anhand eines abgeleiteten Grundschemas für den Vertrieb:

	Σ Bruttoumsatzerlöse
./.	Σ Erlösschmälerungen
=	**Σ Nettoumsatzerlöse**
./.	Σ variable SK
	= Deckungsbeitrag I (DB I)
./.	Σ fixe Kosten der Hierarchiestufe I
=	**Deckungsbeitrag II (DB II)**
./.	Σ fixe Kosten der Hierarchiestufe II
=	**Deckungsbeitrag III (DB III)**

Bis zum Deckungsbeitrag I entspricht das Schema der mehrstufigen Deckungsbeitragsrechnung der einstufigen Deckungsbeitragsrechnung. Dann erfolgt die stufenweise Zurechnung der Fixkosten als relative Einzelkosten:

- Der **Deckungsbeitrag I** muss alle fixen Kosten decken, die unabhängig von der Produktion des Produkts über alle Hierarchiestufen anfallen.
- Der **Deckungsbeitrag II** muss alle fixen Kosten decken, die der Hierarchie nicht als relative Einzelkosten zugeordnet werden können.
- Der **Deckungsbeitrag III** muss alle fixen Kosten decken, die weder der Hierarchie I noch der Hierarchiestufe II als relative Einzelkosten zugeordnet werden können.

Wie bereits angedeutet, ist die mehrstufige Deckungsbeitragsrechnung für unterschiedliche Gliederungskriterien wie Vertriebskanal, Produkt, Kunde etc. anzuwenden. Entscheidend ist die Fragestellung, die mit der Rechnung beantwortet werden soll. Eine klassische Fragestellung des Vertriebs ist die Vorteilhaftigkeit von Vertriebskanälen. Die Rechnung kann aber auch Antworten auf die Frage nach der Profitabilität von Kunden (Kundengruppen) und Produkten (Produktgruppen) geben. Die Schritte und das Rechenverfahren sind analog zu verwenden.

An einem Beispiel wird die Anwendung der mehrstufigen Deckungsbeitragsrechnung und die Schlüsse, die aus den Ergebnissen gezogen werden können, deutlich.

Beispiel

Vertriebskanalvergleich Ein Unternehmen stellt Staubsauger unterschiedlicher Typen her. Die Staubsauger werden über unterschiedliche Vertriebskanäle vertrieben: Direktvertrieb, Handelsvertreter und Kaufhäuser.

Der Direktvertrieb der Staubsauger erfolgt über das Internet und ein Call Center. Die Kunden haben die Möglichkeit, die Staubsauger im Internet unter Angabe ihrer Personalien direkt zu bestellen oder in einem Call Center anzurufen und die nötigen

Angaben zu machen. Die Staubsauger werden zu einem Preis von 70 € bei einer Absatzmenge von 1000 Stück vertrieben.

Das Unternehmen beschäftigt darüber hinaus zwanzig Handelsvertreter, die die Staubsauger direkt beim Kunden oder in Kaufhäusern anbieten. Die Staubsauger werden gleichsam ständig in den Kaufhäusern zum Kauf geboten. Sowohl Handelsvertreter als auch die Kaufhäuser vertreiben die Staubsauger zu 75 €/Stück. Die Provision (Absatzmenge) liegt bei den Handelsvertretern bei 7,5 % (1750 Stück) und beim Handel bei fünf Prozent (2000 Stück) vom Bruttopreis. Die Handelsvertreter geben in der Regel fünf Prozent Rabatt, die Kaufhäuser gewähren nur die üblichen drei Prozent bei Barzahlung.

Die Vertriebsleitung vermutet, dass die Handelsvertreter unverhältnismäßig hohe Kosten im Vergleich zum Verkauf der Staubsauger in den Kaufhäusern verursachen. Die unterschiedlichen Vertriebskanäle werden aus diesem Grund mit einer mehrstufigen Deckungsbeitragsrechnung analysiert.

Die Kosten für die Auftragserfassung und die Verkaufsförderungsmaßnahmen können den einzelnen Vertriebskanälen gesondert zugeordnet werden, da die Aufträge pro Kanal mit festgelegten Schlüsseln bei der Auftragseingabe versehen werden. Die Werbe- und Verwaltungskosten können den einzelnen Vertriebskanälen nicht zugeordnet werden.

Die Deckungsbeitragsanalyse ergibt, dass die Vermutung der Vertriebsleitung nicht zutrifft. Der DB II beträgt bei den Handelsvertretern circa 52 % vom Bruttoumsatz und bei den Kaufhäusern circa 44 %. Der Vertrieb über die Handelsvertreter ist in unserem Beispiel somit vorteilhafter als der Vertrieb über die Kaufhäuser.

Durch die Analyse wird zudem ein überraschendes Ergebnis offenbar: Die Handelsvertreter erwirtschaften einen annähernd gleichen DB II wie der Direktvertrieb. Das schlechtere Ergebnis kann durch höhere Auftragserfassungskosten und die Verkaufsförderung begründet werden. Gelingt es, die Auftragserfassung zu rationalisieren, so könnten die Handelsvertreter wider Erwarten zum vorteilhaftesten Vertriebskanal avancieren.

		Direktvertrieb	Handelsvertreter	Kaufhäuser
Bruttoumsatzerlöse		70.000,00 €	112.500,00 €	150.000,00 €
Erlösschmälerungen	MwSt (16 %)	9.655,17 €	15.517,24 €	20.689,66 €
	Rabatte	0,00 €	5625,00 €	4500,00 €
	Provisionen	0,00 €	8437,50 €	1034,48 €
Nettoumsatzerlöse		60.344,83 €	82.920,26 €	123.775,86 €
Var. Selbstkosten	Wareneinsatz	47.200,00 €	70.800,00 €	94.400,00 €
DB I		47.200,00 €	76.425,00 €	98.900,00 €
% vom Bruttoumsatz		67,43 %	67,93 %	65,93 %
Variable Einzelkosten Stufe 1	Auftragserfassung	10.000,00 €	15.000,00 €	24.000,00 €
	Verkaufsförderung	0,00 €	3000,00 €	8500,00 €
DB II		37.200,00 €	58.425,00 €	66.400,00 €
% vom Bruttoumsatz		53,14 %	51,93 %	44,27 %
Variable Einzelkosten Stufe II	Werbung		23.500,00 €	
	Vertriebsleitung		46.000,00 €	
DB III			92.525,00 €	

Eines macht das vorangegangene Beispiel deutlich: Bei der mehrstufigen Deckungsbeitragsrechnung handelt es sich um eine rein ökonomische Betrachtung. Egal, welche Entscheidungen im Vertrieb zu treffen sind, zu den ökonomischen Faktoren müssen noch psychografische Entscheidungskriterien hinzugezogen werden, um eine ganzheitliche Entscheidung zu ermöglichen.

Die Bewertung der Kunden, Produkte, Aufträge oder Vertriebskanäle mit ökonomischen und psychografischen Steuerungsgrößen kann mittels Scoring-Modellen erfolgen (vgl. ausführlich Abschn. 2.2.3).

Zudem ist zu bedenken, dass es sich bei der Deckungsbeitragsrechnung um eine Zeitpunktanalyse mit Gegenwarts- oder Vergangenheitsdaten handelt. Eine langfristige Entscheidung ist aufgrund des kurzfristigen Charakters der Methode und der Vernachlässigung künftiger Geldströme nicht zu empfehlen,

Wichtig ist auch die Entscheidungssituation, in der die Deckungsbeitragsrechnung angewendet wird. Beispielsweise sind bei der Optimierung eines Produktportfolios mittels Deckungsbeitragsrechnung einige Besonderheiten zu beachten:

- **Freie Kapazitäten**
  Bei freien Kapazitäten ist jedes Produkt in das Produktionsprogramm aufzunehmen, welches einen positiven Deckungsbeitrag erwirtschaftet. Die Fixkosten pro Stück werden so auf eine höhere Stückzahl verteilt.
- **Engpasssituation**
  Die Engpasssituation erfordert ein Umdenken von absoluten Deckungsbeiträgen auf relative Deckungsbeiträge. Eine Engpasssituation ist dadurch gekennzeichnet, dass einzelne oder mehrere Kapazitäten nicht ausreichen, um alle Produkte zu produzieren. Der dominante Engpass wird ermittelt und die Deckungsbeiträge für diesen Engpass werden relativiert. Handelt es sich beispielsweise um einen Produktionsengpass, der nach Minuten oder anderen Zeiteinheiten bemessen wird, so ist der Deckungsbeitrag/Zeiteinheit im Engpass maßgeblich für die Bestimmung des optimalen Produktportfolios.

3.3.3 Break-Even-Analyse

Der Vertrieb ist periodischen Marktschwankungen unterworfen. Die Umsätze verändern sich, da die Mengen und Preise der Nachfrage angepasst werden müssen. Die Break-Even-Analyse ist eine Methode, mit deren Hilfe die Auswirkungen von Mengen- und Preisänderungen auf die Steuerungsgrößen Umsatz, Kosten und Gewinn untersucht werden können.

Die klassischen Fragestellungen des Vertriebs, die mit der Break-Even-Analyse untersucht werden können, sind:

- Ab welcher Stückzahl erreicht ein Produkt die Gewinnschwelle?
- Welchen Einfluss hat eine Verkaufspreisänderung?
- Welche Auswirkungen auf den Gewinn haben unterschiedliche Absatzmengen?

Allgemeines Modell

Die grundsätzliche Berechnung und Darstellung des Break-Even-Punktes sei kurz mit einigen Rahmendaten skizziert (vgl. Abb. 3.4):

$$x = \frac{Kf}{(p-kv)} = \frac{20.000}{(8-3)} = 4000$$

Kf = Fixe Kosten
kv = Variable Kosten/Stück
p = Preis

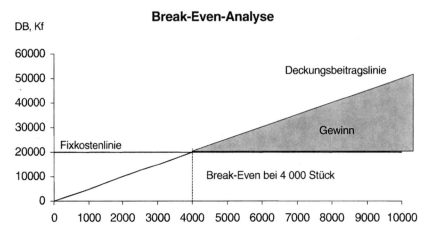

Abb. 3.4 Break-Even-Analyse

Preisänderungen

Mit der Break-Even-Analyse können sowohl positive als auch negative Preisänderungen untersucht werden. Beide Preisrichtungen werden mit der gleichen Formel untersucht:

$$\text{Deckungsbeitrag}_{neu} = \text{Deckungsbeitrag}_{alt}$$

$$x \cdot (p_{neu} - k_v) = x \cdot (p_{alt} - k_v)$$

Angenommen, die Stückmenge wurde von der Vertriebsleitung in unserem Ausgangsbeispiel auf eine Menge von 6000 Stück festgelegt. Die Marktforschung ergab, dass diese Absatzmenge zu dem Preis von 8 € realistisch ist. Mit dieser Menge, die mit den vorhandenen Kapazitäten produziert werden kann, wird ein Gewinn von 10.000 € realisiert.

Da die Marktforschung nur voraussichtliche Werte liefern kann, stellt sich für die Vertriebsleitung die Frage, welche Gewinnauswirkungen ein höherer und ein geringerer Marktpreis hat. Es wird ferner angenommen, dass die Schwankungsbreite um den Marktpreis bei ±1 € liegt. Die variablen Kosten pro Stück sind 3 €. Die Szenarien für einen Marktpreis von 7 € und 9 € werden untersucht, um den besten und den schlechtesten Fall zu untersuchen.

Folgende Rechnungen werden angestellt:

1. Bester Fall: $p = 9\,\text{€}$

$$x \times (9 - 3) = 6000 \times (8 - 3) = 5000\ \text{Stück}$$

2. Schlechtester Fall: $p = 7\,\text{€}$

$$x \times (7 - 3) = 6000 \times (8 - 3) = 7500\ \text{Stück}$$

3.3 Die Blickwinkel des operativen Vertriebscontrollings

Tab. 3.4 Soll-Ist-Vergleich mit der Break-Even-Analyse

	Q1	Q2	Q3	Q4
DB_{Soll} (€)	8750	16.250	20.000	30.000
DB_{Ist} (€)	7500	13.125	17.425	23.875
$kfix$ (€)	20.000	20.000	20.000	20.000
$kvar_{Soll}$ (€)	3	3	3	3
$kvar_{Ist}$ (€)	3	3	3,2	3,2
p_{Soll} (€)	8	8	8	8
p_{Ist} (€)	8	7,5	7,5	7,5
x_{Soll}	1750	3250	4000	6000
x_{Ist}	1500	2750	3750	5250

Im besten Fall müsste der Vertrieb nur 5000 Stück absetzen, um den gleichen Gewinn zu erwirtschaften; im schlechtesten Fall sind 1500 zusätzliche Stück des Produkts abzusetzen, um den Gewinnbeitrag stabil zu halten. Letztere unterliegt der Prämisse, dass die vorhandenen Kapazitäten diese Ausbringungsmenge produzieren können. Ist dies nicht der Fall, dann steigen die Fixkosten, und die Absatzmenge zum Gewinnerhalt wird größer, da die zusätzlichen Fixkosten wieder umgelegt werden müssen.

Nachdem die unterschiedlichen Szenarien in den wahrscheinlichen Preisgrenzen durchgespielt wurden, hat das Vertriebsmanagement einen guten Überblick über die möglichen Risiken des Marktes in Bezug auf den Preis. Natürlich wird in unserem einfachen Beispiel von weiteren Risiken wie Krieg, verschärfter Wettbewerb etc. abgesehen, um die Vorteile der Break-Even-Analyse grundsätzlich zu skizzieren.

Nach dem Markteintritt mit einem Produkt muss der tatsächliche Preis mit dem prognostizierten Marktpreis abgeglichen werden. Die Soll-Ist-Analyse sollte in festgelegten Zeiträumen wie Monat, Quartal oder Halbjahr durchgeführt werden. Die festgestellten Abweichungen können mit der Break-Even-Analyse veranschaulicht und analysiert werden.

Es handelt sich bei dem abzusetzenden Produkt um ein saisonales Produkt, das besonders gut im Winter und Frühjahr verkauft wird. Tabelle 3.4 enthält die wesentlichen Daten. Die Verläufe der Deckungsbeitragskurven werden in Abb. 3.5 grafisch dargestellt.

Die Abbildung macht deutlich, dass der tatsächlich erwirtschaftete Deckungsbeitrag in jedem Quartal unter dem prognostizierten Deckungsbeitrag liegt. Die Folgen für den Vertrieb und das Unternehmen können schwerwiegend sein:

- Einerseits wird die Gewinnschwelle später als geplant erreicht, was durch die geringeren Absatzmengen zu erklären ist. Dies kann Auswirkungen auf die Liquidität des Unternehmens haben, da die Investitionen in das neue Produkt sich erst zu einem späteren Zeitpunkt als geplant amortisieren.
- Andererseits ist die Höhe des Gewinns geringer als erwartet. Dies ist durch die geringere Absatzmenge, den Preisverfall und die erhöhten Rohstoffkosten begründet (vgl. Tab. 3.3).

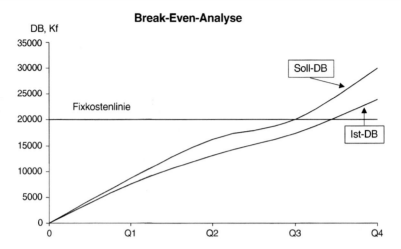

Abb. 3.5 Soll-Ist-Vergleich mit der Break-Even-Analyse

Das operative Vertriebscontrolling kann durch die Break-Even-Analyse die Lücken zwischen Soll und Ist aufzeigen und Ansatzpunkte zur Verbesserung der Lage vorschlagen. Die Vertriebsleitung ist gefordert, die Ansatzpunkte in einen konkreten Maßnahmenkatalog zu transformieren, um den Gewinn des Unternehmens zu stabilisieren oder weiter auszubauen.

In unserem konkreten Fall kann die Vertriebsleitung folgende Maßnahmen ergreifen:

- Verbesserung des Absatzes unter Berücksichtigung der Kapazitätsrestriktionen
- Erhöhung des Stückdeckungsbeitrags durch verringerte variable Kosten (beispielsweise Rohstoffpreissenkung)
- Senkung der Fixkosten durch Outsourcing oder Sale-and-Lease-Back
- Produktprogrammbereinigung

3.3.4 Abweichungsanalyse

Der Vertrieb existiert nicht in einer idealen Welt, denn in dieser würden geplante Mengen der späteren Realität entsprechen. In der Realität sieht sich der Vertriebsmanager mit Planungsabweichungen konfrontiert, die er analysieren muss. Die Break-Even-Analyse hat bereits gezeigt, dass es zu Differenzen zwischen dem geplanten und dem tatsächlichen Mengen- und Wertgerüst kommen kann.

▶ **Abweichungen ...** ... sind Differenzen zwischen dem geplanten und dem tatsächlichen Mengen-und Wertgerüst.

3.3 Die Blickwinkel des operativen Vertriebscontrollings

Die Vertriebsleitung ist daran interessiert, die Abweichungsursachen zwischen Soll und Ist aufzudecken und abzustellen. Da die Ursachen sehr vielfältig sind, kann das operative Vertriebscontrolling mit seinen Methoden dazu beitragen, die Abweichungsursachen näher zu ergründen.

Grundsätzlich sind endogene und exogene Abweichungsursachen zu unterscheiden. Erstere sind beispielsweise als Verbrauchsabweichungen von der Produktion zu beeinflussen; letztere wie Preisverfall durch Krieg liegen nicht in der Hand der Verantwortlichen. Die Unterscheidung zwischen endogenen und exogenen Abweichungsursachen ist deshalb so wichtig, weil die Mitarbeiter eines Unternehmens nur für die endogenen Ursachen verantwortlich sind.

▹ **Generell unterscheidet der Controller …**

- **endogene Abweichungen,** die von den Planungsverantwortlichen zu vertreten sind,
- **exogene Abweichungen,** die nicht durch die Planungsverantwortlichen zu vertreten sind.

Eine zweite Unterscheidung erfolgt in der Kostenrechnung auf der Kosten- und Leistungsseite (vgl. Klenger 2000). Während die Abweichungsanalyse auf der Kostenseite die Verbrauchsmengen, die Verbrauchswerte und die Ausbringungsmengen in der Produktion betrachtet, werden auf der Leistungsseite die Deckungsbeitragsabweichungen in Mengen- und Preisabweichungen aufgespalten. Die Kostenseite ist vom Vertrieb nicht zu beeinflussen, daher können die Vertriebsmitarbeiter nur für Abweichungen auf der Leistungsseite verantwortlich sein. Die Darstellung des Prinzips der Abweichungsanalyse wird daher auf die Leistungsseite beschränkt.

▹ **Die Kostenrechnungstheorie unterscheidet …**

- **die Kostenseite,** deren Abweichungen von den Planungsverantwortlichen in der Produktion zu vertreten sind,
- **die Leistungsseite,** deren Abweichungen von den Planungsverantwortlichen im Vertrieb zu vertreten sind.

Die typische Vorgehensweise bei der Abweichungsanalyse ist:

1. Berechnung der Abweichungen durch Soll-Ist-Vergleich
2. Analyse der Abweichungen bezüglich deren Ursachen und Verantwortlichen
3. Angemessene Maßnahmen

Berechnung der Abweichungen durch Soll-Ist-Vergleich

Die Abweichungsermittlung ist komplexer und umfassender als zuerst angenommen. Gemäß dem Verursachungsprinzip werden die Abweichungen in den Kostenstellen ermittelt.

Die Abweichungen werden differenziert nach Kostenarten je Kostenträger berechnet, soweit dieses Vorgehen wirtschaftlich sinnvoll ist. Problematisch ist, dass sich die einzelnen Abweichungen in der Praxis oftmals nicht eindeutig abspalten lassen, sondern gemischte Abweichungen existieren. Die Ableitung von Maßnahmen, um die Ursachen zu beseitigen, ist in diesem Fall schwierig.

Eine Abweichung entsteht immer dann, wenn die Ist-Daten sich von den Soll-Daten unterscheiden. In der Regel ist dies immer der Fall, da nur in äußerst seltenen Fällen sowohl Marktpreise als auch -mengen im Vertrieb durch die Marktforschung vorhergesagt werden können.

Im ersten Analyseschritt wird eine Gesamtabweichung berechnet. Diese Gesamtabweichung fasst alle Abweichungsursachen in einer Zahl zusammen, die anschließend auf die Teilursachen untersucht werden muss.

▸ **Die Gesamtabweichung ...** ... fasst alle Abweichungsursachen zwischen Soll- und Ist-Daten in einer Zahl zusammen.

Die Gesamtabweichung berechnet sich in der Grenzkostenrechnung als

$$\text{Gesamtabweichung (GA)} = \text{Deckungsbeitrag}_{Ist} - \text{Deckungsbeitrag}_{Soll}$$
$$= (p_{Ist} \times kv_{Ist}) \times x_{Ist} - (p_{Soll} \times kv_{Soll}) \times x_{Soll}$$

Üblicherweise wird die Gesamtabweichung in eine Mengen- und eine Preisabweichung aufgespalten.

$$GA = (DB_{Ist}) \times x_{Ist} - (DB_{Soll}) \times x_{Soll}$$
$$= (DB_{Soll} + \Delta DB) \times (x_{Soll} + \Delta x) - DB_{Soll} \times x_{Soll}$$
$$= DB_{Soll} \times \Delta x + \Delta DB \times x_{Soll} + \Delta x \times \Delta DB$$
$$= \text{Mengenabweichung} + \text{Preisabweichung} + \text{Sekundärabweichung}$$

Die Sekundärabweichung resultiert aus Abweichungsüberschneidungen, die durch die multiplikative Verknüpfung von Mengen- und Preisänderungen entstehen. Es existieren verschiedene Konzepte wie proportionale und symmetrische Verrechnung in der Literatur, um die Sekundärabweichung auf die Primärabweichungen (Mengen- und Preisabweichung) zu verteilen.

Ein praktikables Konzept ist die kumulative Abweichungsverrechnung, bei der die Sekundärabweichung dem zuerst abgespaltenen Teil zugeordnet wird (vgl. Kilger 2002). In unserem Fall würde die Sekundärabweichung der Mengenabweichung zugeschlagen werden, wenn diese vor der Preisabweichung berechnet würde. Der Zusammenhang zwischen Primär- und Sekundärabweichung wird durch Abb. 3.6 dargestellt.

▸ **Die Mengenabweichung (MA) ...** ... ist der Teil der Gesamtabweichung, der allein auf das Delta zwischen Soll- und Ist-Mengen zurückzuführen ist.

3.3 Die Blickwinkel des operativen Vertriebscontrollings

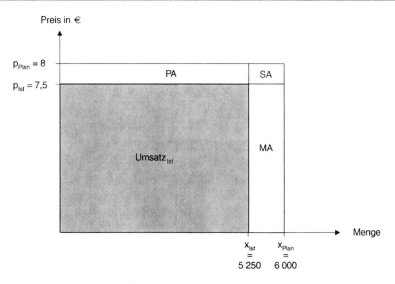

Abb. 3.6 Primäre und sekundäre Abweichungen

▸ **Die Preisabweichung (PA)...** ... ist der Teil der Gesamtabweichung, der allein auf das Delta zwischen Soll- und Ist-Preisen zurückzuführen ist.

▸ **Die Sekundärabweichung (SA) ...** ... ist der Teil der Gesamtabweichung, der aus Abweichungsüberschneidungen, die durch die multiplikative Verknüpfung von Mengen- und Preisänderungen entstehen, resultiert.

Die Summe aus allen Teilabweichungen ergibt wieder die Gesamtabweichung:

$$GA = MA + PA + SA$$

Die Berechnung der einzelnen Abweichungen soll an einem Beispiel verdeutlicht werden.

Beispiel

Abweichungsanalyse Das Beispiel aus Abschn. 3.3.3 wird fortgeführt. Die Stammdaten werden um die Berechnungen für die Abweichungen ergänzt.

In unserem Zahlenbeispiel ging aus der Break-Even-Analyse bereits hervor, dass der DB_{Ist} hinter dem DB_{Soll} zurückblieb. Es soll nun mit der Abweichungsanalyse geklärt werden, wo die Ursachen für die Abweichung liegen.

Die negative Gesamtabweichung zwischen DB_{Soll} und DB_{Ist} beträgt 6125 €. Die Tabelle auf der folgenden Seite zeigt die Ursachen für die Abweichung in den einzelnen Quartalen:

1. Quartal: Die negative Gesamtabweichung von 1250 € ist einzig durch eine Mengenabweichung begründet. Die geplanten Mengen überschreiten die tatsächlichen

Mengen um 250 Stück, woraus ein Fehlbetrag von DB 5 € × 250 Stück = 1250 € entsteht.

2. Quartal: Die negative Gesamtabweichung von 1875 € hat unterschiedliche Gründe. Die geplanten Mengen überschreiten auch in diesem Quartal die tatsächlichen Mengen um 250 Stück. Dadurch entsteht erneut eine negative Mengenabweichung in Höhe von 1250 €. Diesmal kommt aber noch ein Preisverfall um 0,50 € hinzu, der eine negative Preisabweichung im Vergleich zum Soll von 750 € verursacht. Da sowohl eine Preis- als auch eine Mengenabweichung vorliegt, kommt es zu einer Sekundärabweichung. Diese kann in diesem speziellen Fall einer Primärabweichung (beispielsweise der Mengenabweichung) zugeordnet werden.
3. Quartal: Hier kommt es zu einer Wende in der Gesamtabweichung, die erstmals positiv in Höhe von 550 € wird. Die tatsächlichen Mengen überschreiten in diesem Quartal die geplanten Mengen um 250 Stück. Dadurch entsteht eine positive Mengenabweichung in Höhe von 1250 €. Der Preis bleibt in diesem Quartal im Vergleich zur Vorperiode stabil, was in einer Preisabweichung von 375 € und einer negativen Sekundärabweichung von 125 € resultieren würde. In dieser Periode kommt es aber gleichzeitig zu einem Anstieg der variablen Kosten, welche durch erhöhte Rohstoffkosten oder variable Vertriebskosten hervorgerufen sein könnten. Dieser Anstieg hat negativen Einfluss auf die Preisabweichung (Sekundärabweichung), die dadurch auf 525 € (175 €) ansteigt.
4. Quartal: Das vierte Quartal hat die höchste negative Abweichung mit 3550 €. Diese resultiert aus einer tatsächlichen Absatzmenge, die um 500 Stück hinter der geplanten Menge zurückbleibt, und den bereits bekannten Ursachen des Preisverfalls und der gestiegenen variablen Kosten.

	Q1	Q2	Q3	Q4	Summe
DB_{Soll} (€)	8750	16.250	20.000	30.000	
DB_{Ist} (€)	7500	13.125	17.425	23.875	
$kfix$ (€)	20.000	20.000	20.000	20.000	
$kvar_{Soll}$ (€)	3	3	3	3	
$kvar_{Ist}$ (€)	3	3	3,2	3,2	
p_{Soll} (€)	8	8	8	8	
p_{Ist} (€)	8	7,5	7,5	7,5	
x_{Soll}	1750	3250	4000	6000	
x_{Ist}	1500	2750	3750	5250	
Gesamtabweichung in € (GA)	−1250	−1875	550	−3550	−6125
Mengenabweichung in € (MA)	−1250	−1250	1250	−2500	−3750
Preisabweichung in € (PA)	0	−750	−525	−1400	−2675
Sekundärabweichung in € (SA)	0	125	−175	350	300

3.3 Die Blickwinkel des operativen Vertriebscontrollings

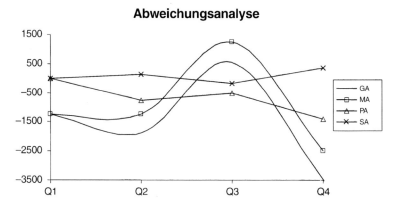

Abb. 3.7 Grafische Abweichungsanalyse

Die unterschiedlichen Abweichungen lassen sich noch einmal in einer aufbereiteten Grafik analysieren (vgl. Abb. 3.7). Die grafische Variante ist nützlich, kann allerdings bei starker Anzahl von Abweichungen sehr schnell unübersichtlich werden.

Analyse der Abweichungen bezüglich deren Ursachen und Verantwortlichen
Nachdem die einzelnen Abweichungen wie in unserem Beispiel errechnet worden und für die einzelnen Teilabweichungen aufgespalten sind, ist es wichtig zu analysieren, ob und welcher Vertriebsmitarbeiter für die Abweichungen verantwortlich ist.

Kommt es wie in unserem Fall zu Abweichungen bei Preis und Menge, so ist zu durchleuchten, ob die Abweichungen durch plötzliche Marktschwankungen hervorgerufen worden (exogen) oder eine ungenaue Planung beziehungsweise ungenügende Vertriebsaktivitäten (endogen) die Ursache sind.

Wie bereits erwähnt, können exogene Marktschwankungen schlecht vorhergesehen werden und sind daher den Vertriebsmitarbeitern nicht anzulasten. Beispielsweise können gestiegene Rohstoffpreise durch Streiks oder Kriegsgefahren verursacht werden. Ein Preisverfall kann durch zusätzlich eintretende Wettbewerber, Überkapazitäten oder ein Voranschreiten des Produkts im Lebenszyklus begründet sein.

Anders ist der Fall zu beurteilen, wenn die Vertriebsmitarbeiter bei der Planung bewusst hohe Zahlen angesetzt haben, um die Budgetierung positiv zu beeinflussen. Geringere Deckungsbeiträge können aber auch durch erhöhte Rabatte oder sinkende Mengen aufgrund von vernachlässigten Verkaufsförderungsmaßnahmen, verringerten Kundenbesuchen oder Verlust eines wichtigen Kunden hervorgerufen sein.

Diese Ursachen liegen durchaus im Wirkungskreis der Vertriebsmitarbeiter und sind daher auch von ihnen zu begründen und zu verantworten.

Angemessene Maßnahmen

Die Vertriebsleitung muss Lehren aus der Abweichungsanalyse ziehen und den Ursachen mit geeigneten Mitteln begegnen. Einige mögliche Maßnahmen auf oben genannte Ursachen sollen abschließend erläutert werden.

Dem Fall der ungenauen oder bewusst zu positiven Planung bei negativen Abweichungen muss mit Budgeteinschnitten im Wiederholungsfall begegnet werden. Die Verantwortlichen müssen sich sicher sein, dass ihr Handeln nicht geduldet wird. Zu diesem Zweck müssen die Abweichungen aber eindeutig belegbar sein und ein Verschulden einzelner Mitarbeiter vorliegen. Der Beweis dürfte in der Praxis schwierig sein.

Vernachlässigte Verkaufsförderungsmaßnahmen oder verringerte Kundenbesuche können durch Unzulässigkeiten in der täglichen Kundenbetreuung oder Überlastung hervorgerufen sein. Ein geeignetes Steuerungsinstrument zur Verbesserung von Unzulänglichkeiten sind Zeiterfassungsbögen (so genannte Time Sheets), auf denen die Vertriebsmitarbeiter ihre Zeiten in periodischen Abständen wie zwei oder vier Stunden pro Tag erfassen müssen. Dieses Steuerungsinstrument wird beispielsweise in den USA erfolgreich eingesetzt und hierzulande in der Pharmaindustrie für den Außendienst intensiv genutzt. Die gängigen Vertriebsinformationssysteme bieten Zeiterfassungen als Standardfunktionalität.

Erhöhte Rabattierungen können durch starken Wettbewerb oder schlechtes Verhandlungsgeschick der Vertriebsmitarbeiter bedingt sein. Die Vertriebsleitung muss eine Rabattanalyse durchführen und die Mitarbeiter gegebenenfalls schulen oder auf die erhöhten Rabatte hinweisen.

Eine Überlastung der Vertriebsmitarbeiter kann durch Kostensenkungsmaßnahmen bedingt sein, die von der Vertriebsleitung genehmigt wurden. In diesem Fall muss überlegt werden, ob die Maßnahmen rückgängig gemacht werden sollen oder wie die Mitarbeiter wieder entlastet werden können.

Der Verlust von mehreren kleineren oder wenigen großen Kunden kann zu schmerzlichen Einschnitten bei den Umsätzen und demzufolge den Deckungsbeiträgen führen. Abhilfe kann die Unterstützung der Mitarbeiter durch Data Mining schaffen, das abwanderungswillige Kunden anhand von Verhaltensmustern aus der Vergangenheit aufspüren kann (vgl. Abschn. 5.3). Ein dazu benötigtes Data Warehouse ist allerdings mit Investitionen verbunden.

3.3.5 Standardisiertes Verkaufsprojektmanagement

Das Hauptziel einer jeden Unternehmung ist es, wirtschaftlich erfolgreich zu sein. Ferner sind sämtliche marktorientierte Organisationen – in Anbetracht beschränkter Budgets – darauf bedacht, maximale Effizienz in allen Prozessen und Geschäftsbereichen – als direkten Hebel auf Umsatz und Gewinn – zu erzielen. Insbesondere im B2B-Vertrieb, der vertrieblichen Interaktion zwischen Unternehmen, stecken erhebliche Effizienzsteigerungspotenziale, die es zu identifizieren und auszuschöpfen gilt.

3.3 Die Blickwinkel des operativen Vertriebscontrollings

Eine der Herausforderungen im Vertriebscontrolling besteht darin, sowohl die entsprechenden *organisatorischen Voraussetzungen* zur Effizienzsteigerung als auch die prozessnahe und permanente *Messung von Effizienz* im Vertrieb zu etablieren. Effizienz setzt immer Methodik voraus. Es ist demzufolge erforderlich – als Derivat der jeweiligen Vertriebsstrategie und der Marktgegebenheiten –, eine adäquate Vertriebsmethodik einzurichten. Bei der Einführung einer solchen ist es von zentraler Wichtigkeit, nebst der strukturierten und konsistenten Vorgehensweise so genannte *Key Performance Indicators (KPIs)* zu definieren, welche das Unternehmen letztlich in die Lage versetzen, Effizienz zu quantifizieren und folglich mess- bzw. steuerbar zu machen.

Der Vergleich und die Analyse der KPIs bilden ein ideales Steuerungsinstrument als Bestandteil eines ganzheitlichen Vertriebscontrollings. Die besagte KPI-Analyse ermöglicht es dem Management, Effizienzlücken zu identifizieren und durch die Benennung entsprechender Maßnahmen zu schließen.

Darüber hinaus empfiehlt es sich, die während des Verkaufsprozesses gewonnenen Informationen im Sinne eines umfassenden und durchgängigen Kundenmanagements methodisch und lückenlos in einem dafür vorgesehenen Vertriebsinformationssystem (VIS) abzuspeichern. Von hoher Relevanz sind hierbei auch Wettbewerbsinformationen und Benchmarks im Vergleich zu den unternehmenseigenen KPIs. Verfügt ein Unternehmen über eine qualitativ hochwertige und aktuelle Datenbasis, lassen sich aussagekräftige Analysen über Kunden, Interessenten, Branchen, Produkte, Leistungen und Umsätze durchführen. Die Fokussierung unternehmerischen Handelns auf die „richtigen" Kundensegmente sowie die professionelle und zielgruppengerechte Kundenansprache sind entscheidend für den Unternehmenserfolg.

Der effiziente Verkauf von Produkten und Leistungen bedingt die konsequente Einführung und Umsetzung eines strukturierten Verkaufsprojektmanagements innerhalb eines Vertriebscontrollings.

Das Verkaufsprojektmanagement dient der übergeordneten Zielsetzung, langfristig profitable Kundenbeziehungen aufzubauen und zu nutzen, um somit möglichst viele Einheiten abzusetzen und dabei den Gewinn zu maximieren. Unternehmen müssen demnach in der Lage sein, alle potenziellen Käufer (Leads) zu erkennen und zu tatsächlichen Käufern in Form von Auftragseingängen weiterzuentwickeln.

Von dieser Zielsetzung ausgehend, ergeben sich die folgenden zentralen Fragestellungen für ein Unternehmen:

- Wer sind die potenziellen Kunden?
- Was sind die exakten Bedürfnisse der potenziellen Kunden?
- Wie kann das eigene Unternehmen die speziellen Bedürfnisse des Kunden befriedigen?
- Wie effizient ist das Verkaufsprojektmanagement und wie lässt sich dieses nachhaltig steigern?

Das Instrumentarium *Verkaufsprojektmanagement* – auch als „Opportunity Management" bekannt – hält Antworten auf die besagten Fragen bereit und führt den Vertriebsmitarbeiter in optimaler Weise durch den Verkaufsprozess.

Um ein wirksames Verkaufsprojektmanagement im Unternehmen erfolgreich einzuführen, sind folgende Voraussetzungen zu erfüllen:

- Jedes Unternehmen muss sein individuelles Verkaufsprojektmanagement-Konzept erarbeiten.
- Die Schnittstellen zwischen Mensch und Systemen müssen innerhalb eines Unternehmens eindeutig und systematisch definiert werden.
- Die generelle Akzeptanz der Mitarbeiter muss gegeben sein und vor allen Dingen gelebt werden.
- Zur Erfassung von Verkaufsprojekten und den zugehörigen Informationen bedarf es eines geeigneten CRM-Systems, welches das unternehmensspezifische Verkaufsprojektmanagement abzubilden vermag und die Integration in die Unternehmensprozesse sicherstellt.

Am Anfang steht der „Lead" – die Möglichkeit für ein Unternehmen, Produkte und Leistungen zu verkaufen. Jeder Lead beschreibt und speichert das Interessenpotenzial sowie zusätzliche relevante Daten zum identifizierten potenziellen Käufer. Mit einem Erfolg versprechenden Lead beginnt nun das eigentliche Verkaufsprojektmanagement.

▸ **Definition Verkaufsprojekt** Ein Verkaufsprojekt wird als „überprüfte und qualifizierte Möglichkeit, Produkte oder Leistungen zu veräußern" definiert.

Ein Verkaufsprojekt verkörpert die Hülle des Verkaufsprozesses, aus welchem Aktivitäten, Angebote, Kontrakte und Aufträge resultieren können. Durch die entsprechende Weiterentwicklung und stete Bearbeitung wird der gesamte Verkaufszyklus aktiv gesteuert. Verkaufsprojektmanagement als ein systematischer Managementprozess erfolgt über alle Kontaktkanäle zum (potenziellen) Kunden und verfolgt das Ziel der Wertmaximierung des Kundenportfolios. Folgerichtig erstreckt sich dieses über alle Kundenmanagement-Aktivitäten.

Ein effizientes Verkaufsprojektmanagement ermöglicht somit die klare Fokussierung auf die ertragreichen Kaufinteressen bei den „richtigen" Kunden und Interessenten und gewährleistet zudem eine optimale Steuerung der gesamten Vertriebstätigkeiten inklusive der strukturierten und konsistenten Speicherung der gewonnenen Daten in einem VIS.

Ziel ist es, die Daten im Sinne des Kunden bzw. Interessenten und seinen Bedürfnissen an Produkte und Leistungen zu verwenden. Daraus lässt sich eine nachhaltige Kundenzufriedenheit und Kundenbindung erzielen. Ferner wird das Unternehmen zunehmend in die Lage versetzt, zuverlässige und tragfähige Forecasts zu treffen und gleichzeitig kürzere und effizientere Verkaufszyklen zu realisieren.

3.3 Die Blickwinkel des operativen Vertriebscontrollings

Durch die Etablierung eines unternehmensweiten Verkaufsprojektmanagements innerhalb eines modularen Vertriebscontrollings können Verkaufsprojekte grundsätzlich zuverlässiger qualifiziert und unrentable Verkaufsprojekte frühzeitig eliminiert werden. In Folge dessen ergibt sich eine optimale Ressourcenallokation bezüglich der vorhandenen Vertriebsteams auf die Erfolg versprechenden Projekte.

Aufgrund dieser Nutzendimensionen steigert das professionelle Verkaufsprojektmanagement die Abschlussquoten und damit auch direkt den Umsatz bzw. Ertrag bei maximaler Transparenz und Effizienz in der Bearbeitung eines jeden Verkaufsprojekts.

Vertriebsmethodiken als Standardisierungsgrundlage im Verkaufsprojektmanagement

Im B2B-Umfeld sind die Kunden in der Regel bekannt. Um diese möglichst effizient zu bedienen und den Share of Wallet zu maximieren, werden komplexe Vertriebsmethodiken in den Unternehmen gezielt eingesetzt und trainiert, um das Buying Center des Kunden innerhalb eines professionellen Verkaufsprojektmanagements zu analysieren. Das Ziel des Einsatzes von Vertriebsmethodiken im Rahmen des Verkaufsprojektmanagements ist es, einen effektiven Mehrwert für den Kunden zu schaffen. Zudem sollten die Vertriebsmethodiken ein standardisiertes Vorgehen im Vertrieb ermöglichen, um dem Kunden eine gleich bleibend hohe Qualität im Angebotsprozess zu bieten und die einzelnen Verkaufsprojekte im Vertriebscontrolling vergleichbar zu machen.

Die fünf wichtigsten Vertriebsmethodiken werden im Folgenden kurz vorgestellt (vgl. auch Acquisa 07/2002)

- **Der Klassiker – Die Miller-Heiman-Methode:** Die *Miller-Heiman-Methode* ist ein System für das so genannte „strategische Verkaufen". Der Verkäufer erarbeitet hierbei ein strategisches Konzept, bei welchem so viele Daten über den Kunden und dessen Marktpositionierung gesammelt werden, dass dieser einen zielführenden Verbesserungsvorschlag für den Kunden einbringen kann. Dabei wird unterstellt, dass der Kunde das Produkt lediglich kaufen wird, wenn der Mehrwert in einem Verkaufsgespräch klar dargestellt wird.
Die Methodik zielt dabei auf die Top-Entscheider-Ebene, denn das endgültige „Ja" kommt nach Auffassung von Robert B. Miller und Stephen E. Heiman von einem Entscheider, einem Gremium oder einem Komitee auf Top-Entscheider-Ebene. Dementsprechend muss der Verkäufer an diese herankommen. Um die Voraussetzungen dafür zu schaffen, bedient sich der Miller-Heiman-Methode des Verkaufstrichters. Das heißt: Im ersten Schritt sammelt der Verkäufer so viele Informationen wie möglich über den Kunden. Erst wenn dabei mindestens ein Defizit beim Produkt oder Unternehmen festgestellt wird, kann der Verkäufer den potenziellen Käufer angehen.
Gleichzeitig müssen die Verkäufer jede Schlüsselfigur kennen, die in den Kaufprozess involviert ist, und die Ergebnisse ermitteln, die jeder für seine Entscheidung benötigt. Das Angebot kann nur auf diesem Weg so zugeschnitten werden, dass die Interessen des Gegenübers vollumfänglich gedeckt sind. So werden die Verkaufspläne mit den Zielen

des Kunden verbunden. Egal, ob Abschluss oder nicht, laut Miller-Heimann verkürzt sich dadurch der Zeitraum beim Verkaufsvorgang.

- **Top-Entscheider im Fokus mit dem Power-Base-Prinzip:** Das *Power Base Selling* stellt eine Weiterentwicklung des strategischen Verkaufens dar. Be dieser Methode, die vom Amerikaner Jim Holden entwickelt wurde, geht es darum, die richtige Wettbewerbsstrategie in großen Projekten und schwierigen Situationen zu finden. In solchen Fällen gilt es, den richtigen Ansprechpartner zu suchen. Der Verkäufer muss die Entscheider mit Einfluss kennen lernen und sich in die Welt des Entscheiders hineinversetzen. Denn nach dieser Theorie sind lediglich Entscheider, die einen Mehrwert für das Unternehmen schaffen und diesen auch noch sichtbar machen, die wahren Key Accounts für den Verkäufer. Wenn er erkennt, dass sich aus dem Verkaufsprojekt ein Mehrwert für diesen Key Account ergibt, muss er beginnen, eine informelle Beziehung aufzubauen. Dadurch wird eine Bindung zu einem Entscheider in einer Machtposition hergestellt. Der Verkäufer tritt in die so genannte „Power-Base". Um die richtige Person zu identifizieren, wird der Kunde wie folgt klassifiziert: Ist er ein „Kontakt", ein „Unterstützer" oder gar ein echter „Verbündeter"?

  Hat der Verkäufer einen Verbündeten gefunden, muss er den Kontakt entsprechend pflegen – insbesondere nach Abschluss des Geschäfts. Die stellt gemäß Holden die Eintrittskarte bei allen anderen wichtigen Entscheidern in diesem Unternehmen dar.

- **Das Projekt vor Augen – Die Target-Account-Selling-Methode (TAS):** Im Gegensatz zum Power Base Selling liegt der Fokus beim *Target Account Selling* auf einzelnen Großprojekten, die meist nur von Verkaufsteams betreut werden können. Das Konzept muss stets an aktuellen Verkaufsfällen angewandt und regelmäßig überprüft werden. Langwierige, kostenintensive Verkaufszyklen sollen damit rentabler werden. Hierfür durchleuchtet das Verkaufsteam mit dem Verkaufsleiter das eigene Angebot nach Stärken und Schwächen. Es soll ein strukturierter Prozess ablaufen, der Informationen über den Kunden, das Geschäft und den Wettbewerb hinterfragt. Das Ziel ist es, in Verhandlungen weniger Zugeständnisse machen zu müssen und einen klaren Wettbewerbsvorteil zu definieren. Verkaufsteams, die Projekte bei Großkunden betreuen, können anhand dieser Methode ihren gemeinsamen Arbeitsstil finden.

- **Schwierige Märkte bearbeiten – Das Solution-Selling-Modell:** Der Ansatz des *Solution Selling* hat sich vor allem für erklärungsbedürftige und komplexe Produkte wie E-Business-Lösungen etabliert. Der Verkäufer muss hier die Anforderungen und Probleme des Kunden und dessen Marktes genau kennen, um eine Lösung anbieten zu können. Schwerpunkte dieser Verkaufsgespräche sind meist an die notwendigen Serviceleistungen gekoppelt.

  Um die Kundensituation zu verstehen, müssen primär Hintergrundinformationen gesammelt werden. Wichtig ist bei dieser Methode, dass die Zahlen, auf denen die Kostenberechnung basiert, direkt vom Kunden stammen. Nur so kann der Verkäufer Vertrauen schaffen.

  Im Nachgang muss der Verkäufer gemeinsam mit dem Kunden eine Vision entwickeln, was die Lösung für dessen Geschäft bieten kann. Die Gespräche beginnt der Verkäufer bei diesem Modell typischerweise mit den Worten: „Wenn Sie könnten ..." oder „Stellen Sie sich einmal vor ...". Erst nach dem besagten Arbeitsschritt soll dem Kunden ein Lösungsvorschlag unterbreitet werden. Das Produkt darf in dieser Phase keinesfalls genannt werden.

Nachdem die Kosten exakt feststehen, darf der Verkäufer von bestimmten Produkten oder Dienstleistungen reden. Der Verkäufer muss dann die Lösung nach der betrieblichen Situation des Kunden ausrichten. Der Hintergrund: Das macht es dem Kunden weitaus schwieriger, von wichtigen Bestandteilen Abstand zu nehmen und Einwände zu finden, warum er eines der vorgeschlagenen Produkte nicht erwerben möchte.

Um das Geschäft schließlich zum Abschluss zu bringen, sollte der Verkäufer auf folgende Punkte vorbereitet sein:
- Er muss mit den vorhandenen Daten den Return-on-Investment (ROI) des Kunden berechnen können,
- die Einwände des Kunden müssen mit dem gewonnenen Vorwissen ausgeräumt werden,
- und das Angebot muss auch die Serviceleistungen im Bereich Support und Wartung enthalten.

Mit dem Solution-Selling-Modell beginnt der Verkäufer beim nächsten Geschäft wieder von vorne – selbst wenn der Kunde bereits besteht. In diesem Fall müssen die Daten kontinuierlich auf den neuesten Stand gebracht werden. Solution Selling eignet sich insbesondere für Verkäufer, die serviceintensive und erklärungsbedürftige Produkte anbieten.

- **Psychologie des Fragens – Die Spin-Selling-Methode:** Die *Spin-Selling-Methode* beschäftigt sich hauptsächlich mit der richtigen Fragetechnik und fokussiert sich damit direkt auf das Kundengespräch. Die Art und Weise der Fragestellung steht dabei im Mittelpunkt. Die Vertreter dieser Methode betonen, dass der psychologische Einfluss während des Kundenkontakts ausschlaggebend ist für den Erfolg. Der Verkäufer sollte hierbei verschiedene Fragetechniken nutzen.

Beim ersten Kontakt mit dem Kunden werden hauptsächlich situative Fragen gestellt:
- Was ist Ihre Position?
- Wie viele Mitarbeiter beschäftigen Sie?
- Welche Art von Geschäft betreiben Sie?

Nach Ansicht Neil Rackhams, dem geistigen Vater der Spin-Selling-Methode, werden diese Fragen vermehrt von unerfahrenen Verkäufern gestellt. Erfahrene Verkäufer fragen demgegenüber eher nach Problemen wie: Läuft Ihre Maschine richtig? Wenn der Kunde Schwierigkeiten hat, spiegelt sich das meist in seiner Antwort indirekt wider. Eine solche Situation kann sich folgendermaßen manifestieren: „Es ist schon schwierig, aber irgendwie haben wir gelernt, das Ding zum Laufen zu bringen." Gute Verkäufer haken in einem solchen Fall ein und stellen so genannte Implikationsfragen wie: „Sie sagen, es ist schwierig, die Maschine zum Laufen zu bringen. Welche Auswirkungen hat das auf Ihre Produktion?"

Dadurch entsteht eine Frage-Antwort-Situation, in der ein Verkäufer das Problem in seiner vollen Wirkung dem Kunden vor Augen führen kann. Werden dem Kunden die Schwierigkeiten langsam bewusst, schwenken gute Verkäufer zu expliziten Fragen über. Ein typisches Beispiel: „Ist es für Sie wichtig, dieses Problem zu lösen?" Ein guter Verkäufer spürt, wann der richtige Zeitpunkt gekommen ist, die Fragetechnik zu wechseln. Die Verkaufstrainings mit der Spin-Selling-Methode sollen diese Fähigkeit schulen. Das Ziel ist auch hier, den Kundennutzen zu benennen und explizit in das Angebot einfließen zu lassen.

Folgende elf Kriterien können für die Beurteilung eines Verkaufsprojekts herangezogen werden:

1. **Auftragseinschätzung:** Hinsichtlich des ersten Kriterienpunktes gilt es zu analysieren, welcher finanzielle Nutzen sich (Umsatz, Deckungsbeitrag oder Gewinn) aus dem Auftrag für das Unternehmen ergibt. Ist der Auftrag als hoch eingeschätzt worden, so muss das Angebotsmanagement in umfassenderem Maße betrachtet werden, um die Chancen auf einen Vertragsabschluss zu maximieren. Auch die Verhandlungsphase muss gründlich adressiert werden, um zu einem akzeptablen Vertragsabschluss zu gelangen.
2. **Eintrittswahrscheinlichkeit:** Hier wird eine erste Prognose über das Zustandekommen der Anfrage von Seiten des Vertriebsmitarbeiters abgegeben. Die Eintrittswahrscheinlichkeit wird innerhalb des Verkaufsprojekts von Beginn an bewertet und ist in der Regel mit der Fortführung des Verkaufsprojekts ansteigend. Die Eintrittswahrscheinlichkeit des Auftragsgewinns ist ein verlässlicher Indikator für die Ressourcenallokation im B2B-Umfeld.
3. **Eintrittszeitpunkt:** Der Eintrittszeitpunkt bei Realisierung der Anfrage kann je nach Branche, Produkt oder Unternehmen eine bedeutende Rolle spielen. So muss diesem Kriterienpunkt beispielsweise bei saisonal bedingten Produkten oder wetterabhängigen Rohstofflieferungen, Montagen oder Produktionen eine hohe Bedeutung zugerechnet werden. Birgt der Eintrittszeitpunkt ein *hohes* Risiko, so muss dies im Angebotsmanagement und in der Verhandlung berücksichtigt werden, da sonst eine Weiterbearbeitung wenig Sinn macht.
4. **Risikoeinschätzung:** Die Risikoeinschätzung betrachtet sowohl die finanziellen Risiken als auch Imagerisiken, die durch den Auftragsgewinn entstehen können. Wird die Risikoeinschätzung *hoch* eingestuft, so muss dies im Angebotsmanagement und in der Verhandlung ausdrücklich berücksichtigt werden, damit der Auftrag zufriedenstellend durchgeführt werden kann.
5. **Ressourceninanspruchnahme:** Bei der Annahme eines Auftrags ändern sich die Auslastungen der Ressourcen, wie z. B. Maschinen, Mitarbeiter oder Produktion. Es ist festzustellen, inwieweit diese erhöhte Inanspruchnahme gedeckt werden kann bzw. in welcher Form sie durch den Auftragswert gedeckt ist. Eine hohe Ressourceninanspruchnahme ist zwingend mit der Produktion abzustimmen, um die zeitnahe Fertigstellung

3.3 Die Blickwinkel des operativen Vertriebscontrollings

eines Auftrags bereits im Vorfeld abzusichern. Hierbei wird insbesondere die Grundlage für die Vertragsverhandlungen in Bezug auf einen späteren Lieferverzug gelegt.

6. **Kundenstatus:** Beim Kundenstatus muss der Vertriebsmitarbeiter angeben, ob es sich um einen Neu- oder Bestandskunden handelt (Neukunde; Halber Bestandskunde (ab der 2. Bestellung); Bestandskunde (ab der 3. Bestellung)). Der Kundenstatus hat – isoliert betrachtet – keinerlei Auswirkungen auf die Gewichtungen im Hinblick auf das weitere Vorgehen. Denn unabhängig davon, ob Bestands- oder Neukunde, jeder muss optimal bedient werden, um eine langfristige Kundenbindung aufbauen zu können. Der Kundenstatus kann jedoch ein wichtiges Kriterium für die Vertriebsstrategie und -steuerung sein. So ist es beispielsweise von Bedeutung, hier eine spätere Auswertung hinsichtlich des Neu- und Bestandskundengeschäfts im Verkaufsprojektmanagement zu gewährleisten.

7. **Produktkomplexität:** Mithilfe dieses Kriteriums ist es möglich zu eruieren, wie komplex das Gesamtprodukt ist. Dazu gehören Lieferung, mögliche Vertragsgestaltung und -inhalte sowie Bereitstellung und Ausführung. Wird die Produktkomplexität mit einem hohen Risiko eingestuft, so muss dies in der Ausgestaltung des Angebots und in der Verhandlung berücksichtigt werden.

8. **Auslastungsgrad:** Dieses Kriterium ermittelt, wie sich der Beschäftigungsgrad durch die Annahme des Auftrags verändern wird. Liegt nach Auftragsannahme Unterbeschäftigung vor, ist im Hinblick auf die Durchführung kaum mit Risiken zu rechnen. Sollte es jedoch zur Voll- oder gar Überbeschäftigung kommen, steigt das Risiko, dass unerwartet Mehrkosten auf das Unternehmen zukommen (geringes Risiko: Unterbeschäftigung; mittleres Risiko: Vollbeschäftigung; hohes Risiko: Überbeschäftigung). Führt der determinierte Auslastungsgrad zu einem hohen Risiko, so muss zunächst intern geklärt werden, ob eine weitere Bearbeitung sinnvoll ist oder ob der Auftrag unter keinen Umständen angenommen werden kann. Wird der Auftrag angenommen, muss das Auftragsmanagement eingehend betrachtet werden, damit der Auftrag trotz Überbeschäftigung kundengerecht ausgeführt werden kann.

9. **Strategische Bedeutung:** Die strategische Bedeutung postuliert, welche langfristigen Auswirkungen die Auftragsannahme für das Unternehmen haben kann. Handelt es sich z. B. um einen Auftrag, durch den ein neuer Markt oder gar eine neue Branche erschlossen werden kann? Handelt es sich um einen potenziellen Schlüsselkunden, durch den mit hoher Wahrscheinlichkeit weitere Kunden auf uns zukommen werden?
Insofern befasst sich dieses Kriterium nicht mit operativ kurzfristigen Kennzahlen, sondern legt den Fokus auf die langfristigen bzw. zukünftigen Auswirkungen, die die Annahme des Auftrags auf das gesamte Unternehmen haben kann.

10. **Wettbewerbssituation:** Durch die im ersten Schritt hervorgegangene Marktplanungsphase hat sich der Vertriebsmitarbeiter bereits ein Bild von der vorherrschenden Marktsituation gemacht. Im smart WIZARD ist nun nochmals zu bewerten, wie intensiv sich die Wettbewerbssituation bei der konkret vorliegenden Anfrage präsentiert (geringes Risiko: kaum Mitbewerber; mittleres Risiko: einige Mitbewerber, aber gute Marktposition; hohes Risiko: sehr viele Mitbewerber).

Besteht ein *hohes* Risiko, so muss dem Angebotsmanagement eine erhöhte Bedeutung zugerechnet werden, damit sich der Kunde optimal bedient fühlt und ihm ein individualisiertes Angebot unterbreitet werden kann. Dadurch kann sich das Unternehmen klar vom Wettbewerb abgrenzen und die Chancen auf einen Vertragsabschluss steigern.

11. **Leistungsart:** Hier wird festgehalten, um welche Art der Leistungserbringung es sich bei dem Auftrag handeln soll. Geht es um ein klassisches Standardprodukt aus dem Produktportfolio, eine Produktneueinführung, -weiterentwicklung oder um einen Wartungs- oder Instandsetzungsauftrag? Je nach Leistungsart werden unterschiedliche Leistungsrisiken diagnostiziert:
    - *Geringes Leistungsrisiko:* Standardprodukt, Wartungsauftrag, Instandsetzungsauftrag
    - *Mittleres Leistungsrisiko:* Produkterweiterung, Produktweiterentwicklung
    - *Hohes Leistungsrisiko:* Individuell konzipierter Spezialauftrag, Sonderanfertigung, Produktneueinführung

    Resultiert ein *hohes* Leistungsrisiko, müssen einzelne Kriterien verstärkt untersucht werden, damit sowohl für den Kunden als auch für das eigene Unternehmen sämtliche Risiken abzuschätzen sind.

Die konkrete Kriterienauswahl, die einzelnen Gewichtungen und Risikoeinschätzungen werden dann im „Customizing" definiert, da diese von Unternehmen zu Unternehmen sehr unterschiedlich ausgeprägt und ausgelegt sein können.

**Effizienzsteigerungen durch den praktischen Einsatz
von Vertriebsmethodiken im Verkaufsprojektmanagement**

Der Einsatz einer Vertriebsmethodik innerhalb eines Verkaufsprojektmanagements bietet in der Praxis folgende Vorteile:

- Quantitative Messbarkeit der Mengenwerte im Verkaufsprozess (Anzahl Leads, Vertriebsgespräche, Besuchsberichte, Verkaufsprojekte, Kundenpräsentationen, Angebote, Verträge und Auftragseingänge)
- Qualitative Bewertung wichtiger Verkaufsprojekte und Vergleichbarkeit durch eine standardisierte Vertriebsmethodik
- Klarer Handlungsrahmen und schnelles Einarbeiten für neue Vertriebsmitarbeiter
- Einfache und schnelle Ermittlung von Abschlussquoten für Niederlassungen, Gebietsleiter und Vertriebsmitarbeiter
- Klare Trennung und Analysemöglichkeiten von Neukunden- und Bestandskundengeschäft

Zusammenfassend schafft ein professionelles Verkaufsprojektmanagement mit dem Einsatz einer durchgängigen Vertriebsmethodik mehr Transparenz im Vertrieb, da die Leistungen einzelner Niederlassungen, Bezirke und Vertriebsmitarbeiter im B2B-Geschäft

3.3 Die Blickwinkel des operativen Vertriebscontrollings

in höherem Maße vergleichbar werden. Zudem ermöglicht ein optimales Verkaufsprojektmanagement die Selbststeuerung durch den Vertriebsmitarbeiter sowie eine gründliche Ursachenforschung und das frühzeitige Eingreifen durch die Vertriebsleitung bei unzureichenden Abschlussquoten.

Die Effizienzsteigerungen sind je nach Einsatz des Verkaufsprojektmanagements beachtlich:

- Allein die Transparenz schafft Effizienzsteigerungen, da schwache Leistungen im Vertrieb evident werden.
- Die Durchlaufzeiten von Verkaufsprojekten von der Akquise bis zum Vertragsabschluss werden häufig erstmals transparent und können optimiert werden.
- Das Verhältnis von Vertragsabschlüssen zu Akquisen kann berechnet und verbessert werden.
- Große Verkaufsprojekte werden optimal für den Kunden durchgeführt und wichtige Fragestellungen werden zwangsläufig analysiert, da die Ergebnisse dokumentiert werden.
- Sämtliche Verkaufsprojekte verlaufen innerhalb vordefinierter Vertriebsstufen. Dies ermöglicht individuelle Prüfungen im Verkaufsprozess im Rahmen der VIS und realisiert Effizienzsteigerungen durch geringere Einarbeitungszeiten bei neuen Mitarbeitern durch das standardisierte und unterstützte Vorgehen sowie einen höheren Automationsgrad bei der Bearbeitung von Kundenanfragen.

Es gilt zu erwähnen, dass die besagten Effizienzsteigerungen nur realisiert werden können, wenn der Mensch und dessen Bedürfnisse ausdrücklich im Verkaufsprojektmanagement berücksichtigt werden. Die Vertriebsstufen in einem Verkaufsprojektmanagement sind so zu definieren, dass sie das tägliche B2B-Geschäft widerspiegeln. Des Weiteren sollte das Verkaufsprojektmanagement sukzessive vervollständigt werden, um die Vertriebsmannschaft mittelfristig auf die Standardisierung vorzubereiten – ansonsten drohen Widerstände, die im Nachgang nur schwerlich zu beseitigen sind. Die Implementierung muss daher durch entsprechende Change-Management-Bemühungen begleitet werden. Auf diesem Wege lassen sich Effizienzsteigerungen nachhaltig realisieren.

4 Organisatorische Verankerung eines Vertriebscontrollings

Die Implementierung eines Vertriebscontrollings ist mit organisatorischen Veränderungen verbunden. Unternehmens- und Vertriebsleitung müssen gemeinsam entscheiden, wer die Aufgaben des Vertriebscontrollings übernimmt, welche Art der organisatorischen Einbindung für das jeweilige Unternehmen richtig ist und auf welchem Weg das Vertriebscontrolling implementiert wird.

4.1 Träger des Vertriebscontrollings

Das Management bestimmt den auf die Bedürfnisse des jeweiligen Vertriebs abgestimmten Aufgabenumfang des Vertriebscontrollings. Gleichsam muss entschieden werden, wer diese Aufgaben übernimmt.

Es ist nicht zwingend notwendig, für alle Aufgaben eigene Positionen zu besetzen, da einige Aufgaben bereits partiell in Stellenbeschreibungen des klassischen Vertriebs enthalten sind. Beispielsweise ist es Aufgabe der Vertriebsleitung, die Vertriebsstrategie zu planen, und der Vertriebsmitarbeiter betreut seine Kunden inklusive deren Analyse.

Die tägliche Arbeitsbelastung von Vertriebsleitung und einzelnen Vertriebsmitarbeitern ist in der Praxis allerdings häufig so hoch, dass kaum Zeit für ein effizientes Vertriebscontrolling bleibt. Die Informations-, Koordinations- und Kontrollaufgaben des Vertriebscontrollings sind daher anders zu verteilen.

Grundsätzlich kann man unterschiedliche Träger des Vertriebscontrollings in Erwägung ziehen.

- **Externer Vertriebscontroller**
  Die Übernahme der Aufgaben des Vertriebscontrollings durch Dritte hat wesentliche Vor- und Nachteile. Die Vorteile liegen in der Unabhängigkeit von Dritten und den geringen variablen Kosten, die durch einen externen Vertriebscontroller nur bei Bedarf anfallen. Wesentliche Nachteile sind die Weitergabe von sensiblen Informationen an

Dritte und die geringen Detailkenntnisse von Dritten. Diese Variante ist für kleine bis mittelständische Firmen interessant, um die Kosten eines Vertriebscontrollings zu minimieren und eventuell zusätzliches Know-how zu kaufen.

- **Zentraler Vertriebscontroller**
Ein zentrales Vertriebscontrolling kann über ein bereits bestehendes Controlling verrichtet werden. Vorteilhaft ist die Nutzung bereits bestehender Controllingstrukturen und -kenntnisse und die dadurch vergleichsweise geringen Zusatzkosten, wenn das Vertriebscontrolling keine volle Stelle rechtfertigt. Nachteilig ist die vergleichsweise geringe Kenntnis der Vertriebsinterna und der Abstand zwischen Controlling und Vertrieb. Die Integration ist auf diesem Wege schwer herzustellen.
- **Dezentraler Vertriebscontroller**
Die Übertragung der Aufgaben auf einen speziellen Vertriebscontroller, der dezentral in der Vertriebshierarchie eingeordnet ist, ist besonders wünschenswert. Auf diesem Weg wird gewährleistet, dass der Mitarbeiter sich vollends auf seine Aufgabe der Informationsversorgung, der Koordination und der Kontrolle „seines" Vertriebsbereichs konzentrieren kann. Der Mitarbeiter kann durch diese Position die Anforderungen und Bedürfnisse besser erkennen.

Die dritte Variante einer Position eines eigenständigen Vertriebscontrollers oder einer eigenständigen Abteilung für das Vertriebscontrolling ist sicherlich mit den höchsten Kosten verbunden. In der Regel wird diese Variante in stark vertriebsorientierten Unternehmen präferiert. Der Nutzen wird aber gerade in den komplexen Vertriebsstrukturen der heutigen Zeit besonders hoch sein. Das Kosten-Nutzen-Verhältnis ist daher bei der individuellen Entscheidung für den Träger des Vertriebscontrollings strengstens zu beachten.

4.2 Organisatorische Einbindung

Die Art der organisatorischen Einbindung ist abhängig von der Entscheidung über den Träger des Vertriebscontrollings. Die Ausstattung mit Kompetenzen und die formale Stellung des Vertriebscontrollers wird als organisatorische Einbindung definiert.

Im Fall des externen Vertriebscontrollers ist keinerlei organisatorische Einbindung erforderlich. Es muss lediglich für eine Arbeitsgrundlage zwischen Vertrieb und externem Vertriebscontroller gesorgt sein.

Das zentrale Vertriebscontrolling ist in der Regel bereits im Unternehmen institutionalisiert. Die Kompetenzen und die formale Stellung im Zusammenspiel mit dem Vertrieb sollten daher bereits etabliert und klar umrissen sein.

Das dezentrale Vertriebscontrolling wird eigens geschaffen. Die Kompetenzen und die formale Stellung des dezentralen Vertriebscontrollers sind zu definieren. Allgemein bedeutet dies, dass es zu Überschneidungen der Kompetenzen zwischen Vertriebscontroller und Vertriebsleitung kommen kann. Die Sicht des Vertriebscontrollings zur Unterstützung der

Vertriebsleitung bei strategischen und operativen Aufgaben mindert aber die Kompetenzüberschneidungen.

Der Vertriebscontroller sollte auf die Methoden und das Wissen des zentralen Controllings und des Vertriebs zugreifen können. Daher sollte eine organisatorische Verbindung des dezentralen Vertriebscontrollers zum zentralen Controlling vorhanden sein.

Der Vertriebscontroller bildet ein Team mit den Vertriebsverantwortlichen. Die Aufgabe des Vertriebscontrollers ist die Vorbereitung und Kontrolle von Entscheidungen, die die Vertriebsverantwortlichen selbst treffen müssen.

4.3 Implementierung

Grundsätzlich bietet sich bei jedem Implementierungsvorhaben ein eigenständiges Projekt an, das nur zu diesem Zweck aufgesetzt wird. Der Erfolg eines eigenständigen Projekts ist jedoch an einige Voraussetzungen gebunden:

- Der Vertrieb besitzt das Personal und sonstige Ressourcen, um das Projekt durchzuführen und das anschließende Vertriebscontrolling auszuführen. Die Implementierungsressourcen können allerdings auch kurzfristig zugekauft werden.
- Das Personal zur Implementierung des Vertriebscontrollings ist identifiziert sowie zeitlich und örtlich verfügbar.
- Das Personal ist oder wird vor Beginn der Implementierung in den benötigten Methoden geschult.
- Die Projektziele, der Projektfortschritt und -erfolg werden ausreichend kommuniziert.

Bei Implementierungsbeginn ist zu prüfen, ob ein Vertriebscontrolling mit den benötigten Ressourcen während und nach der Implementierung vom Vertrieb besetzt werden kann. Kritisch ist die Phase nach der Implementierung, also das eigentliche operative Geschäft, da das Projekt durch externe Partner wie Unternehmensberatungen durchgeführt werden kann.

Die Praxis beweist, dass die Mitarbeiter einen besseren Projektbezug haben, wenn sie bereits in der Entstehungsphase aktiv eingebunden werden. Wird das Projekt allein von einer externen Partei ausgeführt und den Mitarbeitern konzeptionell nur „übergestülpt", verschlechtert sich die Akzeptanz des Vertriebscontrollings rapide, da sich die Mitarbeiter nicht unterstützt, sondern vom Management überwacht fühlen.

Dieses Verhalten wird durch die Rollentheorie bestätigt, die das Gruppenverhalten untersucht (vgl. Backhaus 2003). Innerhalb eines Projekts kann zwischen Promotoren und Opponenten unterschieden werden, welche nochmals hinsichtlich ihres organisatorischen Einflusses (Macht) und ihres Wissens (Fach) unterteilt werden.

Die **Machtpromotoren oder -opponenten** zeichnen sich durch ihre Position in der Organisationshierarchie aus. Sie werden benötigt, um die notwendigen Entscheidungen im

Projekt zu treffen und organisatorisch zu verantworten. Eine Position, die diese Aufgabe erfüllen kann, ist beispielsweise der Vertriebsleiter.

Das Management muss für eine erfolgreiche Implementierung eines Vertriebscontrollings die Schlüsselpositionen identifizieren und die Personen, die mit der Position verknüpft sind, von der Mitarbeit überzeugen. Beispielsweise wird es nicht gelingen, ein Vertriebscontrolling einzuführen, wenn der Bereichsvorstand, dem der Vertrieb organisatorisch zugeteilt ist, nicht von dessen Nutzen überzeugt ist. Gelingt es nicht, die hierarchisch wichtigen Personen für das Projekt zu gewinnen oder werden diese sogar außen vorgelassen, so werden diese eventuell durch gekränkte Eitelkeit zu Opponenten des Projekts und bündeln ihre Kraft mit anderen Opponenten, um das Projekt scheitern zu lassen.

Die **Fachpromotoren oder -opponenten** sind die Mitarbeiter, die das Wissen haben, um das Projekt zum Erfolg oder Misserfolg zu führen. Diese Mitarbeiter können besonderes Wissen über die Durchführung von Projekten erworben haben oder besitzen Fachwissen zum Vertriebscontrolling, das sie durch ihre tägliche Arbeit erworben haben. Das Interesse dieser Mitarbeiter ist in der Regel finanzieller oder karrieristischer Art. Sie sollten unter Aussicht auf eine Beförderung mit einem verbesserten Salär oder einem vergrößerten Verantwortungsbereich aktiv in das Projekt eingebunden sein. Gelingt die Einbindung dieser Fachpromotoren, so ist ein wichtiger Schritt in die Richtung des Projekterfolgs getan, da das nötige Wissen abgeschöpft und konserviert werden kann. Scheitert der Einbezug der Schlüsselpersonen mit dem notwendigen Wissen, wird es sehr schwierig, den langfristigen Projekterfolg zu gewährleisten.

▸ **1. Implementierungsgrundsatz** Die Machtpromotoren verfügen über die benötigte Entscheidungsbefugnis und die Fachpromotoren über das nötige Wissen, um die Implementierung eines Vertriebscontrolling erfolgreich zu gestalten.

Nachdem die benötigten Ressourcen für das Projekt gewonnen wurden und sichergestellt ist, dass diese zeitlich und örtlich verfügbar sind, ist darauf zu achten, dass die notwendigen Methodenkenntnisse bezüglich Projektdurchführung und Vertriebscontrolling vorhanden sind. In der Regel wird diese Arbeit in einem allgemeinen **Kick-off-Meeting** mit anschließender Vertiefung des Wissens in **Folgemeetings in der ersten Projektwoche** erreicht.

Die Mitarbeiter werden im ersten Meeting über den aktuellen Status und die Projektziele informiert. In weiteren Meetings werden die einzelnen Werkzeuge erläutert, die den Projekterfolg gewährleisten. Dieses Vorgehen hat sich in der Praxis besonders bewährt, da einige Werkzeuge wie Projektpläne gerade auf unteren Hierarchieebenen nicht zum alltäglichen Geschäft gehören. Eine frühzeitige Erläuterung verringert spätere Missverständnisse und gewährleistet, dass alle Projektmitglieder die gleichen Startbedingungen haben.

▸ **2. Implementierungsgrundsatz** Die Methoden, die während und nach der Implementierung verwendet werden, müssen von den Mitarbeitern verstanden werden.

4.3 Implementierung

Die Implementierung eines Vertriebscontrollings wird durch eine hohe Aufmerksamkeit der Vertriebsmitarbeiter hervorrufen. Diese ist durch einen generellen Informationsbedarf und durch Ängste begründet. Letztere entstehen, da viele Mitarbeiter ein Controlling noch immer als „Kontrolle" deuten. Der Aspekt der Information und der Koordination ist nicht weit verbreitet. Es bedarf demnach einer ausführlichen Informationsstrategie während der Implementierung, um keine Mythen bei den Vertriebsmitarbeitern aufkommen zu lassen.

Eine gute Informationsstrategie beinhaltet eine allgemeine Information in Form eines Rundschreibens per E-Mail oder Brief vor Projektstart oder, noch besser, mit einer eigens eingerichteten Intranetseite. Dadurch wird vermieden, dass die Mitarbeiter lediglich Vermutungen darüber anstellen, zu welchem Zweck das Projektteam zusammengestellt wird. Hat sich der Rationalisierungs- und Kontrollgedanke bei den Mitarbeitern erst einmal festgesetzt, ist diese Vermutung schwer in den Köpfen zu revidieren. Starten Sie Ihre Informationsstrategie daher frühzeitig!

Während des Projekts sollten die Mitarbeiter auf demselben Weg (E-Mail, Brief, Intranet) über den Projektfortschritt und die -erfolge unterrichtet werden. Geben Sie zu diesem Zeitpunkt einen Ausblick auf die Zukunft. Es kann bereits darüber berichtet werden, wie das Vertriebscontrolling den Mitarbeitern in der Zukunft helfen kann. Das schafft eine positive Grundeinstellung bei den Mitarbeitern und baut Ängste ab. Beziehen Sie während des Projekts Führungskräfte aktiv als Multiplikatoren ein, die die Mitarbeiter zusätzlich informieren.

▸ **3. Implementierungsgrundsatz** Informieren Sie die Mitarbeiter vor und während des Projekts ausführlich über Fortschritte und Erfolge.

Vertriebsinformationssysteme (VIS) 5

5.1 Die unterstützende Komponente

Die Vertriebsinformationssysteme bilden das Fundament des Entscheidungsprozesses im Vertrieb. Sie liefern Vertriebscontroller und Management die Unterstützung, um die notwendigen Entscheidungen kurzfristig und effizient treffen zu können. Was heute als selbstverständlich gilt, war in der Vergangenheit nicht gegeben. Früher waren Planungen, die heute sehr kurzfristig möglich sind, aufwendig und schwer zu überarbeiten. Die gestiegenen Anforderungen an Vertriebsleitung und Controlling durch stark fluktuierende Märkte machten die Weiterentwicklung der Vertriebsinformationssysteme unerlässlich.

Die wesentlichen Vertriebsinformationssysteme (VIS) sind:

1. Back-End-Systeme (zum Beispiel ERP-Systeme von SAP, Oracle, Microsoft etc.)
2. Front-End-Systeme (zum Beispiel SAP CRM, Oracle CRM Siebel, Microsoft CRM, salesforce.com, Update, CAS etc.)
3. Management Informationssysteme (zum Beispiel IBM (Cognos), SAS, SAP BW, Oracle BI etc.)

Die Zwecke der Vertriebsinformationssysteme sind unterschiedlicher Art und aus der Historie der VIS entstanden (vgl. Abb. 5.1).

5.1.1 Back-End-Systeme in den 1980er-Jahren

Zeitlich gesehen wurden die Back-End-Systeme zuerst in hohem Umfang eingesetzt, um den Vertrieb zu unterstützen. Die deutsche Firma SAP ist einer der größten Anbieter von Back-End-Systemen (auch als ERP-Systeme bekannt). Diese Systeme wurden in erster Linie dazu entwickelt und eingesetzt, um die Buchhaltung und den Jahresabschluss zu un-

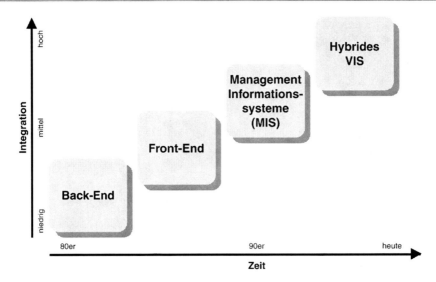

Abb. 5.1 Historie der wesentlichen Vertriebsinformationssysteme (VIS)

terstützen. Später wurden sie um Funktionalitäten für Vertrieb und Produktion ergänzt (beispielsweise SAP Modul SD für Vertrieb und Distribution).

Der Name deutet an, dass diese Systeme vornehmlich in Firmen intern (Back-End), beispielsweise für die Auftragsabwicklung, eingesetzt wurden. Die Funktionalitäten waren darauf ausgerichtet, die Aufträge zu erfassen, abzufertigen und den Kunden die Waren in Rechnung zu stellen. Die Stammdaten wurden im System vorgehalten und konnten bei Bedarf abgerufen werden, allerdings war die Bedienung nicht besonders komfortabel und die Performance nicht mit heutigen Systemen zu vergleichen. Die Vertriebsmitarbeiter nutzten daher für ihre tägliche Arbeit zusätzliche Hilfsmittel, und die Aufträge wurden regelmäßig manuell auf einem Formblatt erfasst und an den Innendienst zur Auftragseingabe weitergeleitet.

5.1.2 Front-End-Systeme in den 1990er-Jahren

In den 1990er-Jahren entstand die technische Möglichkeit, umfassende Informationen über die Kunden beim direkten Kundenkontakt (Front-End) zu sammeln und aktiv im Vertriebsprozess zu nutzen. Möglich wurde die Erhebung der Kundendaten vor Ort durch den technischen Fortschritt mit Notebooks, die erstmalig ein mobiles Arbeiten zu einem fairen Kosten-Nutzen-Verhältnis ermöglichten. Hilfreich war zudem die Verbreitung von Tabellenkalkulationsanwendungen wie Microsoft Excel.

Notwendig wurde eine umfassende Informationserfassung durch die zunehmende Marktmacht der Kunden. Zur Bewältigung der höheren Kundenmacht wurde der Gedanke entwickelt, alle Unternehmensprozesse auf den Kunden auszurichten und diesen erfolgreich an das Unternehmen zu binden. Der Überbegriff für diese Managementphilosophie war und ist Customer Relationship Management (CRM).

Natürlich war die operative Umsetzung von CRM nur mit einem entsprechenden Werkzeug zu vollziehen. Es entstand eine Generation von CRM-Systemen, welche insbesondere durch den damaligen Weltmarktführer Siebel nachhaltig geprägt wurde. Das neue und hervorstechende Merkmal der CRM-Systeme war deren explizite Nutzung durch die Vertriebsmitarbeiter. Die Front-End-Systeme ergänzten die Back-End-Systeme, da deren Kernfunktionalitäten nicht nur in der Auftragsabwicklung, sondern in der Sammlung von Kundendaten und der besseren Kundenansprache bestanden.

Die Front-End-Systeme hatten in den 1990er-Jahren allerdings eher deskriptiven Charakter. Die Stammdaten und Merkmalsausprägungen je Kunde wurden erfasst, und dadurch wurde ein besserer Überblick über das Kundenportfolio erlangt. In der Regel wurde das Front-End-System mit dem Back-End-System über eine Schnittstelle verbunden, um den Belegfluss eines Auftrags zu gewährleisten. Die Integration von unterschiedlichen Systemen wurde gezielt vorangetrieben, um den Vertriebsnutzen zu maximieren.

5.1.3 Systemintegration und Management Informationssysteme im neuen Jahrtausend

Seit Beginn des neuen Jahrtausends ist das Zeitalter des Data Warehousing angebrochen. Nachdem viele Unternehmen bereits ein intaktes Back-End- und Front-End-System besitzen, stehen sie vor der Aufgabe der systemübergreifenden Informationsaufbereitung. Zu diesem Zweck wird die anfängliche Systemintegration der 1990er-Jahre noch stärker vorangetrieben. Die heutigen Technologien anhand von offenen Systemarchitekturen (auch bekannt als service-orientated-architecture (SOA)) verwässern die Systemgrenzen immer weiter.

Das heutige Ziel ist eine Integration aller wichtigen Informationssysteme und Aufbereitung der Daten in einem MIS, um eine ganzheitliche Informationsbasis für Steuerungszwecke zu erhalten. Das Bedürfnis einer ganzheitlichen Informationsbasis ist im Vertrieb besonders ausgeprägt, da die Vertriebsmitarbeiter und die Vertriebsleitung oft mit so genannten hybriden Kunden, die für den Vertrieb schwer einzuschätzen sind, und stark fluktuierenden Märkten mit wechselnden Kundenbedürfnissen konfrontiert sind.

▸ **Hybride Kunden** Ein Kunde wird als hybrid bezeichnet, wenn er beispielsweise ein Luxusauto wie Jaguar fährt, aber dennoch seine Lebensmittel beim Discounter Aldi kauft.

Die früheren Verhaltensmuster wie „Fahrer eines Luxusautos kauft hauptsächlich gehobene Lebensmittel" greifen heute nicht mehr. Dadurch ist es heute schwieriger für die Vertriebsverantwortlichen, die Kunden gezielt und effizient anzusprechen. Die CRM-Systeme können das Kundenverhalten in Form von Datensätzen pro Auftrag oder Kundenanfrage zwar erfassen, aber sie helfen dem Management oder dem Vertriebsleiter wenig bei der Begründung oder Aufdeckung der neuen Verhaltensmuster.

Der Einsatz eines Management Informationssystems (MIS) oder Business-Intelligence-Systems in Kombination mit voll-integrierten Systemen im Vertrieb behebt diesen Zustand. Ein MIS kann die Verhaltensmuster von Kunden aufdecken und bei der Bildung von Kundengruppen mit ähnlichen Verhaltensmustern behilflich sein. Die Vertriebsleitung lernt so, welche Kundenbedürfnisse die Kaufentscheidung beeinflussen, und kann versuchen, die Kundennachfrage zu prognostizieren und die Gewinne zu maximieren.

Ein wichtiger Faktor ist heute insbesondere die Zeit. Die heutigen VIS sind stärker integriert als je zuvor. Für den Endbenutzer ist eine Trennung zwischen den einzelnen Systemen und Daten nicht mehr erkennbar. Der Endbenutzer sieht heutzutage in seiner 360 Grad-Kundensicht die Stammdaten, die aus Daten des CRM- und des ERP-Systems bestehen. Darüber hinaus sieht er in der gleichen Ansicht eine Auswertung, die auf Basis aller Kundendaten aus dem DWH angezeigt wird. Zudem werden Daten aus Fremdsystemen zur Laufzeit über so genannte „virtuelle Komponenten oder Objekte" angezeigt. Diese Verschmelzung der einzelnen Systeme in Informationssysteme für Vertriebsmitarbeiter und -management wird „Hybrides Vertriebssystem (VIS)" genannt. Hierbei verschmelzen auch die herkömmlichen On-Premise-Systeme (auf dem Rechner installiert) mit den On-Demand-Systemen (gemietetes System, was von einem Provider gehostet wird).

▶ **Hybrides Vertriebssystem (VIS)** Ein VIS wird als hybrid bezeichnet, wenn alle verfügbaren Vertriebsinformationen in einem System verschmelzen und dem Nutzer über ein Portal angezeigt werden. Die zugänglichen Informationen fließen aus einem ERP, CRM, DWH oder anderen Systemen ein.

Die Verschmelzung der Systeme geht so weit, dass Systeme, die im eigenen Unternehmen gehostet werden (On-Premise-Systeme) mit gemieteten Lösungen (On-Demand/Software-as-a-Service) integriert sind.

Jedes der vorab beschriebenen Vertriebsinformationssysteme hatte unterschiedliche Zwecke, um den Vertrieb bei seinen Aufgaben zu unterstützen. Eines hatten die Systeme allerdings alle gemein: Sie dienten der Dateneingabe beziehungsweise -gewinnung und deren abschließender Auswertung, die heutzutage via iPad, Internet etc. jederzeit und an jedem Ort möglich sein muss.

Diese beiden Zielsetzungen von Vertriebsinformationssystemen und deren heutige Möglichkeiten sollen im Folgenden erörtert werden.

5.2 Die systematische Informationsgewinnung

Ein Bereich, dessen Entscheidungsfindung und Erfolg wesentlich von Informationen abhängt, ist der Vertrieb. Informationen werden benötigt, um Kunden beispielsweise Preise, Produktverfügbarkeiten und Lieferzeiten zu nennen. Die Güte der Informationen hängt von der Genauigkeit bei der Informationsgewinnung und -bereitstellung ab. Der Vertriebscontroller sollte dem Management raten, die im Unternehmen oder am Markt verfügbaren Vertriebsinformationssysteme gezielt zu nutzen, um die Vertriebseffizienz zu steigern und die Vertriebsaktivitäten auf Basis einer aktuellen und akkuraten Datenbasis zu steuern.

Die Informationsgewinnung ist im Vertrieb komplexer als in anderen Unternehmensbereichen, da der Vertrieb lokale (Innendienst) und mobile Mitarbeiter (Außendienst) hat. Die Informationsgewinnung im Innendienst ist durch das während der Arbeitszeit verfügbare Unternehmensnetzwerk gewährleistet. Gewonnene Informationen können durch den Mitarbeiter direkt im System eingegeben werden. Ein Zeitversatz zwischen Informationsgewinnung und -eingabe existiert heute nur in Ausnahmefällen, da mobile Endgeräte heute im Vertrieb der Standard sind. Hier stellt sich eher die Frage, ob die mobilen Endgeräte durch die Außendienstmitarbeiter auf Reisen auch wirklich genutzt werden bzw. für die jeweiligen Arbeitsschritte vor Ort praktikabel sind.

Manchmal können die Außendienstmitarbeiter ihre mobilen Endgeräte vor Ort nicht nutzen und haben somit auf Reisen nicht immer unmittelbaren Zugriff auf die Daten. Beispielsweise ist dies häufig der Fall, wenn es sich um Vertrieb auf Baustellen handelt oder wenn die Nutzung der Geräte im Beratungsgespräch beispielsweise im Vertrieb von Luxusgütern oder im pharmazeutischen Außendienst nicht durchweg praktikabel ist. Die Informationen, die während eines Kundenbesuchs gewonnen werden, werden daher manchmal nicht unmittelbar eingegeben werden.

Eine Möglichkeit, um die Informationen schnell in das System einzugeben, ist deren Weitergabe an den Innendienst per Telefon. Dieses Vorgehen birgt allerdings die Gefahr des Informationsverlusts und ist mit einem Medienbruch verbunden. Gleichwohl spart es Zeit im Außendienst.

▶ **Medienbruch** Ein Medienbruch ist im Vertrieb vorhanden, wenn der Außendienstmitarbeiter einen Auftrag oder eine anderweitige Information direkt im Vertriebsinformationssystem erfassen könnte, diese aber beispielsweise erst auf einem Block oder Formblatt notiert, um sie dann später einzugeben. Bei der nochmaligen Erfassung derselben Information können Schreibfehler auftreten oder Informationen sogar vollständig verloren gehen.

Neben der zeitlichen Diskrepanz der Informationsgewinnung beim Außendienst ist die Informationsqualität für spätere Auswertungen für den Vertriebscontroller maßgeblich. Er sollte daher mit den wesentlichen Möglichkeiten von Vertriebsinformationssystemen vertraut sein, um diese für seine Zwecke auszuschöpfen.

Zunächst ist zu prüfen, welche Gruppen von Mitarbeitern die Informationsbasis hauptsächlich schaffen. Handelt es sich vorrangig um Innendienstmitarbeiter, so ist die Informationsqualität kritischer als der Zeitversatz bei der Informationsgewinnung. Im Falle der vorrangigen Datenerfassung durch den Außendienst ist zu prüfen, ob ein Zeitversatz entsteht und wie dieser operativ begründet ist. Einerseits kann der Zeitversatz – wie oben skizziert – durch die telefonische Informationsweitergabe an den Innendienst entstehen;

andererseits können gewonnene Informationen erst am Abend in das System eingespielt werden. Beide Alternativen sind in der Praxis durchaus gängig.

Nachdem festgestellt wurde, ob die Informationsqualität oder der Zeitversatz kritisch ist, muss der Vertriebscontroller gemeinsam mit dem Management überlegen, wie der Problematik mittels neuer Informationstechnologien begegnet wird.

Technische Möglichkeiten, um die Informationsqualität sicher zu stellen und den Zeitversatz zu minimieren, sind

Systemrestriktionen

Die Informationsqualität wird erheblich erhöht, wenn schon bei der Informationsgewinnung zwingend notwendige Daten abgefragt werden. **Arbeitsanweisungen** für den Vertrieb können vorgeben, dass bestimmte Informationen in das VIS einzutragen sind. Diese Variante ist allerdings nicht ausreichend, da Arbeitsanweisungen oftmals missachtet werden.

Der Variante der Arbeitsanweisungen sind klare Systemrestriktionen wie **Datenvalidierungen** in Kombination mit Dublettenprüfungen vorzuziehen, die ein gewisses Maß an Informationsqualität gewährleisten. Ein Vertriebsmitarbeiter kann einen Datensatz bei definierten Regeln nur anlegen, wenn die Informationen fachlich korrekt eingegeben werden und der Datensatz noch nicht im System existiert. Eine Datenvalidierung muss allerdings mit klaren Fehlermeldungen für den Mitarbeiter einhergehen, falls die Regeln verletzt werden. Erfolgen keine verständlichen Fehlermeldungen, so ist der Mitarbeiter häufig überfordert, fühlt sich kontrolliert und zweifelt die Handhabung des Systems an. Dies führt zu Unzufriedenheit in der Vertriebsmannschaft und verringert die Systemakzeptanz.

Der Vertriebscontroller sollte auf sinnvolle Datenvalidierungen achten und die Vertriebsmitarbeiter auf deren Nutzen in Form einer Hilfestellung hinweisen. Jegliche Datenvalidierungen müssen in enger Zusammenarbeit zwischen den Funktionsbereichen Vertrieb, Controlling und Informationstechnologie (IT) definiert werden. Nur auf diesem Wege wird die nötige Akzeptanz geschaffen und die Informationsqualität für spätere Analysen gewährleistet.

Eine Kombination von Datenvalidierungen mit Vorschlagswerten und Wertelisten erhöht die Informationsqualität. Ein **Vorschlagswert** ist ein Wert, der bei Anlage eines neuen Datensatzes automatisch durch das System gesetzt wird. Beispielsweise könnte bei Anlage eines neuen Kunden automatisiert der Wert „aktiv" für den Kundenstatus gesetzt werden. Üblicherweise werden Werte gesetzt, die die Mitarbeiter am häufigsten bei der Dateneingabe setzen müssen. Auch bei dieser Disziplin müssen die Funktionsbereiche eng zusammenarbeiten, da bei operativen Abweichungen keine Eingabehilfe, sondern Mehrarbeit für den Mitarbeiter entsteht.

Die Implementierung von **Wertelisten** ist ebenfalls sinnvoll, da sie die Kategorisierung der Informationen und deren spätere Auswertung erleichtern. Grundsätzlich ist zwischen starren und variablen/erweiterbaren Wertelisten zu unterscheiden. Ist eine feste Werteliste für ein Feld definiert, so kann der Mitarbeiter ausschließlich Werte aus der Liste auswählen. Diese Art von Werteliste ist bei besonders kritischen Informationen wie Auftragstypen, die vom Front-End-System in das Back-End-System überspielt werden, zu präferieren. Eine variable/erweiterbare Werteliste liegt vor, wenn der Mitarbeiter andere als die vorgegebenen Werte in das Feld eintragen kann oder die Werteliste sogar um seinen Eingabewert für andere Nutzer erweitert wird. Letzteres ist aus Sicht der Datenqualität natürlich kritisch zu sehen.

Ein Minimum an Datenqualität bei der Informationsgewinnung wird demnach gewährleistet, wenn in den verschiedenen Objekten der VIS zahlreiche Datenvalidierungen in Kombination mit sinnvollen Vorschlagswerten und starren Wertelisten definiert sind. Eine erhöhte Datenqualität wird mit Dublettenprüfungen auf Basis von Fuzzy-Algorithmen gewährleistet.

Exklusive Benutzeridentitäten

Auf den ersten Blick sind exklusive Benutzeridentitäten nichts Besonderes. Jeder kennt es aus seinem eigenen Unternehmen: ein Benutzername und ein Benutzerkennwort werden zugewiesen, und das VIS kann mit bestimmten Berechtigungen genutzt werden.

Leider findet man dieses ideale Szenario in der Unternehmenspraxis nicht immer so vor. Manchmal benutzen Auszubildende oder Hilfskräfte die Benutzerkennung von anderen Vertriebsmitarbeitern. Dieses Vorgehen ist aus Sicht des Vertriebscontrolling mithilfe des Funktionsbereichs IT strikt zu unterbinden, da Fehlverhalten nicht mehr eindeutig zugeordnet werden kann. Die IT und der Vertrieb müssen von Beginn an darauf achten, dass jeder Vertriebsmitarbeiter eine eigene Benutzerkennung besitzt. Moderne Unternehmen nutzen ein so genanntes Single-Sign-On, wo sich der Nutzer für alle Anwendungen nur einmal identifizieren muss.

In den modernen VIS wie *Oracle CRM, SAP CRM oder Microsoft CRM* sind die Benutzerkennungen für die Datensätze automatisch hinterlegt. Bei einer geringen Informationsqualität können Stichproben auf die Informationsqualität einzelner Benutzergruppen gemacht und zur Steuerung verwendet werden. Natürlich sind bei einer solchen Datenanalyse die geltenden Datenschutzgesetze zu beachten. Allerdings ist der Analysezweck nicht die Kontrolle und Bloßstellung von einzelnen Vertriebsmitarbeitern. Eine Vernachlässigung der Datenqualität hat Ursachen, die es zu ergründen gibt. Eventuell sind die Vertriebsmitarbeiter überlastet oder kommen mit dem VIS nicht zurecht. In diesen Fällen besteht Handlungsbedarf, um die Informationsqualität durch Schulungen, gezieltere Arbeitsanweisungen oder Systemhilfen zu verbessern. Generell sollte aber auf Benutzergruppen wie „Verkaufsteam West" gezielt werden, um die einzelnen Mitarbeiter nicht zu demoralisieren.

Organisationsstrukturen, Positionen und Verantwortlichkeiten

Die Implementierung eines VIS erfordert es, die Organisationsstruktur mit Rollen, Positionen und Verantwortlichkeiten für einzelne Mitarbeiter im System abzubilden Das Nutzerkonzept heutiger Systemgenerationen baut auf der hinterlegten Organisationsstruktur auf. Ein Vertriebsmitarbeiter kann beispielsweise nur seine eigenen Aufträge im System sehen und bearbeiten. Ein Vorgesetzter kann die Aufträge aller seiner Mitarbeiter sehen und modifizieren.

Der Aufbau der Vertriebsstruktur im VIS sollte aufgrund der hohen Wertigkeit und späterer Schwierigkeiten, diese zu revidieren, durch einen Prozessverantwortlichen betreut werden. Der Prozessverantwortliche sollte in Abstimmung zwischen der Vertriebsleitung und dem Vertriebscontrolling benannt werden und an beide berichten.

Die Praxis vieler Beratungsprojekte, in denen VIS implementiert werden, zeigt, dass der systemseitigen Vertriebsstruktur noch nicht die Wertigkeit zugeordnet wird, die sie besitzen sollte. Die Folge sind falsch abgebildete Vertriebsstrukturen, die den zugeordneten Vertriebsmitarbeitern mehr Verantwortlichkeiten als nötig geben oder eventuell sogar falsche Positionen zuordnen. Beides kann fatale Auswirkungen auf die Informationsqualität des VIS haben.

Automatische Zuweisung und Verarbeitung (Assignment und Workflows)
Die automatische Zuweisung und Verarbeitung von Kundenanfragen oder Datensätzen gewährleistet einen optimierten Prozessfluss und minimiert den Zeitversatz. Viele Kundenanfragen im Vertrieb sind zeitkritisch. Beispielsweise erhält der Vertriebsmitarbeiter eine Anfrage per Fax, E-Mail oder SMS. Die Prüfung der Kundenanfrage erfolgt herkömmlich manuell oder mithilfe von Abfragen im VIS. Vordefinierte Zuweisungsmodelle und Prozessabfolgen minimieren den Zeitversatz.

Zuerst werden die Kunden durch Zuweisungsmodelle auf die einzelnen Vertriebsmitarbeiter aufgeteilt. Ein Vorteil dieser Modelle ist, dass die Kundenzuordnung anhand fester Regeln erfolgt und bei Regeländerung automatisch angepasst wird. Die Kunden können beispielsweise nach Gebieten über die Postleitzahlen den unterschiedlichen Vertriebsmitarbeitern zugeteilt werden. Erfolgt eine Änderung der Vertriebsgebiete, so kann die betriebswirtschaftliche Logik systemseitig schnell nachvollzogen werden.

Die Verarbeitung von Kundenanfragen kann in den heutigen VIS mittels vordefinierter Arbeitsschritte erfolgen. Die Prozess-Schritte folgen bestimmten einzuhaltenden Regeln und werden sequenziell abgearbeitet. Die Definition der Prozess-Schritte verläuft innerhalb der VIS ähnlich einem Netzplan. Für jeden vordefinierten Prozess gibt es einen Start- und einen Endpunkt. Der Prozess wird durch einen bestimmten Auslöser angestoßen, welcher individuell definiert wird. Die Auslöser können beispielsweise eingehende E-Mails, Faxe, SMS oder die Änderung von Datensätzen sein.

Ein Workflow kann unter anderem sicherstellen, dass eine eingehende Kundenanfrage oder ein Abruf aus einem Rahmenauftrag per Fax mit den gespeicherten Faxnummern in den Kundenstammdaten verglichen wird. Der Vorgang wird automatisch dem zuständigen Kundenbetreuer zugewiesen, wenn die Faxnummer der eingegangenen Kundenanfrage mit einer Faxnummer in den Kundenstammdaten übereinstimmt. Liegt keine Übereinstimmung vor, so wird der Vorgang einem vorher festgelegten Vertriebsmitarbeiter wie dem Abteilungsleiter zugewiesen. Der Zeitversatz beim Kundenkontakt wird minimiert, da der Vorgang immer bei einem zuständigen Vertriebsmitarbeiter vorliegt und nicht von Tisch zu Tisch geschoben wird.

5.2 Die systematische Informationsgewinnung

Aktuelle Datenbasis

Ein Vertriebsmitarbeiter wird die Informationsqualität für das Vertriebscontrolling nur gewährleisten können, wenn die Rahmenbedingungen durch das VIS stimmen. Notwendige Konsequenz, um Doppelerfassungen von Vertriebsaktivitäten zu vermeiden, ist eine aktuelle Datenbasis, die auf die Bedürfnisse der Vertriebsmitarbeiter zugeschnitten ist.

Die Voraussetzung einer aktuellen Datenbasis ist ein regelmäßiger Datenaustausch zwischen den mobilen Nutzern und der Serverdatenbank durch eine Systemroutine. Ein mobiler Vertriebsmitarbeiter überspielt täglich mindestens einmal von ihm eingegebene Vorgänge zum Server und empfängt auf gleichem Weg die für ihn relevanten Datenänderungen. Servergespeicherte Informationen und Dokumente wie Formulare stehen tagesaktuell zum Abruf bereit, wodurch die Nutzung überalterter Informationen weitestgehend unterbunden wird.

> **Beispiel**
>
> **Synchronisationsvorgang** Der Vertriebsmitarbeiter A arbeitet im Innendienst direkt mit den serverbasierten Daten. Der Vertriebsmitarbeiter B ist im Außendienst tätig und synchronisiert seine Daten einmal täglich. Der Vertriebsmitarbeiter A ändert auf Anweisung des Regionalleiters den Text in der Dokumentenvorlage zur Auftragsbestätigung. Diese Dokumentvorlage ist auf dem Server abgelegt. Am Abend desselben Tages gleicht der Vertriebsmitarbeiter B seine Daten mit dem Server ab. Über eine Kennung der Dokumentenvorlage zur Auftragsbestätigung erkennt das Synchronisationsprogramm, dass die Dokumentenvorlage des Vertriebsmitarbeiters B veraltet ist und überspielt diese mit der neuen Version. Die nächste Auftragsbestätigung, die durch den Vertriebsmitarbeiter B gedruckt wird, enthält automatisch die Änderungen des Vertriebsmitarbeiters A.

Natürlich besteht beim Datenaustausch immer die Gefahr, dass der Vertriebsmitarbeiter Daten erhält, die er nicht benötigt. Es ist daher unsinnig, alle Vertriebsdaten bei jedem Synchronisationsvorgang zu überspielen. Der Mitarbeiter erhält nur Änderungen an Datensätzen, die in seinen Wirkungskreis fallen. Zusätzlich werden bestimmte Datensätze wie Dokumentationsvorlagen oder Modelle (beispielsweise für die Kundensegmentierung) mittels Synchronisationsregeln so gekennzeichnet, dass Änderungen ebenfalls in die lokale Datenbank überspielt werden.

Die regelmäßige Datensynchronisation nach vordefinierten Regeln ermöglicht eine hohe Informationsqualität. Die Anzahl der Synchronisationsvorgänge pro Tag bestimmt, wie stark der Zeitversatz minimiert wird.

Heutige technische Möglichkeiten wie UMTS-Webtechnologie erlauben, dass der Vertriebsmitarbeiter direkt online arbeitet. Dies verringert Synchronisationszeiten, kann aber die Kosten erhöhen.

Datenexporte

Das informationstechnische Mittel der Datenexporte ist der „Notnagel" des Vertriebscontrollers, wenn vorkonfigurierte Systemfunktionen versagen. Jedes VIS ist in gewisser Weise standardisiert, da es auf die Vertriebserfordernisse eines Unternehmens zugeschnitten ist. Der Prozess, um das VIS zu implementieren, hat – wie jeder Prozess – einen Startpunkt und einen Endpunkt. Während der Implementierung ist es durchaus üblich, dass bereits definierte Systemanforderungen geändert und nachträglich noch einmal angepasst werden.

Meistens wird ein VIS mithilfe eines Beratungsunternehmens implementiert, das das benötigte Wissen und die Erfahrung gegen Entgelt zur Verfügung stellt. Im Idealfall wird das benötigte Implementierungswissen an die Mitarbeiter übertragen, die das System betreuen und warten. Was passiert allerdings, wenn der Vertriebsmitarbeiter oder -controller schnell eine neue Datenanalyse benötigt und keiner der internen oder externen Experten kurzfristig verfügbar ist?

Die Praxis zeigt, dass die Vertriebsleitung gut beraten ist, ein VIS auszuwählen, das vorgefertigte Schnittstellen zum Datenexport in Tabellenkalkulationsprogramme wie Microsoft Excel bietet. In der Regel bieten alle heutigen VIS diese Schnittstellen. Allerdings ist schon bei der Systemkonfiguration darauf zu achten, dass die richtigen Daten am richtigen Fleck sind, damit sie zu späteren Exporten genutzt werden können. Einige CRM-Systeme wie Siebel eBusiness bieten beispielsweise nur die Daten zum Export, die auf dem Bildschirm angezeigt werden (Prinzip WYSIWYG – What you see is what you get).

Vertriebsleitung oder Controlling sind aber nur in Ausnahmenfällen in der Lage, die künftigen Anforderungen an die Datenanalyse vorherzusehen. Die Vertriebsleitung sollte aus diesem Grund spezielle Bildschirme zum Datenexport anfertigen lassen. Idealerweise sind die Bildschirme objektbezogen und enthalten alle verfügbaren Daten pro Objekt. Auf diese Weise hält sich die Vertriebsleitung die Option offen, die gewonnenen Informationen in einem gesonderten System wie einem Tabellenkalkulationsprogramm aufzubereiten oder zu kombinieren. Dieser „Notnagel" garantiert eine hohe Datenqualität, wenn die vordefinierten Systemfunktionen nicht ausreichen und kein Data Warehouse implementiert ist.

Diagramme (online/offline)

Die heutigen VIS bieten neue Möglichkeiten, um die Datengewinnung zu steuern. In der Vergangenheit war die Dateneingabe und -analyse in den gängigen Systemen zumeist strikt getrennt. Die heute eingesetzten Systeme sind um sinnvolle Diagramme ergänzt worden.

Punktuell können einige Daten, die im System vorhanden sind, grafisch dargestellt und analysiert werden. Die Auswertung erfolgt also nicht über einen ausgedruckten Bericht, sondern wird direkt am Bildschirm vorgenommen. Der Vorteil ist die schnelle Diagrammerzeugung und die Datenflexibilität durch vorgeschaltete Abfragen. Zudem werden Druckkosten minimiert.

Während Berichte oft starr sind und beispielsweise alle Aufträge des vergangenen Monats enthalten, stellen Diagramme die Aufträge für den vergangenen Monat, das Quartal

5.2 Die systematische Informationsgewinnung

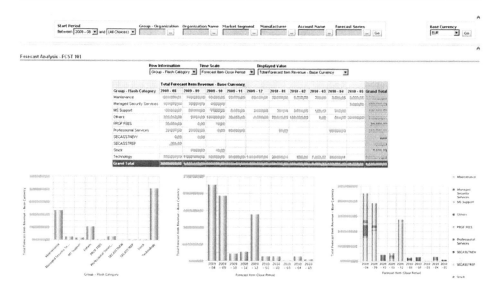

Abb. 5.2 Grafische Vertriebsanalysen (Dashboard)

oder das Jahr dar. Die Daten können durch Abfragen zudem weiter eingeschränkt werden, indem beispielsweise nach Kundengruppen oder einzelnen Kunden gezielt selektiert wird.

Der Vertriebsmitarbeiter kann durch die Diagramme schnell seinen eigenen Status grafisch aufbereiten und eine Selbstkontrolle durchführen. Beispielsweise ist eine Analyse nach offenen, zurückgestellten und geschlossenen Aktivitäten möglich. Hat der Vertriebsmitarbeiter beispielsweise die Vorgabe, dass er nicht mehr als 30 % offene Aktivitäten haben sollte, so hat er die Möglichkeit, dies abzufragen. Er erhält so einen schnellen Überblick, welche Aktivitäten von ihm zur Zielerreichung gefordert sind. Die Diagramme können aus Sicht des Vertriebscontrollings bei der Aufgabenerfüllung unterstützen. Die Datenqualität wird durch Diagramme in der Regel ebenfalls erhöht, wenn eine hohe Akzeptanz bei den Vertriebsmitarbeitern bewirkt wird.

Die Vertriebsleitung und der -controller können durch den Einsatz von Diagrammen ebenfalls profitieren. Eine klassische Fragestellung im Vertrieb ist sicherlich: Wie ist der aktuelle Umsatz und wie setzt er sich zusammen?

Einerseits kann die Information durch einen vordefinierten Bericht gewonnen werden, was in der Regel mit allerlei Papierverschwendung verbunden ist; andererseits liefert eine Nutzeranalyse die Ergebnisse auf Abruf ohne Zeitversatz und bezieht alle bis zu diesem Zeitpunkt im System befindlichen Daten in die Auswertung ein.

Je nach Aufbau der Diagramme (Kreis, Balken etc.) werden unterschiedliche Fragestellungen für die Vertriebssteuerung schnell beantwortet. Abbildung 5.2 zeigt ein Beispieldiagramm für die Verteilung der Statuswerte eines Auftrags.

Berichte

Traditionell verfolgt das Berichtswesen das Ziel, die Informationsqualität für die Vertriebsleitung, den Controller und die einzelnen Vertriebsmitarbeiter zu erhöhen. Die Art des Berichtswesens hat sich jedoch durch die heutigen technischen Möglichkeiten und die Anforderungen der Märkte gewandelt.

Im Gegensatz zu früher erlaubt die heutige Hard- und Software-Ausstattung aufwendige Auswertungen auf jedem PC aufgrund von Zugriffen auf die Informationsportale über den Webbrowser. Berichte, die früher nur auf leistungsstarken Servern generiert werden konnten, sind heute grundsätzlich auf den PCs und Laptops der Vertriebsmitarbeiter ausführbar. Die Kosten des Berichtswesens haben sich minimiert, da kein Ausdruck der Berichte mehr erforderlich ist, um die Informationen einzusehen. Die Berichte werden durch so genannte „Viewer" am Bildschirm gelesen und erst dann insgesamt oder in Auszügen ausgedruckt. Die Informationen können zudem über standardisierte Downloads in Excel oder als pdf weiter genutzt oder analysiert werden.

Die Schnelllebigkeit und Komplexität der Märkte stellt höhere Anforderungen an die Vertriebssteuerung und -unterstützung mittels Berichtswesen als früher. Die Berichte müssen leicht zugänglich sein und auf den Zweck ausgerichtete Informationen enthalten. Vorbei sind die Zeiten, in denen die Drucker mehrere Hundert Berichtsseiten generierten, von denen maximal zehn Prozent genutzt wurden. Die Märkte erfordern zielgerichtete Berichte, die eine schnelle Anpassung der Vertriebsaktivitäten ermöglichen.

Die Vertriebsbereiche der Unternehmen gehen aus diesem Grund dazu über, die Berichtsoptionen der VIS zweckgebunden nach

- Detaillierungsgrad (aggregiert/detailliert) und
- Ausführungsort (Server/Client)

zu gliedern.

a) Berichtsoptionen nach Detaillierungsgrad (aggregiert/detailliert)

Die Marktbedingungen machen es erforderlich, dass die verfügbaren Berichtsvorlagen auf die unterschiedlichen Informationsempfänger zugeschnitten sind. Die Vertriebsleitung ist sicherlich nicht an Details zu einzelnen Datensätzen interessiert. Das Management benötigt einen Gesamtüberblick über die Vertriebsaktivitäten und des zugehörigen Mengen- und Wertgerüsts, um sich nicht in Einzelheiten zu verlieren.

Der einzelne Vertriebsmitarbeiter verwendet die Berichte, um sein Tagesgeschäft auszuüben und seine Zielerreichung zu überwachen. Die Berichte müssen sowohl globale Informationen wie Zielerreichung in Prozent als auch Detailinformationen wie Auftrags- und Aktivitätsstatus enthalten. Darüber hinaus benötigt der Vertriebsmitarbeiter vordefinierte Berichte über alle Vorgänge zu einem Kunden, um Besuche vorzubereiten.

Tab. 5.1 Informationstechnische Mittel zur systematischen Informationsgewinnung

Informationstechnische Mittel	Umsetzung	Zweck
1. Systemrestriktionen	Arbeitsanweisungen, Datenvalidierungen, Vorschlagswerte, Wertelisten	Hohe Informationsqualität
2. Exklusive Benutzeridentitäten	Eindeutige Benutzeridentitäten	Hohe Informationsqualität
3. Organisationsstrukturen, Positionen und Verantwortlichkeiten	Nutzerhierarchien und Zugriffsrechte	Hohe Informationsqualität
4. Automatische Zuweisung und Verarbeitung	Workflows und Assignments	Minimierung des Zeitversatzes
5. Aktuelle Datenbasis	Regelmäßige Datenreplizierung, Synchronisationsregeln	Hohe Informationsqualität, Minimierung des Zeitversatzes
6. Datenexporte	Vorgefertigte Schnittstellen	Hohe Informationsqualität
7. Diagramme (online/offline)	Diagramme	Hohe Informationsqualität, Minimierung des Zeitversatzes
8. Berichte	Berichtsvorlagen	Hohe Informationsqualität

b) Berichtsoptionen nach Ausführungsort (Server/Client)

Nicht alles technisch Machbare ist auch sinnvoll. Wie bereits beschrieben, ist es durchaus möglich, komplexe Berichte auf den Laptops der Außendienstmitarbeiter zu generieren. Fraglich ist, ob die Berichte von den Außendienstmitarbeitern während ihrer täglichen Arbeit tatsächlich benötigt werden.

Das Berichtswesen wird aufgrund dieser Überlegungen im Vertrieb technisch in Server- und Client-basierte Berichte unterteilt. Sehr aufwändige Berichte, die die Vertriebsmitarbeiter nur zu bestimmten Zeitpunkten (beispielsweise Umsatzberichte zum Monatsende) benötigen und die eine hohe Datenfülle enthalten, werden in regelmäßigen Abständen auf dem Server erzeugt. Die Vertriebsmitarbeiter können die Berichte an dafür eigens vorgesehenen Stellen im System zeitnah abholen oder sie werden per E-Mail automatisiert zugestellt.

Die Berichte, die die Mitarbeiter für die tägliche Vertriebsarbeit benötigen, können sie selbst auf ihrem PC oder Notebook erstellen. Beispielhaft sind Besuchsberichte zu nennen.

Die unterschiedlichen informationstechnischen Mittel zur systematischen Informationsgewinnung sind in Tab. 5.1 zusammengefasst. Die Berichtsoptionen sind in Abb. 5.3 dargestellt.

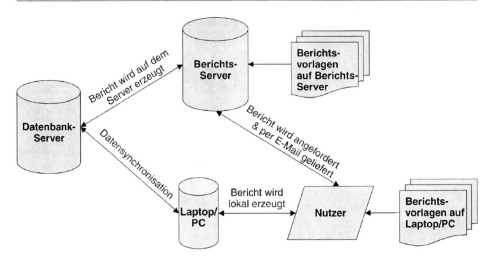

Abb. 5.3 Berichtsoptionen

5.3 Die systematische Informationsauswertung

Die systematische Informationssammlung in den Vertriebsabteilungen ist oftmals verbesserungswürdig, aber in der Regel schon relativ gut ausgeprägt. Ein Bereich, der im Vertrieb häufig vernachlässigt wird, ist die systematische Informationsauswertung.

Die Vertriebsabteilungen neigen zu Ansammlungen großer Datenmengen und verwenden Vertriebsinformationssysteme (VIS) als Datenspeicher. Die Vertriebsmitarbeiter geben ihre Aktivitäten und Aufträge in die VIS ein, und die Informationen werden per Schnittstelle in andere Systeme bruchstückhaft übermittelt, um sie weiterzuverarbeiten. Die Daten werden in den anderen Systemen ebenfalls nur proprietär vorgehalten.

Über die Jahre sammeln sich auf diesem Weg detaillierte Informationen über das Kundenverhalten an, werden aber nur rudimentär genutzt. Die Informationstiefe und -fülle ist dabei von Branche zu Branche unterschiedlich. Beispielsweise ist der Informationsgehalt im VIS in der Pharmabranche durch Regularien geringer als im Einzelhandel oder der Telekommunikationsbranche.

Die gewonnenen Kundeninformationen können von höchstem Interesse für die Vertriebstätigkeiten sein, da sie Aufschluss über Kaufgewohnheiten, Produktbündel oder Abwanderungsabsichten (Churn) durch aufgedeckte Verhaltensmuster geben. Die Anwendungsbeispiele einer systematischen Informationsauswertung sind in jeder Branche vielfältig. So können beispielsweise aus den Kundeninformationen die Verhaltensmuster bei Preiserhöhungen oder Wettbewerbsaktivitäten gewonnen werden.

Der Vertriebscontroller kann die heutigen technischen Möglichkeiten zur systematischen Informationsauswertung gezielt nutzen. Geschickt angewendet, können diese Möglichkeiten das Vertriebscontrolling nicht nur stark erleichtern, sondern effizienter machen.

5.3 Die systematische Informationsauswertung

Die Wertschöpfung der systematischen Informationsauswertung belegt der aktuelle Trend in den Unternehmen, die Technik immer stärker einzusetzen. Dem Vertriebscontrolling werden so bisher ungeahnte Perspektiven eröffnet.

> **Die Schlüsseltechnologien der systematischen Informationsauswertung sind**

- Data Mart beziehungsweise Data Warehouse
- Online Analytical Processing (OLAP)
- Data Mining

Der Vertriebscontroller muss mit den Begrifflichkeiten und den dahinter liegenden Technologien vertraut sein, um deren Leistungspotenzial voll auszuschöpfen. Die Schlüsseltechnologien der systematischen Informationsauswertung sollen daher näher erläutert werden.

Der Grundbaustein der Informationsauswertung ist die Datenbasis. Die Unternehmensdaten sind aus organisatorischen, technischen oder historischen Gründen in unterschiedlichen Datenbanken gespeichert. Die einzelnen Datenbanken unterliegen einem bestimmten Datenbankschema, das heißt, die Daten werden in einer bestimmten Tabellenordnung abgespeichert.

Grundsätzlich wird zwischen einer Insellösung (Data Mart) und einer unternehmensweiten Lösung (Data Warehouse) unterschieden. In der Regel sind die Daten in den einzelnen Funktionsbereichen getrennt und werden oftmals doppelt vorgehalten. Beispielsweise werden die Auftragsdaten im Auftragsabwicklungssystem und im Vertriebsinformationssystem vorgehalten und über Schnittstellen aktualisiert. Die Verknüpfungen zwischen Daten, die nicht überspielt werden, können daher nicht dargestellt werden.

Ein **Data Warehouse** umfasst Informationen aus verschiedenen Funktionsbereichen wie Vertrieb, Marketing und Produktion oder externen Datenquellen. Die Informationen werden in einer übergreifenden Datenbank konsolidiert und verknüpft. Das Ziel des Data Warehouse ist es, einen kaufmännischen Zusammenhang herzustellen und komfortable Analysen komplizierter Sachverhalte zu ermöglichen (vgl. Hoffmann und Mertiens 2000).

Im Gegensatz zum Data Warehouse ist ein **Data Mart** auf einen Funktionsbereich wie den Vertrieb beschränkt. Ein unternehmensweites Data Warehouse kann also aus unterschiedlichen Data Marts bestehen und diese integrieren.

Natürlich ist ein Data Warehouse für das Vertriebscontrolling und den Unternehmensvorstand im Vergleich zum isolierten Data Mart zu bevorzugen, allerdings steigt mit der Informationsfülle die Komplexität der Implementierung. Bei der Entscheidung über den Umfang der Informationsbasis muss daher das Kosten-Nutzen-Verhältnis abgewogen und eine Feasibility-Studie durchgeführt werden. Letztere überprüft, ob ein Unternehmen die finanziellen und personellen Ressourcen hat, ein ganzheitliches Data Warehouse aufzubauen.

Die Aufwendungen für ein Data Warehouse sind im Voraus nur schwer einzuschätzen, da Informationen aus unterschiedlichen Funktionsbereichen integriert und verknüpft werden müssen. Die dabei auftretenden Probleme sind schwer kalkulierbar. Die Analyse der finanziellen Mittel ist allerdings weniger kritisch als die der personellen Ressourcen, da die meisten Unternehmen und Funktionsbereiche über die finanziellen Mittel verfügen, allerdings wenige oder keine qualifizierten Mitarbeiter beschäftigen, die das System zielführend betreuen und bedienen können.

▶ **Data Mart versus Data Warehouse** Die Entscheidung für einen bereichsspezifischen Data Mart oder ein unternehmensweites Data Warehouse muss individuell nach dem Kosten-Nutzen-Verhältnis und der Durchführbarkeit (Feasibility) getroffen werden.

Der Data Mart und das Data Warehouse sind durch folgende Charakteristika gekennzeichnet (vgl. Stokburger und Pufahl 2002).

- **Orientierung an betriebswirtschaftlichen Kategorien**
  Die Daten werden nach betriebswirtschaftlichen Kategorien wie Kundengruppen, Produkthierarchien und Vertriebskanäle gruppiert.
- **Zeitraumbezug**
  Die Datenaggregate im Data Warehouse sind in der Regel auf einen Zeitraum bezogen. Die vorhandenen Daten können nach Zeiträumen wie Monat, Quartal oder Jahr ausgewertet werden. Die Daten werden in dementsprechenden regelmäßigen Abständen (täglich, wöchentlich oder monatlich) geladen.
- **Struktur- und Formatvereinheitlichung**
  Die Zusammenführung der Daten aus den operativen Systemen erfolgt mittels einer Struktur- und Formatvereinheitlichung. Die semantischen Inkonsistenzen der operativen Daten aufgrund deren Herkunft müssen homogenisiert werden, um die Daten sinnvoll zusammenzuführen und zu verknüpfen.
- **Nichtvolatilität**
  Die Datenaktualisierung durch Nutzer findet nicht im Data Warehouse, sondern allein in den operativen Systemen statt. Die Daten werden einzig zu festgelegten Zeitpunkten automatisiert konsolidiert und überspielt. Der Datenbestand im Data Mart wie auch im Data Warehouse ist von den operativen Daten entkoppelt. Dies bietet die Möglichkeit einer performanten Datenanalyse, ohne die Leistung der operativen Systeme zu beeinträchtigen.

Neben der Entscheidung für die Datenbasis wird die Komplexität der Datenauswertung definiert, wobei zwischen Online Analytical Processing (OLAP) und Data Mining unterschieden wird.

▶ **Online Analytical Processing (OLAP) ...** ... ist eine Software-Technologie, die es Analysten, Managern und Anwendern ermöglicht, einen schnellen, konsistenten und interaktiven Zugang zu einer Vielzahl von Informationen zu erlangen, die aus Rohdaten

5.3 Die systematische Informationsauswertung

generiert wurden und dem Anwender die reale Sicht auf das Unternehmen ermöglicht (vgl. http://www.olapcouncil.org (2002)). OLAP ist eine Top-Down-Analyse der Daten in einem Data Warehouse.

Die so genannten OLAP-Tools setzen auf dem Data Mart oder dem Data Warehouse auf und bieten dem Nutzer die Möglichkeit, Abfragen zu definieren, auszuführen und abzuspeichern. Die Datenabfragen sind entweder vorkonfiguriert oder individuell.

Die Zielgrößen der OLAP-Abfragen im Vertrieb sind:

- Absatz
- Umsatz
- Kosten
- Rentabilitäten (Umsatzrentabilität, EBIT, Deckungsbeiträge, etc.)
- Marktanteile
- etc.

Die Zielgrößen stehen logisch in einer multidimensionalen Beziehung zueinander. Die Dimensionen sind vorab bekannt und werden mittels eines OLAP-Datenwürfels dargestellt. Wie bei einem Würfel oder einem Brettspiel ist die Sichtweise ausschlaggebend. Besteht der Würfel aus den vier Dimensionen Zeit, Wert, Menge und Produkt, so kann der Vertriebscontroller beispielsweise Antworten zu unterschiedliche Fragen aus den Daten generieren:

- **Dimension Zeit**
  Wie haben sich die Umsätze oder Mengen des Unternehmens im Zeitverlauf entwickelt?
- **Dimension Wert**
  Welche Umsätze oder Erträge generieren die unterschiedlichen Produkte im Portfolio?
- **Dimension Menge**
  Welche Mengen generieren die unterschiedlichen Produkte im Portfolio?
- **Dimension Kanal**
  Welche Mengen, Umsätze, Rentabilitäten werden über die unterschiedlichen Kanäle erwirtschaftet?
- **Dimension Region/Gebiet**
  Welche Umsätze/Erträge/Mengen generieren die unterschiedlichen Regionen/Gebiete?
- **Dimension Kunden**
  Welche Kunden/Kundengruppen sind am profitabelsten?
- **Dimension Branche**
  Wie hoch ist der Marktanteil in Branche X?
- **Dimension Produkt**
  Welches Produkt hat die größten Umsätze?

Die beispielhaften Fragestellungen verdeutlichen die enormen Nutzenpotenziale von OLAP für das Vertriebscontrolling. Es handelt sich um eine Top-down-Betrachtung der

Vertriebs- beziehungsweise Unternehmensdaten mit Ex-post-Charakter. Der Einsatzbereich des OLAP ist im operativen Vertriebscontrolling zu sehen.

Das **Data Mining** untersucht die vorhandenen Daten aus der entgegengesetzten Richtung des OLAP. Die Bottom-Up-Betrachtung des Data Mining versucht, die Zusammenhänge zwischen den Daten ex-ante zu ergründen, um sie für spätere Analysen zu verwenden. Es findet also die Dimensionen für das OLAP, die es zu ergründen lohnt. Mittels multivarianter statistischer Verfahren wie Regressions-, Faktoren- oder Clusteranalysen oder neuronaler Netze wird versucht, die Abhängigkeiten und/oder Muster in Daten zu erkennen.

▸ **Data Mining …** … verwendet multivariante statistische Verfahren einschließlich neuronaler Netze, um Abhängigkeiten und/oder Muster in den Datenstrukturen zu erkennen. Data Mining ist eine Bottom-Up-Analyse der Daten in einem Data Warehouse.

Die Anwendungen des Data Mining im Vertrieb sind vielfältig. Häufig wird es angewendet, um das Management bei der Kundensegmentierung, Erkennung von Up-oder Cross-Selling-Potenzialen oder der Früherkennung von Abwanderern zu unterstützen.

- Kundensegmentierung im Marketing (in Bezug auf ähnliches Kaufverhalten bzw. Interessen, gezielte Werbemaßnahmen)
- Warenkorbanalyse (zur Preisoptimierung, Produktplatzierung im Supermarkt)
- Management von Kundenbeziehungen (Customer Relationship Management, CRM)
- Selektion von Zielgruppen für Vertriebsaktionen (Kampagnenmanagement)
- Web Usage Mining (Web Mining, Personalisierung von Internetpräsenzen → Erstellung von Zugriffsprofilen)
- Text Mining (Anwendung von Data-Mining-Verfahren auf große Mengen von (Online-)Textdokumenten)

Data Mining eignet sich insbesondere, um den Vertriebscontroller effizient bei seiner strategischen Tätigkeit zu unterstützen. Hierbei unterstützt das Data Mining bei der Strukturierung von verschiedenen Problemtypen. Im Folgenden werden die verschiedenen Problemtypen im Rahmen des situativen Kontextes vorgestellt.

Problemtypen des Data Mining

Einen pragmatischen, in der einschlägigen Literatur einheitlich anerkannten Ordnungsrahmen zur Systematisierung der verschiedenen Problemtypen liefern Fay-yad, Pietetsky-Shapiro und Smyth. Dabei werden diese den Oberklassen Beschreibungsprobleme und Prognoseprobleme zugeordnet.

1) Beschreibungsprobleme

Unter Beschreibungsproblemen wird die Gruppe von Problemtypen zusammengefasst, deren Ziel in der Beschreibung der kausalen Zusammenhänge des Datengenerierungsprozesses liegt. Die Qualität eines entdeckten Musters kann anhand von methodenspezifischen

5.3 Die systematische Informationsauswertung

Qualitätskriterien bestimmt werden, die die deskriptive Akkuratheit des Musters bewerten. Die Zielsetzung der Datenbeschreibung ist die Zusammenfassung der wesentlichen Charakteristika der Daten in möglichst kompakter Form. Hippner und Wilde zählen die Deskription nicht zum Kern des Data Mining. Berry und Linoff führen jedoch an, dass leicht verständliche Beschreibungen oftmals auch Erklärungen suggerieren, die dann unser Verständnis für den Datenentstehungsprozess verbessern. Zwar lassen sich deskriptive Verfahren nicht der explorativen Datenanalyse zuordnen, jedoch erfüllen verschiedene deskriptive Methoden ebenfalls die Ziele des Data Mining. Sie helfen, Fragestellungen zu präzisieren, wenn diese nicht genau definiert sind, und unterstützen den Anwender bei der Suche nach Strukturen und Besonderheiten. Deskriptive Verfahren sind aufgrund der genannten Eigenschaften dem Data Mining zuzuordnen. Als modernes, deskriptives Verfahren ist OLAP zu nennen, das durch verschiedene Navigationstechniken die gerichtete wie die ungerichtete Suche in den Daten erleichtert.

Die folgenden Beschreibungsprobleme können unterschieden werden:

- **Abweichungsanalyse:** Im Rahmen der Abweichungsanalyse werden solche Informationsobjekte ermittelt und analysiert, die für bestimmte Merkmalswerte von einer Norm oder einem erwarteten Wert abweichen. Das Ziel besteht darin, diese Abweichungen zu analysieren und zu interpretieren. Diese können auf die Verschiebung alter oder die Entwicklung neuer Muster im zugrunde liegenden Datengenerierungsprozess hindeuten und dadurch Anlass geben, existierende Erklärungsmodelle bezüglich ihrer Gültigkeit zu hinterfragen.
- **Abhängigkeitsanalysen:** Das Ziel von Abhängigkeitsanalysen ist die Entdeckung von signifikanten Dependenzen zwischen den Attributen eines Informationsobjektes. Dabei unterscheidet man bei der Abhängigkeitsanalyse, ob die Zieldaten und die Richtung der Kausalitätsbeziehung zwischen den Attributen bekannt sind oder nicht. Sind sie bekannt, können Regressionsverfahren, Bayes'sche Netze oder Entscheidungsbäume eingesetzt werden, um sie zu konkretisieren. Klassische Verfahren, die derartiges Wissen nicht voraussetzen, sind die Assoziationsanalyse oder die Korrelationsanalyse. Sequenzanalysen wiederum ermitteln Abhängigkeiten aus der zeitlichen Entwicklung von Informationsobjekten. Der wohl klassischste Vertreter dieser Problemgruppe ist die so genannte Warenkorbanalyse, bei der Informationen über das gleichzeitige Interesse der Akteure für mehrere Leistungen oder Leistungsgruppen analysiert und in wirtschaftliches Verhalten umgesetzt werden. Dabei wird bei der klassischen Assoziationsanalyse, ausgehend von nachgefragten Leistungsbündeln, auf die Komplementarität dieser Leistungen geschlossen.
- **Gruppenbildung (Clustering):** Die Gruppenbildung „zielt auf die Aufspaltung der Daten in interessante und sinnvolle Teilmengen oder Klassen". Die Zielvorstellung dabei ist, dass Objekte innerhalb einer Klasse möglichst homogen, Objekte aus unterschiedlichen Klassen möglichst heterogen zueinander sind. Die Quantifizierung des Homogenitätsgrades geschieht über ein Proximitätsmaß, das hinsichtlich des Skalenniveaus und der Variablenstruktur ausgewählt werden muss. Die statistischen Segmentierungs-

verfahren lassen sich in vier Gruppen unterteilen: Während deterministische Verfahren (Nearest-Neigbourhood-Verfahren, k-means-Verfahren) die eindeutige Zuordnung von Informationsobjekten zu Clustern verlangen, arbeiten probabilistische Verfahren mit Zugehörigkeitsgraden, deren Summe sich für jedes Element auf Eins summiert. Possibilistische Verfahren (Fuzzy-Cluster-Verfahren) heben diese Restriktion auf, sodass Elemente auch mehreren Klassen zugeordnet oder auch gar keiner Klasse zugeordnet werden können. Unvollständige Segmentierungsverfahren (Multi-dimensionale Skalierung) erzeugen eine räumliche Darstellung der Objekte, ohne eine Gruppeneinteilung vorzunehmen. Neben den statistischen Verfahren können zur Gruppenbildung auch Verfahren des maschinellen Lernens eingesetzt werden (beispielsweise Künstliche Neuronale Netze).

Die Gruppenbildung wird im Allgemeinen aus zwei Gründen durchgeführt: Bezogen auf die (potenziellen) Nachfrager versucht insbesondere die Clusteranalyse, die typischen Charakteristika von Gruppen zu identifizieren, um daraus gruppenspezifische Leistungen (von individuellen Kommunikationswegen über individuelle Kommunikationsinhalte bis hin zu individuellen Leistungsversprechen) zu entwickeln. Bezogen auf die Menge der im relevanten Markt angebotenen Leistungsversprechen versuchen insbesondere die Ansätze der multidimensionalen Skalierung, Nischen zu entdecken, um diese durch neuartige Angebote zu bedienen.

2) Prognoseprobleme

Unter Prognoseproblemen werden diejenigen Problemtypen verstanden, deren Ziel es ist, mathematische Modelle zu entwickeln, mit deren Hilfe aus einem gegebenen Input der zu erwartende Output bestimmt werden kann. Die Qualität eines solchen Modells kann über seine Prognosefähigkeit, also über seine prädiktive Akkuratheit, bestimmt werden.

Die folgenden Prognoseprobleme können unterschieden werden:

- **Klassifikation:** Klassifikationsverfahren konstruieren Modelle, mit denen Informationsobjekte anhand von objekt- und umweltspezifischen Eigenschaften vordefinierten Klassen zugeteilt werden können. Durch diese Zuordnung kann das Objekt mit den klassenspezifischen Eigenschaften in Verbindung gebracht werden, um so das erwartete Verhalten eines Informationsobjektes abzuleiten. Zum Aufstellen eines mathematischen Modells werden dazu eine feste Anzahl an Klassen sowie Beispiele von Klasseninstanzen und deren Attributwerte benötigt. Mathematische Methoden, die für das Aufstellen von Klassifikationsmodellen hilfreich sind, entstammen sowohl der klassischen Statistik (Diskriminanzanalyse, K-Nächste-Nachbarn-Methode) als auch dem maschinellen Lernen. Symbolische Lernverfahren wie beispielsweise Entscheidungsbaumverfahren oder Regelinduktion stellen Verfahren dar, welche für den Anwender verständliche Klassenbeschreibungen generieren. Subsymbolische Verfahren wie Künstliche Neuronale Netze arbeiten hingegen nach dem Black-Box-Prinzip, Klassenbeschreibungen sind nicht aus dem konstruierten Modell heraus ableitbar.

5.4 Systematische Informationsauswertung in der Praxis

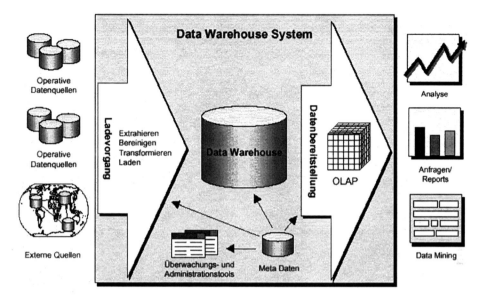

Abb. 5.4 Grundlegende Architektur eines Data-Warehouse-Systems (Quelle: Stokburger und Pufahl 2002)

- **Wirkungsprognose:** Das Ziel der Wirkungsprognose ist es, ähnlich wie bei der Klassifikation, Zielwerte zu bestimmen. Anders als bei der Klassifikation sind diese Zielwerte jedoch quantitativer Natur. Die Regressionsanalyse ist die typische Vertreterin der klassischen statistischen Verfahren zur Formalisierung von Wirkungszusammenhängen. Diese Methode ist beschränkt auf lineare Zusammenhänge, so dass für unbekannte Zusammenhänge oftmals künstliche neuronale Netze, Box-Jenkins-Verfahren oder regelbasierte Verfahren eingesetzt werden. Mittels Klassifikationsverfahren und Wirkungsprognosen können Systeme konstruiert werden, die für die flexiblen Gestaltungsparameter als Input den erwarteten Output einer Zielgröße bestimmen. Durch den Einsatz von Entscheidungsbäumen oder künstlichen neuronalen Netzen können diese Gestaltungsparameter unter gegebenen Umweltbedingungen optimiert werden.

Die Zusammenhänge zwischen Data Warehouse, OLAP und Data Mining werden in der obigen Grafik verdeutlicht (vgl. Abb. 5.4).

5.4 Die Vorteile einer vertrieblichen Nutzung der systematischen Informationsauswertung in der Praxis

Die systematische Informationsauswertung wird in der Praxis erst richtig nutzbar, wenn diese die betriebswirtschaftlichen Anforderungen des Vertriebs widerspiegelt. Erfolg versprechend ist nur ein Einsatz einer Kombination aus Segmentierung mittels Data Mining sowie Standard- und Ad-hoc-Auswertungen mittels OLAP auf der Basis eines individuellen Data Warehouses. Zudem sollten die Tools eine gewisse Flexibilität erlauben, um die vertriebliche Realität abzubilden.

Konkret bedeutet dies in der Praxis, dass standardisierte Tools wie Board M.I.T., Cognos, SAS, SAP BW oder Siebel Analytics im Vertrieb eingesetzt werden sollten, wobei die Datenstrukturen aus dem Standard an die jeweiligen Unternehmensanforderungen angepasst werden müssen. Standardisierte Tools sind heute auch schon für den Mittelstand geeignet und erschwinglich.

> **Beispiel**
>
> **Zielgerichtete Informationsauswertung** Ein mittelständisches Unternehmen in der Konsumgüterindustrie möchte einen monatlichen Newsletter im Vertrieb an seine wichtigen Geschäftskunden senden. In dem personalisierten Geschäftskunden-Newsletter sollen alle Kunden angesprochen werden, die monatlich mehr als 50.000 € Umsatz machen und regelmäßig bestimmte Warengruppen bestellen. Der Vertrieb ermittelt anhand der Kriterien durch ein Data Mining Tool wie SAS, welche Kunden berücksichtigt werden sollten, und bildet ein Kundensegment. Zudem wird ermittelt, welche Produkte noch für diese Kunden interessant sein könnten, um ein Cross-Selling zu fördern.
>
> Basierend auf den Segmenten werden E-Mail-Kampagnen gestartet, die den Kunden den Geschäftskunden-Newsletter senden. Mittels Standardberichten, die die Dimensionen Kunde, Umsatz und Produkt enthalten, wird per OLAP (z. B. Cognos, Board M.I.T. oder Siebel Analytics) überprüft, wie sich die Umsätze der Kunden nach Versand des monatlichen Newsletters entwickeln. Hierbei werden Fragen wie „Steigt der Umsatz?" oder „Kauft der Kunde auch die anderen beworbenen Produkte (Cross-Selling)?" beantwortet. Der Erfolg des Newsletters kann zudem über die Perioden bewertet werden.

Die heutigen Technologien zur systematischen Informationsauswertung bieten die folgenden praktischen Vorteile für den Vertrieb:

- Nahtlose Integration in das Vertriebsinformationssystem, das heißt, analytische Berichte werden direkt in der Benutzeroberfläche angezeigt, ohne dass eine erneute Anmeldung erforderlich ist. Das Berichtswesen wird somit mit den Geschäftsprozessen verzahnt und erlaubt eine Verringerung von Durchlaufzeiten.
- Best-Practices anhand von vordefinierten Reports, die durch Adaption genutzt werden können. Die vordefinierten Reports sind oftmals bei gleichen Herstellern mit dem Datenmodell der operativen Systeme synchronisiert und verringern so die Zeitspanne von der Anforderungsdefinition bis zur aktiven Nutzung des Reportings.
- Aufbau der eigenen Kennzahlensysteme auf dem bereits existierenden, umfangreichen Kennzahlengerüst in den Bereichen Vertrieb, Marketing, Service und Auftragsmanagement. Prozessbezogene Kennzahlen in den genannten Bereichen können erst durch die

Informationsauswertung über analytische Systeme sinnvoll dargestellt werden. Durchlaufzeiten von Prozessen werden messbar.
- Aufbau eines vernetzten Reportings, das heißt, es sind Top-down-Analysen möglich, indem einzelne Reports logisch und technisch verknüpft werden. Trends und Ergebnisse werden dargestellt. Durch Drilldown in vernetzten Reports sind Ursachen für Markt- und Prozessveränderungen schneller ermittelbar, wodurch Gegenmaßnahmen zügig abgeleitet und umgesetzt werden können.
- Die Systeme zur systematischen Informationsauswertung basieren auf der Internettechnologie. Die gewonnenen Informationen sind somit praktisch unternehmensweit verfügbar, wenn ein Internetanschluss vorliegt.
  - Der Nutzer erhält nur die Informationen, die er benötigt. Die Informationen werden abhängig von Rollen und Rechten gesteuert (Dashboards mit wichtigen Reports).
  - Zielgerichtete und ursachengerechte Entscheidungen werden schneller getroffen, da die Informationen jederzeit abrufbar sind.
  - Die Informationsbasis zu Kundenaktivitäten ist im gesamten Unternehmen für Entscheider verfügbar und abrufbar.
  - Nutzer können sich Listen selbst einfach zusammenstellen (Ad-hoc-Reporting), so können individuelle Entscheidungen unterstützt und getroffen werden.
- Die Segmentierungswerkzeuge für das Kampagnenmanagement nutzen analytische Daten, die Kampagnen können aber im operativen VIS angestoßen werden. Operative und analytische Daten sind so optimal verzahnt.

5.5 Systemunterstütztes Vertriebscontrolling im Außendienst

In vielen Unternehmen sind die Vertriebsmitarbeiter hauptsächlich im Feld tätig. Die Mitarbeiter arbeiten vor Ort beim Kunden und können nicht immer mit dem Stammhaus in Kontakt treten. Dieses Kapitel soll aufzeigen, wie das Vertriebscontrolling die heutigen technischen Möglichkeiten eines Vertriebsinformationssystems operativ nutzen kann, um die Außendienstmitarbeiter im Feld zu informieren, zu koordinieren und zu kontrollieren.

Die Möglichkeiten der heutigen Vertriebsinformationssysteme werden an folgenden Aufgaben des Außendiensts dargestellt:

1. Informationsversorgung
2. Auftragserfassung
3. Besuchsplanung
4. Zeit- und Spesenerfassung

Informationsversorgung

Das Vertriebscontrolling hat die Aufgabe, die Vertriebsmitarbeiter mit wichtigen Informationen zu versorgen, die relevant für ihre Entscheidungen sind. Diese Aufgabe ist für das Vertriebscontrolling besonders schwer zu bewältigen, wenn die Vertriebsmitarbeiter hauptsächlich im Außendienst tätig sind und nicht in ständigem Kontakt mit dem Stammhaus und anderen Vertriebsmitarbeitern stehen.

Im Fall einer kleinen Vertriebseinheit ist es noch praktikabel, wenn der Informationsaustausch über Aufträge und Kunden mit dem Innendienst über das Telefon oder ein Faxgerät erfolgt. Allerdings bindet dieser Prozessablauf die Innendienstmitarbeiter und birgt die Gefahr eines Medienbruchs.

Der ständige Austausch zwischen Außen- und Innendienst ist in mittleren bis großen Vertriebseinheiten oftmals nicht mehr praktikabel. Die Unternehmen bedienen sich daher der Vertriebsinformationssysteme, die bestimmte Mechanismen zum Informationsaustausch zur Verfügung stellen. Das Prinzip lautet: So viele Informationen wie möglich, aber nur so viele wie nötig.

> **Das Prinzip der Informationsversorgung** So viele Informationen wie möglich, aber nur so viele wie nötig.

Die Mechanismen des Informationsaustauschs greifen beim Synchronisationsvorgang. Die einzelnen Datensätze (beispielsweise Kunden, Kontakte und Aufträge) sind an Vertriebsmitarbeiter oder -positionen geknüpft. Das Vertriebsinformationssystem erkennt den Mitarbeiter beim Synchronisationsvorgang seines Laptops mit dem Server und tauscht nur ausgewählte Daten aus.

Der Außendienstmitarbeiter erhält die Informationen, die alle Mitarbeiter erhalten. Dies können allgemeine Formulare oder Produkte sein. Der größte Teil der Informationen ist aber nur für diesen Vertriebsmitarbeiter bestimmt. Die Routine arbeitet auf diesem Weg, um die Synchronisationszeiten des Vertriebsmitarbeiters so gering wie möglich zu halten.

Beispiel

Informationsversorgung Ein Außen- und ein Innendienstmitarbeiter arbeiten an einem Tag autark an unterschiedlichen Aufgaben. Der Außendienstmitarbeiter besucht die Kunden A und B und gibt für Kunde A zwei Aufträge und für Kunde B drei Aufträge in seinen Laptop ein.

Der Innendienstmitarbeiter erhält eine Anfrage von einem Neukunden C per Fax in der Zentrale, welcher in das Vertriebsgebiet des Außendienstmitarbeiters fällt. Der Innendienstmitarbeiter gibt den Neukunden C mit seinen Stammdaten ein und weist den Außendienstmitarbeiter als Kundenbetreuer aufgrund des Gebietes zu (könnte auch vollautomatisiert geschehen). Zusätzlich erhält der Innendienstmitarbeiter den unterschriebenen Rahmenvertrag von Kunde D, der ebenfalls von dem Außendienstmitarbeiter betreut wird. Der Rahmenvertrag wird eingescannt und beim Kunden D als Anlage elektronisch in den Stammdaten hinterlegt.

Am Abend synchronisiert der Außendienstmitarbeiter mit dem Server. Folgende Informationen werden übertragen:

5.5 Systemunterstütztes Vertriebscontrolling im Außendienst

- Der Außendienstmitarbeiter überspielt die Aufträge von Kunde A und B auf den Server, die für alle Innendienstmitarbeiter nach dem Synchronisationsvorgang einsichtig sind. Das System weist den Auftrag automatisch einem verantwortlichen Innendienstmitarbeiter zu, der den Auftrag als einziger bearbeiten kann.
- Der Außendienstmitarbeiter erhält die Stammdaten des Neukunden C und den Rahmenvertrag des Kunden D. Die Synchronisationsregeln für den Außendienst sind so definiert, dass der Außendienstmitarbeiter die Stammdaten auf jeden Fall auf seinen lokalen Rechner übertragen bekommt, aber bei dem Rahmenvertrag wählen kann, ob er übertragen werden soll.

Beide Vertriebsmitarbeiter erhalten mit der Synchronisationsroutine die Informationen, die sie für ihre Arbeit benötigen. Der Übertrag erfolgt vollautomatisiert über Regelwerke, um Fehler bei der Zuweisung durch die Mitarbeiter zu verhindern. Beides entspricht der Informations- und Koordinationsaufgabe des Vertriebscontrolling und hilft, die Aufgaben operativ wahrzunehmen.

Auftragserfassung

Die Auftragserfassung ist das Herzstück des Vertriebs, da es die Aufgabe der Vertriebsmitarbeiter ist, Umsätze für das Unternehmen zu generieren und den Fortbestand zu sichern.

Die Erfassung eines Auftrags erfolgt in mehreren Schritten:

- Auswahl des Kunden
- Auswahl des Bestellers
- Auswahl der Produkte
- Auswahl der Konditionen
- Auftragsbestätigung

Die Auswahl des Kunden, des Bestellers, der Produkte und die Auftragsbestätigung sind aus Controllingsicht nicht problematisch, da die verfügbaren Informationen aus dem Back-End-System nur im Front-End-System ausgewählt werden müssen. Kritisch sind die Konditionen, die für diesen Auftrag gelten.

Die Vertriebsorganisationen sind heutzutage mit komplexen Konditionen konfrontiert. In der Regel sind die Konditionen eine Kombination aus Rabatten und Lieferbedingungen, die pro Produkt und Kunde variieren. Oftmals sind die Vertriebsmitarbeiter durch die Vielzahl der Konditionen überfordert und sollten daher durch das Vertriebsinformationssystem unterstützt werden.

Die gängigen Vertriebsinformationssysteme (mySAP CRM, Siebel, Microsoft CRM etc.) ermöglichen die Eingabe von Preismodellen. Diese Preismodelle enthalten logische Verknüpfungen anhand von Regeln für die Konditionsvergabe und werden bei der Auftragseingabe durch den Vertriebsmitarbeiter aufgerufen. Die Festlegung der Preismodelle erfolgt zentral für Produkte und bezieht Kriterien von Kunden ein.

> **Beispiel**
>
> **Preismodell** Das Produkt A (B) erhält einen Standardrabatt von drei Prozent (fünf Prozent) beziehungsweise Großkundenrabatt von fünf Prozent (acht Prozent) in Abhängigkeit vom Kundentyp. Ein Außendienstmitarbeiter erfasst einen Auftrag von seinem Großkunden C für das Produkt A.
>
> Das Preismodell greift bei der Auftragseingabe, wenn der Außendienstmitarbeiter einen eigens eingerichteten Knopf „Preisberechnung" drückt. Das Vertriebsinformationssystem zieht automatisch das Preismodell, welches für dieses Produkt hinterlegt ist. Die Routine prüft in einer Sequenz das Produkt und danach den Kundentyp ab. In unserem Fall wird automatisch der Rabatt von fünf Prozent gesetzt, da es sich um Großkunden handelt.

Das Beispiel ist bewusst einfach gewählt worden, um das Grundprinzip der Preismodelle zu erläutern. In der Praxis sind die aufgesetzten Preismodelle sehr komplex, da eine Vielzahl von Produkten und Kundenmerkmalen abzuprüfen sind.

Ein Preismodell kann im Prozessablauf mit steuernden Eingriffen durch Vorgesetzte versehen werden. Ein Mitarbeiter darf beispielsweise Rabatte nur bis zu einem bestimmten Höchstbetrag vergeben. Das Preismodell kann vorsehen, dass bei der Auftragserfassung eine Freigabe durch den Vorgesetzten ab einem bestimmten Rabattbetrag erfolgen muss. Die Vertriebsleitung hat so eine zusätzliche Steuerungs- und Kontrollmöglichkeit, um erhöhte Rabatte zu vermeiden und die Deckungsbeiträge einzelner Aufträge und Produkte zu sichern. In der Praxis ist allerdings bei Einrichtung dieser Art von Steuerung stets zu prüfen, ob das möglicherweise aufkommende Freigabevolumen von den Vorgesetzten zeitlich handhabbar ist.

Vorteilhaft an den Preismodellen im Sinne des Vertriebscontrolling ist:

- Der Vertriebsmitarbeiter wird entlastet und erhält aktuelle sowie präzise Preisinformationen.
- Die Vertriebsleitung kann die Preisvergabe und Rabattierung besser steuern und dadurch Ineffizienzen durch übermäßige Rabatte entgegensteuern.

Die Restriktion durch Preismodelle kann soweit gehen, dass die Vertriebsmitarbeiter keine eigenen Preise setzen können, sondern die Preise immer durch das System vorgegeben werden. Letzteres minimiert natürlich den Spielraum des Außendienstmitarbeiters, wodurch Widerstände gegen die Preismodelle und das Vertriebsinformationssystem hervorgerufen werden können.

Besuchsplanung

Die Besuchsplanung dient der Vorbereitung der Kundenbesuche und der effizienten Ausnutzung der Personalressourcen. Die heutigen Vertriebsinformationssysteme bieten den Außendienstmitarbeiter eine mögliche Aktivitätserfassung mit vollständiger Kalenderfunktionalität.

5.5 Systemunterstütztes Vertriebscontrolling im Außendienst

Die bestmöglichen Besuchszeiten – beispielsweise montags von 12:00 bis 13:00 Uhr – können in den Kundenstammdaten hinterlegt werden, um eine Effizienzsteigerung des Vertriebs zu erreichen. Diese Funktion wird insbesondere in der Pharmaindustrie genutzt, um die Ärzte und Apotheken zu besonders günstigen Zeiten zu besuchen.

Der Außendienstmitarbeiter legt zum Zwecke der Besuchsplanung entweder einen Kalendereintrag an, der eine Aktivität erzeugt, oder umgekehrt. Der Außendienstmitarbeiter kann die Zeiten des Kalendereintrags entweder manuell mit den bestmöglichen Besuchszeiten abgleichen oder eine Funktion erledigt einen automatischen Abgleich bei Systemeintrag.

Die Besuchseffizienz wird gesteigert, wenn der Außendienst per Arbeitsanweisung verpflichtet wird, die besten Besuchszeiten im System zu pflegen, abzugleichen und mit vereinbarten Kundenterminen zu kombinieren. Die Vertriebsmitarbeiter können zudem ihre Route besser planen und optimieren.

Beispiel

Besuchsplanung Die Besuchsplanung wird in Deutschland – im Gegensatz zu den USA – regelmäßig von den Außendienstmitarbeitern selbst vorgenommen. Angenommen, ein Außendienstmitarbeiter hat vier Kundenbesuche an einem Tag geplant und ein Kunde sagt am vorhergehenden Tag den Termin kurzfristig ab. Eine Systemabfrage auf das Gebiet in Verbindung mit den besten Besuchszeiten ermöglicht dem Außendienstmitarbeiter, mit wenig Aufwand einen adäquaten Ersatz zu finden und die Lücke in der Besuchsplanung zu füllen.

Die Besuchsplanung über ein Vertriebsinformationssystem erfüllt gleich mehrere Aufgaben des Vertriebscontrolling:

- Die Vertriebsmitarbeiter können die besten Besuchszeiten in ihrem Sinne selbst pflegen und sich bei Bedarf selbst informieren.
- Die Vertriebskoordination wird verbessert, da unnötige Leerzeiten minimiert werden.
- Die Vertriebsleitung kann bei Bedarf die Kalender der untergebenen Vertriebsmitarbeiter elektronisch einsehen und steuernd eingreifen.

Zeit- und Spesenerfassung

In vielen Vertriebseinheiten erfolgt die Zeit- und Spesenerfassung noch immer auf einem ausgedruckten Formular, das der Vorgesetzte abzeichnet und an die entsprechende Abteilung im Hause weiterleitet, wo die Daten erneut erfasst werden. Dies verursacht hohe Prozesskosten und hohe Durchlaufzeiten. Zudem ist der Vertriebsmitarbeiter nicht informiert, wo seine Spesen gerade bearbeitet werden und wann diese ausgezahlt werden.

Die Prozesskosten und Durchlaufzeiten können verringert werden, wenn die Vertriebsmitarbeiter ihre Zeiten und Spesen direkt im Vertriebsinformationssystem erfassen und nach der Erfassung online zur Freigabe an den direkten Vorgesetzten weiterleiten können.

Die Weiterleitung kann beispielsweise systemseitig automatisch bei Änderung des Status von „Erfassung" auf „Abzeichnen" erfolgen.

Der Vorgesetzte kann alle noch nicht freigegebenen Zeiten und Spesen der Vertriebsmitarbeiter in einem Bildschirm einsehen und diese mit einer erneuten Statusänderung auf „Freigegeben durch Vorgesetzten" an den entsprechenden Mitarbeiter im Innendienst weiterleiten, der die Zeiten und Spesen abschließend überprüft und bearbeitet. Einmal weitergeleitete Datensätze sind durch die Vertriebsmitarbeiter nicht mehr änderbar, es sei denn, sie werden von den Vorgesetzten oder dem Innendienst zurückgewiesen und müssen überarbeitet werden.

Die Direkterfassung von Zeiten und Spesen im Vertriebsinformationssystem hat sowohl Vorteile für die Vertriebsleitung als auch für die Mitarbeiter:

- Die Vertriebsmitarbeiter können den Status der Zeiten und Spesen verfolgen, da jeder Statuswechsel für sie transparent wird. Sie sind jederzeit informiert, wann und von wem die Datensätze freigegeben oder zurückgewiesen wurden.
- Die Vertriebsleitung steigert durch die Direkterfassung die Vertriebseffizienz, da die Verwaltungskosten und die Durchlaufzeiten gesenkt werden.

Trends im Vertriebscontrolling 6

Die Trends im Vertriebscontrolling gehen klar in die Richtung des strategischen Vertriebscontrollings und der verbesserten operativen Unterstützung der Vertriebsmitarbeiter. Die meisten mittelständischen bis großen Unternehmen haben ihre Zahlen im Controlling mittlerweile gut im Griff. Die künftige Herausforderung liegt bei diesen Unternehmen eher darin, möglichst schnell auf neue Marktentwicklungen reagieren zu können und durchgeführte Maßnahmen zu kontrollieren, um daraus Potenziale für das künftige Wachstum zu heben.

Im **strategischen Vertriebscontrolling** wird es immer wichtiger, die vorausschauende Komponente zu stärken, indem Risiken frühzeitig eingeschätzt und Maßnahmen eingeleitet werden. Darüber hinaus werden die optimierte Planung und verbesserte Bewertung von Produkten, Vertriebskanälen und Kunden immer wichtiger, um die Investitionen bestmöglich in die nachhaltigen Kanäle zu leiten. In der Praxis scheint insbesondere aktuell der Trend hin zu Kundenwertigkeiten vorzuliegen, um Kunden nicht rein nach monetären, sondern auch nach qualitativen Gesichtspunkten zu bewerten.

Im **operativen Vertriebscontrolling** zeichnet sich nach einer Studie der Unternehmensberatung ec4u expert consulting ag in einem Panel bei > 200 Vertriebsentscheidern und -anwendern über mehrere Jahre der Trend ab, dass die Vertriebsförderung sowohl in den Maßnahmen als auch in der IT-Unterstützung eine immer größere Rolle spielt (vgl. Abb. 6.1).

Noch deutlicher wird der Trend zur verbesserten Vertriebsunterstützung, wenn die Anwender nach ihren Wünschen hinsichtlich fachlicher Funktionen in Vertriebsinformations- bzw. CRM-Systemen gefragt werden.

Zu einem der wichtigsten neuen Merkmale soll nach Meinung der Vertriebsverantwortlichen in den deutschen Unternehmen die mobile Nutzung der Anwendung werden. Dieser Ansicht sind im Barometer 86 % der 237 Befragten. Zwei Jahre zuvor wurden diese Anforderungen noch von deutlich weniger Befragten gefordert. Den Spitzenwert nimmt dabei eine bessere Anbindung an Smartphones, iPads und andere mobile Endgeräte ein. Ähnlich groß ist ihr Interesse an einer besseren Web-Integration. Der direkte Zugang mittels

Tab. 6.1 Kontrolle versus Verkaufsförderung (Quelle: ec4u 2011)

Haben die gegenwärtigen Vertriebsinformationssysteme eher ein kontrollierendes oder vertriebsförderndes Profil?	2008	2009	2010	2011
Kontrollierend	42 %	41 %	39 %	37 %
Vertriebsfördernd	20 %	23 %	28 %	35 %
Beides gleichwertig	38 %	36 %	33 %	28 %

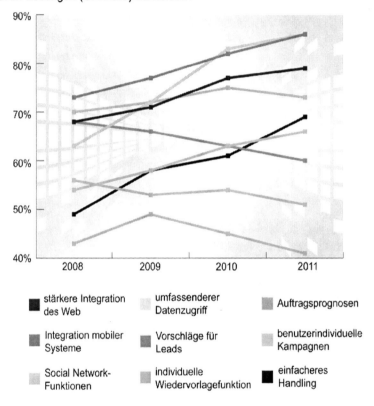

Abb. 6.1 Funktionale Merkmale von CRM (Quelle: ec4u 2011)

RSS-Feeds, iGoogle, Newsletter usw. zu vertrieblich nützlichen Informationen über Kundenunternehmen, relevante Personen und Marktverhältnisse steht für 82 % vorne auf der Wunschliste. 2008 hatten noch ein Fünftel weniger Firmen diesen Anspruch zu Protokoll gegeben.

Auch das Interesse an Social-Network-Funktionen hat sich in den letzten Jahren ähnlich dynamisch entwickelt. So erwarten inzwischen mehr als vier von fünf Befragten, dass eine Unterstützung bei der Nutzung der Business-Communities möglich ist. Dies entspricht einer Steigerung von 23 % gegenüber der Vergleichserhebung vor zwei Jahren.

Allerdings blicken die Vertriebs- und Marketingverantwortlichen nicht allein auf neue Kommunikationsfunktionen, sondern gleichzeitig verbinden sie ihre Erwartung damit, dass sie eine stärkere vertriebliche Unterstützung bekommen. Beispielsweise wünschen sich 73 % der Befragten, dass automatisch Auftragsprognosen erstellt werden, um den Vertriebsmitarbeiter operativ zu entlasten. Fast zwei Drittel erwarten zudem, dass dem Vertriebsmitarbeiter gezielte Vorschläge für Leads unterbreitet werden. Hieran stagniert das Interesse im Vergleich zu den Vorjahren jedoch etwas. Dies gilt auch für die Funktion, benutzerindividuelle Wiedervorlagen bereitzustellen. Dagegen ist ein größeres Interesse an einem umfassenderen Datenzugriff entstanden. Er wird aktuell von 66 % gefordert, 2008 verlangten ihn noch 12 % weniger.

Fallstudien 7

7.1 Erfolgsfaktor „Verkäufer"

Von Michael Sturhan (Unternehmensberater mit Kernkompetenz Vertrieb bei Prime$ales).

7.1.1 Wer denkt an den Mitarbeiter im Vertrieb?

Vielfach werden Vertriebsstrategien akademisch auf dem Reißbrett bzw. im „Elfenbeinturm" entwickelt. Besonders aber im B2B machen weiterhin Menschen die Geschäfte! Der Verkäufer, der die gewünschte Strategie beim Kunden mit Leben erfüllen soll, wird leider mit seinen ganz persönlichen Bedürfnissen viel zu gern vergessen. Aber er ist ein wesentlicher Erfolgsfaktor!

> **Beispiel**
>
> **Einführung eines CRM-Systems** Ein mittelständisches Großhandelsunternehmen hat erkannt, dass seine Verkäufer im operativen Tagesgeschäft zwar kompetent und durchaus erfolgreich arbeiten. Es haben sich aber durchaus verbreitete Gewohnheiten eingeschlichen. So werden die eingehenden Anfragen der Stammkunden zwar professionell bearbeitet, es werden aber die möglichen Potenziale gerade auch in den etwas erklärungsbedürftigeren Cross-Selling-Segmenten nur unzureichend ausgeschöpft. Die Neukundenakquise weist nur geringe Erfolge auf. Der Außendienst fühlt sich mit der Betreuung der Bestandskunden ausgelastet.
>
> Die Geschäftsführung beschließt die Einführung eines CRM-Systems, um Vertriebsprozesse transparenter und zielorientierter gestalten zu können.
>
> Der Außendienst erhält eine Schulung, wie das CRM funktioniert und welche Pflichtfelder auszufüllen sind.
>
> Schnell wird Kritik laut: „Wann sollen wir das denn noch machen?" und „Dann brauchen wir bitte einen zweiten Home-Office-Tag in der Woche!".

Nach 12 Monaten wird klar, dass die mit CRM verbundenen Ziele bei weitem nicht erreicht wurden. Das Projekt ist gescheitert!

Das Beispiel zeigt, wie wichtig es ist, bei so wichtigen vertriebsstrategischen Fragen die Mitarbeiter frühzeitig einzubinden! Denn gerade im Vertrieb kann nur ein motivierter Mitarbeiter die erwünschten Ergebnisse bringen!

7.1.2 Zur Motivation von Verkäufern

Kann ein Vertriebsleiter seine Mitarbeiter eigentlich motivieren? Das ist eine interessante und durchaus diskussionswürdige Frage! Auf jeden Fall aber kann er seine Verkäufer demotivieren! Wir sollten von unseren Mitarbeitern im Vertrieb erwarten können, dass sie eine hohe Eigenmotivation zum Verkaufen mitbringen. Allerdings muss die Führungskraft sehr sorgfältig darauf achten, dass sie (oder andere unternehmensspezifische Umstände) diese Eigenmotivation des Mitarbeiters nicht zerstören. Und das kommt leider in der Praxis viel zu häufig vor, ohne dass sich die Vorgesetzten darüber im Klaren sind!

Motivierte Verkäufer ...

- übernehmen Verantwortung,
- identifizieren sich stark mit dem Unternehmen,
- haben Spaß an ihrer Arbeit, sind „Lustleister",
- bringen sich mit Ideen ein.

Gut geführte Verkäufer ...

- kennen Ziele und Strategie des Unternehmens,
- haben klare eigene Ziele und kennen ihre Aufgaben,
- erhalten regelmäßiges Feedback und Anerkennung,
- sind gut informiert,
- können aktiv mitgestalten,
- haben teil an den Ergebnissen.

7.1.3 Strategisches Verkaufen

Verkäufer sind in der Praxis im Tagesgeschäft sehr häufig reaktiv tätig. Sie reagieren nur auf eingehende Anfragen und Aufträge. Selbst bei der aktiven Ansprache von Kunden arbeitet man sich an gewohnten Prozessen ab. Die Tage sind gut gefüllt, aber leider Prioritäten unzureichend gesetzt.

Bei der hohen Abhängigkeit von eingehenden Kundenkontakten dominiert der Zufall. Viele Verkäufer wissen de facto kaum, was sie am kommenden Tag erwartet. Das betrifft nicht nur den Innen-, sondern auch den Außendienst.

Abb. 7.1 Die 4 Phasen sowohl bei unternehmerischer Tätigkeit als auch beim Strategischen Verkaufen

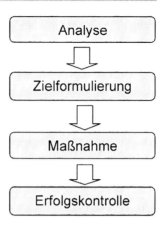

Ein schönes Bild für „Strategisches Verkaufen" ist „Zufälle vermeiden!".

Der Verkäufer ist erst dann der vielbeschworene „Manager seines Bezirks", wenn es ihm auch im Tagesgeschäft gelingt, immer wieder diese vier Phasen zu durchlaufen (vgl. Abb. 7.1).

Letztlich heißt Vertriebscontrolling auch immer, genau diese Phasen zu durchlaufen!

7.1.4 Die Barrieren im Kopf des Verkäufers

Warum aber tun sich Mitarbeiter mit Strategischem Verkaufen so schwer? Weshalb empfinden sie Vertriebscontrolling mehr als Kontrolle denn als strategisches Instrument? Warum werden oft CRM-Systeme mehr als Last und weniger als Nutzen gesehen?

Zur Beantwortung können verschiedenste Erklärungsansätze herangezogen werden, vier davon sollen hier kurz angerissen werden.

1. Die Angst vor Veränderungen. Sicherheit ist ein biologisch verankertes Grundbedürfnis. Das empfundene Leid oder der zu erwartende Lustgewinn muss groß genug sein, um Menschen zu Veränderungen bewegen zu können!
2. Der bisherige Erfolg. Ich war doch als Verkäufer bisher erfolgreich! Meine Kunden schätzen mich so, wie ich arbeite! Never change a winning team!
3. Die Freiheiten des Verkäufers. Wahrscheinlich entscheiden sich auch deshalb viele Menschen für die Arbeit gerade im Außendienst, weil sie dort ihren Tagesablauf in hohem Maße selbst bestimmen dürfen. Und weil sie es schätzen, dass nicht jemand anders exakt weiß, was man gerade im Detail tut.
4. Der Faktor Kommunikation. Mitarbeiter wollen informiert sein und weitestgehend mitgestalten dürfen. Top-Down durchgeführte Maßnahmen scheitern deshalb oft, besonders bei Tätigkeiten wie im Verkauf, wo es auf Eigenengagement und Kreativität der Mitarbeiter ankommt!

7.1.5 Wie die Barrieren im Kopf des Verkäufers überwinden?

Das Zauberwort heißt immer wieder „Kommunikation"!

Aber leider stellen wir auch in mittelständischen Unternehmen fest, dass selbst bei wenigen Hierarchiestufen und überschaubaren Mitarbeiterzahlen im Vertrieb das Sender-Empfänger-Problem immer wieder auftritt.

Sprechen Sie ganz viel mit Ihren Mitarbeitern, informieren Sie über Ihre Ziele, kommunizieren Sie Ihre Erwartungen an den einzelnen Verkäufer! Fragen Sie aber auch nach seinen persönlichen Bedürfnissen! Beziehen Sie Ihre Mitarbeiter so früh und so weitgehend wie möglich in Entscheidungsprozesse ein!

Fragen Sie ab, wie Ihre Mitarbeiter die strategische Ausrichtung des Unternehmens begreifen! Sie brauchen eine klare erkennbare Fahne, hinter der Ihre Mannschaft marschieren kann!

Brechen Sie Unternehmensziele auf Verkaufsgruppen und letztlich auf den einzelnen Verkäufer herunter, dies aber unbedingt in echten Zielvereinbarungen. Das Wort „Vereinbarung" heißt, dass hier ein Agreement auf Augenhöhe stattfinden sollte. Ein Verkäufer, der nicht hinter seiner Zielvorgabe steht, wird niemals die gleichen Ergebnisse bringen wie der, der sich selbst voller Überzeugung dazu bekennt!

Erarbeiten Sie mit Ihren Mitarbeitern den Nutzen, den sowohl das Unternehmen, aber auch der Mitarbeiter selbst aus der angestrebten Veränderung generieren kann. Der Nutzen aus der Veränderung sollte höher sein als das Risiko, diese Veränderung nicht durchzuführen!

Sie mögen diese Empfehlungen als banal empfinden. Die Praxis zeigt leider immer wieder, wie schwer die Umsetzung dieser vermeintlichen Banalitäten fällt!

7.2 Verkaufsgebietsgestaltung anhand des „OPC Hotspot-Konzepts"

Von Dr. Eric Ringhut (OPC – Organisations & Projekt Consulting GmbH)

7.2.1 Einführung

Zahlreiche Unternehmen aus unterschiedlichsten Branchen stehen vor der Herausforderung, eine Vielzahl an Kunden an verschiedenen Standorten effektiv und effizient zu bedienen. In einem Umfeld mit zunehmendem Wettbewerb und spezialisierten, individuellen oder heterogenen Kundenbedürfnissen tritt dabei die proaktive Kundenansprache immer mehr in den Vordergrund. Erfolgreiche Unternehmen warten nicht, bis der Kunde zu ihnen kommt, sie identifizieren Kundenpotenziale von sich aus und fokussieren Vertriebstätigkeiten auf Erfolg versprechende Verkaufsprojekte, um so den Unternehmenserfolg und -wert zu steigern.

7.2 Verkaufsgebietsgestaltung anhand des „OPC Hotspot-Konzepts"

Eine solche Vorgehensweise erfordert jedoch einen effektiven wie auch effizienten Einsatz der Vertriebsressourcen, um die richtige Balance zwischen Aufwand und Ertrag einer proaktiven Kundenbetreuung zu erhalten. Im Hinblick auf das Verkaufsgebietsmanagement ist diese Herausforderung besonders dann akut, wenn

1. das Unternehmen eine hohe Zahl an Kunden zu bedienen hat,
2. diese geografisch über große Gebiete verstreut sind und
3. der Verkaufsprozess und/oder das Customer Relationship Management maßgeblich durch Kundenbesuche getrieben wird.

Letzteres ist in der Regel dann der Fall, wenn das Unternehmen beratungsintensive Produkte wie beispielsweise Spezialchemikalien oder Industriemaschinen vertreibt. Dabei stellt sich die grundsätzliche Frage: Wie gestaltet man seine Verkaufsgebiete, damit der Vertrieb machbare Besuchspläne aufstellen kann, die den Kundenbedürfnissen Rechnung tragen, einen effizienten Ressourceneinsatz erlauben und gut gemanagt werden können?

Die Beantwortung dieser Frage erfordert eine systematische Vorgehensweise in der Entwurfsphase von Verkaufsgebieten. Im Folgenden wird die Systematik des OPC Hotspot-Konzepts wie auch seine Anwendung anhand eines praktischen Beispiels näher beschrieben.[1] In diesem Beispiel wird auf ein Vertriebsprojekt der Unternehmensberatung OPC Bezug genommen, das im Jahr 2005 in den USA durchgeführt wurde.

7.2.2 Ausgangslage und Problembeschreibung an einem Beispiel

Als mittelständischer Hersteller von Oberflächenmessgeräten mit ca. 100 Mitarbeitern und 50 Mrd. € Umsatz stand das betrachtete Unternehmen in den USA mit zahlreichen Nachfragergruppen in Verbindung. Zu diesen zählen maßgeblich Hersteller von Farben und Lacken, Kunststoffen sowie die Verarbeiter dieser Produkte. Zu Letzteren gehören insbesondere die Automobilindustrie mitsamt ihren Zulieferern, Baumärkte und Hardware-Stores, Klein- und Großmärkte für Farben (Paint Stores), Einzelhandelsketten sowie Verpackungs- und Kosmetikunternehmen.

Die Anwendungsfälle und Einsatzgebiete sind jeweils unterschiedlich und bedürfen daher differenzierter Lösungen. Hinzu kommt, dass die Beratungsintensität ebenfalls systematisch von Kundengruppe zu Kundengruppe abweicht. Das liegt zum einen daran, dass die Anforderungen der Automobilindustrie beispielsweise völlig anders sind als die der Baumarktketten, dass Messumfang und -genauigkeit in Laboranwendungen höher sind als in der Kunststoffverarbeitung und dass Zentraleinkäufe großer Anwendergruppen in der Regel umfangreiche Prüfungen vornehmen, bevor sie an ihre Mitglieder Produktempfeh-

---

[1] Das „OPC Hotspot-Konzept" ist ein Planungs-, Steuerungs- und Koordinationsinstrument für Vertriebstätigkeiten. Im vorliegenden Beitrag wird lediglich auf den Teil eingegangen, der sich mit der Gestaltung von Verlaufsgebieten näher beschäftigt. Weiteres siehe unter Ringhut (2006).

lungen aussprechen, während kleine Einzelnachfrager solche Prüfungen nicht durchführen.

Der Vertrieb steht daher mit Kunden auf unterschiedlichsten Ebenen in Verbindung – von der Führungsetage großer Konzerne bis zum Mitarbeiter einer Farbabteilung in einem Baumarkt.

Während Herstellung und Vertrieb von Oberflächenmessgeräten zu den Kernkompetenzen des Unternehmens zählen, werden zusätzlich noch ca. 2500 Artikel vertreten, die das Unternehmen selbst extern fertigen lässt oder aus dem Großhandel bezieht. Solche Artikel reichen vom einfachen Farbbecher bis zu Viskositätsmessgeräten.

Das Unternehmen setzte im Vertrieb sowohl auf einen eigenen Außendienst und zahlreiche Distributoren als auch auf eine Telemarketing-Abteilung und ein Print- und Online-Kataloggeschäft. Der Außendienst war mit acht Mitarbeitern besetzt, die über die USA verteilt waren. Die Verkaufsgebiete waren strikt nach US-Bundesstaaten aufgeteilt und historisch immer wieder verändert worden. Grenzziehungen orientierten sich dabei zum Teil an Ressourcenengpässen, indem unbesetzte Gebiete aufgeteilt und an Nachbargebiete angesetzt wurden.

Die ERP-Software verwaltete in ihrer Kundendatenbank ca. 44.000 Kundenstämme. Ungefähr die Hälfte davon war in den letzten sechs Jahren seit Beginn des Projektes aktiv in dem Sinne, dass es einen Kontakt mit ihnen gegeben hatte – nicht notwendigerweise einen Kauf. Kunden waren nach ABC-Kategorien klassifiziert, wobei die Klassifizierungsregel folgendermaßen lautete:

- A-Kunden sind Kunden, die mindestens einen Jahresumsatz in Höhe von 30.000 US$ realisieren oder das Potenzial zu einem solchen haben,
- B-Kunden ... von 5000 US$ ...,
- C-Kunden ..., die einen Jahresumsatz von weniger als 5000 US$ realisieren und auch kein Potenzial für einen höheren Umsatz aufweisen.

Zusätzlich zu den üblichen Kundenkontaktinformationen wie beispielsweise Adresse standen zahlreiche weitere Informationen zur Verfügung wie Unternehmenstyp (Lackhersteller, Kunststoffverarbeiter etc.) und Produktapplikation des Kunden (Karosseriebau etc.).

Zu Beginn des Jahres 2005 sah sich das Unternehmen der folgenden Situation ausgesetzt: Das Verkaufsgebiet mit den meisten A-Kunden und dem höchsten angenommenen Umsatzpotenzial wurde von einer Vertretung bearbeitet, die nicht die erwarteten Ergebnisse erzielte. Der Umsatz schrumpfte, die Konkurrenz machte Boden gut, sodass der Vertrag mit der Vertretung gekündigt wurde. Nun stand das Unternehmen vor der Frage, wer das Gebiet in Zukunft bedienen sollte. Zudem zeigte das Unternehmen ebenfalls Unzufriedenheit mit der Leistung und der Umsatzentwicklung seiner Vertretung in Kanada. Daher wurde OPC beauftragt, ein Gesamtkonzept zur Vertriebssteuerung für Nordamerika zu entwickeln und die aktuelle Verkaufsgebietsabgrenzung zu hinterfragen.

Am Anfang einer solch umfassenden Aufgabe stand zunächst eine gründliche Bestandsaufnahme. Dazu gehören sowohl umfangreiche Analysen von elektronischen Daten (wie beispielsweise Umsatzentwicklungen je Kundenart und Verkaufsgebiet sowie die Zusammenstellung aller gelebten – nicht dokumentierten – vertriebsrelevanten Prozesse), der Organisation, des Zielsystems und insbesondere der Probleme.

Dabei wurde deutlich, dass

- die Kundenklassifizierung inkonsistent war,
- Umsatzpotenziale weder bekannt waren noch jemals systematisch erfasst wurden,
- relevante Informationen in der Kunden- und Kontaktdatenbank unvollständig gepflegt und teilweise veraltet waren,
- Außendienstmitarbeiter ihre Kundenbesuchsziele nicht erfüllten,
- die Koordination zwischen Außendienst und Telemarketing unbefriedigend verlief,
- das Telemarketing kaum Verkäufe direkt am Telefon realisierte, in ihren Kernaufgaben weit hinter dem Plan lag und stattdessen als Backoffice des Außendiensts auf Zuruf operierte,
- die EDV-Unterstützung zum Management der Prozesse unzureichend war,
- proaktive Kundenansprache nur unzureichend umgesetzt wurde.

Das Unternehmen nutzte daher offensichtlich seine Umsatzpotenziale nicht vollständig aus. Die Überwindung der genannten Probleme bedurfte zahlreicher Reorganisationsmaßnahmen und Schulungen. Eine wesentliche Veränderung war die Neugestaltung der Verkaufsgebiete und die zugehörige Umverteilung von Kundenverantwortlichkeiten nach Kundenklassifikation und Status im Verkaufsprozess. Die Gestaltung der Verkaufsgebiete erfolgte im Rahmen des „OPC Hotspot-Konzepts".

7.2.3 Hotspots und Verkaufsgebietsabgrenzung

Bei der geografischen Abgrenzung von Verkaufsgebieten kommt es im Wesentlichen auf folgende Kriterien an:

- Anzahl der erforderlichen Kundenbesuche
- geografische Größe des Gebiets
- Umsatz und Entwicklungspotenzial des Verkaufsgebiets

Die Zahl der erforderlichen Kundenbesuche gibt Aufschluss darüber, ob dies mit den eingeplanten Ressourcen – hier jeweils ein Vertriebsmitarbeiter pro Gebiet – zu bewältigen ist. Selbstverständlich kann dies nicht losgelöst von der geografischen Ausdehnung des Gebiets gesehen werden, da in einer bestimmten Zeit 100 Besuche in einer einzigen Stadt einfacher zu realisieren sind als 100 verteilt über fünf US-Bundesstaaten. Anzahl der erwarteten Besuche, geografische Verteilung der Kundenstandorte und Größe des Gebiets bestimmen damit die Komplexität der Planung für einen Außendienstmitarbeiter sowie die Machbarkeit seines Besuchsplans. Die Umsatzhöhe und das Entwicklungspotenzial haben dagegen Einfluss auf die Motivation der Mitarbeiter, sofern ihre Leistung an diesen Größen gemessen wird.

Die Berechnung der erforderlichen Kundenbesuche für die USA und Kanada erfolgte auf Basis einer überarbeiteten Kunden- und Produktklassifizierung. Zunächst wurden Produkte in erklärungsbedürftige und nichterklärungsbedürftige unterteilt. Anschließend untersuchte man die anstehenden Neuprodukteinführungen aus der Eigenentwicklung mit signifikantem Umsatzpotenzial nach ihren Anwendungsgebieten. Dabei wurde deutlich, dass die Lackverarbeiter in der Automobilindustrie einen zukünftigen Schwerpunkt bilden würden und besondere Aufmerksamkeit auf diese Kundengruppe gelegt werden sollte. Zeitgleich wurden von der Vertriebsleitung in Zusammenarbeit mit dem Außendienst sämtliche A- und B-Kunden in Nordamerika auf ihr Umsatzpotenzial für die kommenden zwei Jahre bewertet. Dabei wurde nicht nur der erwartete Gesamtumsatz erfasst, sondern auch die Absätze in den einzelnen Produktgruppen. Zusätzlich wurde die Kundendatenbank um obsolete Einträge und inaktive Accounts bereinigt sowie ein Location-Identifier eingeführt, der es erlaubt, mehrere Accounts desselben Kunden am gleichen Standort zu einer Location zusammenzufassen. In Bezug auf Kundenbesuche werden schließlich nicht Accounts besucht, sondern Personen an Kundenstandorten. Auf Basis dieser neuen Datenlage wurden sämtliche Kundenstandorte entsprechend den oben genannten Umsatzgrenzen neu klassifiziert. Dabei wurden zusätzlich sämtliche Standorte von Automobilkunden mindestens als B eingestuft. Daraus ergab sich eine Zahl von ca. 110 A-Kunden, 900 B-Kunden und 7000 C-Kunden.

Darauf aufbauend erwartete das Unternehmen, dass seine A-Kunden mindestens viermal im Jahr, B-Kunden zweimal (mandatory visits) und C-Kunden nur nach Bedarf besucht werden sollen (opportunity-driven visits). In der Realität wird sicher im Einzelfall von dieser Regel abgewichen, jedoch wurde diese Zielvorgabe von allen Seiten als vernünftige und realistische Größe akzeptiert. Die Regel diente damit der Berechnung einer Gesamtzahl an erwarteten Kundenbesuchen in einem Jahr und ersetzte keineswegs die individuelle, kundenspezifische Besuchsplanung und Koordination mit der Vertriebsleitung.

Somit konnte das Unternehmen von 2240 erforderlichen Besuchen bei seinen A- und B-Kunden im Jahr ausgehen. C-Kunden sollten nur im Bedarfsfall besucht werden und auch nur dann, wenn es sich um den Verkauf eines erklärungsbedürftigen Produkts handelt. Selbstverständlich wurde die Historie dieser Verkäufe analysiert. Ihre Bedeutung für die Verkaufsgebietsgestaltung ist im Einzelnen jedoch nur von untergeordneter Bedeutung. Bei einer durchschnittlichen Lebensdauer der Geräte von ca. zwölf Jahren schwankt das jährliche Muster von verkauften Einheiten je Region stark. Das Besuchsvolumen lag jedoch relativ stabil bei ca. 800 bis 900 Besuchen. Aus diesem Grund wurden „opportunity-driven visits" nicht explizit beim Design der Verkaufsgebiete berücksichtigt, sondern durch einen Puffer zwischen erwarteter und maximaler Besuchsanzahl abgedeckt.

Mithilfe der Geomapping-Software MapPoint von Microsoft wurden sämtliche A-und B-Standorte in Nordamerika visualisiert. Dabei wurde die geografische Verteilung deut-

7.2 Verkaufsgebietsgestaltung anhand des „OPC Hotspot-Konzepts"

lich sowie Schwerpunktregionen sichtbar. Diese Art der Darstellung und die Anzeigemöglichkeiten von MapPoint bildeten die wesentliche Grundlage zur Abgrenzung von Verkaufsgebieten. Nahe liegend ist eine Orientierung entlang der Grenzen von Bundesstaaten; zwingend ist dies jedoch nicht. Was passiert mit urbanen Regionen, die in mehr als zwei Bundesstaaten fallen, wie beispielsweise St. Louis oder Memphis? Das Ziehen von Grenzlinien zwischen Verkaufsgebieten ist sicherlich immer einer gewissen Willkür ausgesetzt. Eine Orientierung anhand „natürlicher Grenzen" ist sicherlich ratsam, da es eine allgemeinverständliche, leicht kommunizierbare Lösung darstellt. Wenn jedoch Gebiete eine gewisse Größe erreichen, ab der die Reisezeit einen wesentlichen Teil der verfügbaren Zeit konsumiert, muss die geografische Ausdehnung gemeinsam mit der Kundendichte in Regionen berücksichtigt werden. Warum? Weil beide Einflussfaktoren die maximal mögliche Besuchsanzahl je Gebiet bestimmen und genau die muss mit der erwarteten Anzahl an Besuchen im Gebiet abgestimmt werden. Durch unterschiedliche Grenzziehung wird also nicht nur die erwartete Besuchsanzahl dadurch verändert, dass Kundenstandorte eben in andere Gebiete fallen, sondern eben auch die maximal mögliche, da die Ausdehnung wesentlichen Einfluss auf Reisezeiten hat.

Um diese Erkenntnis elegant und einfach bei der Abgrenzung von Verkaufsgebieten berücksichtigen zu können, wurden für Nordamerika Hotspots definiert. Ein Hotspot stellt allgemein ein Gebiet mit einem bestimmten Radius dar, in dem mindestens eine vorgegebene Anzahl an Kundenstandorten angesiedelt sein muss. Im vorliegenden Beispiel wurde ein Radius von 50 Meilen gewählt, und es mussten mindestens fünf A- oder B-Kundenstandorte enthalten sein. Die Festlegung dieser Parameter ist von den jeweiligen Gegebenheiten abhängig und kann keinesfalls allgemeingültig beantwortet werden. Die Motivation für die hier gewählten Größen bestand darin, dass 50 Meilen Radius einem Außendienstmitarbeiter erlauben sollten, morgens am einen Ende des Hotspots einen Kundenbesuch wahrzunehmen und am selben Tag am gegenüberliegenden Ende einen weiteren Besuch am späten Nachmittag zu erledigen. Die Mindestanforderung, fünf A- oder B-Kundenstandorte zu beherbergen, ergab sich aus der Überlegung, dass damit an jedem Arbeitstag einer Woche ein wichtiger Kunde besucht werden kann. Die Abb. 7.2 zeigt beispielhaft einen Hotspot um die Stadt Atlanta. Die großen schwarzen Punkte mit weißem Innenkreis markieren die A-Kundenstandorte, die kleinen schwarzen Punkte die Standorte von B-Kunden.

Es wird deutlich, dass die Durchquerung des gesamten Hotspots wohl eher die Ausnahme als die Regel sein dürfte. Selbst innerhalb eines 50-Meilen-Radius konzentrieren sich die Standorte innerhalb weniger Quadratmeilen.

Wendet man diese Vorgehensweise auf Nordamerika an, so ergibt sich ein Bild, das die Konzentration von Kundenstandorten verdeutlicht (vgl. Abb. 7.3). Dabei ist auffällig, dass zwischen der Westküste und der Verbindungslinie zwischen den Staaten Minnesota und Texas kaum A- oder B-Kunden angesiedelt sind. Aus diesem Grund konnte die Region für die Abgrenzung von Verkaufsgebieten, die von Außendienstmitarbeitern bearbeitet werden, ausgeklammert werden. Stattdessen wurde die Verantwortung für diese Region dem Telemarketing zugeschrieben.

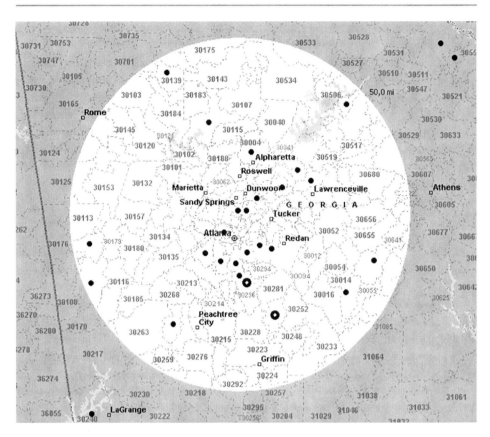

Abb. 7.2 Hotspot Atlanta

Für den Entwurf von Verkaufsgebieten wurden folgende Annahmen getroffen:

- Außendienstmitarbeiter orientieren sich bei ihrer Besuchsplanung an ihren Hotspots.
- Am Tag der Anreise zu einem Hotspot kann ein Mitarbeiter zwei Kundenbesuche machen.
- An Tagen, an denen er nicht anreist, sind vier Besuche möglich.
- An einem Tag wird nie mehr als maximal ein A-Kunde besucht, da solche Besuche wegen der hohen Anzahl an Gesprächspartnern oft zeitintensiv sein können und das Risiko des Verschiebens von späteren Terminen bei A-Kunden ausgeschlossen werden soll.
- Reist der Mitarbeiter außerhalb eines Hotspots, kann er zwei Besuche pro Tag realisieren, da der Reiseaufwand höher ist.
- Freitage sind Bürotage, an denen der Mitarbeiter administrative Aufgaben erledigt und/oder nach Hause reist.

7.2 Verkaufsgebietsgestaltung anhand des „OPC Hotspot-Konzepts"

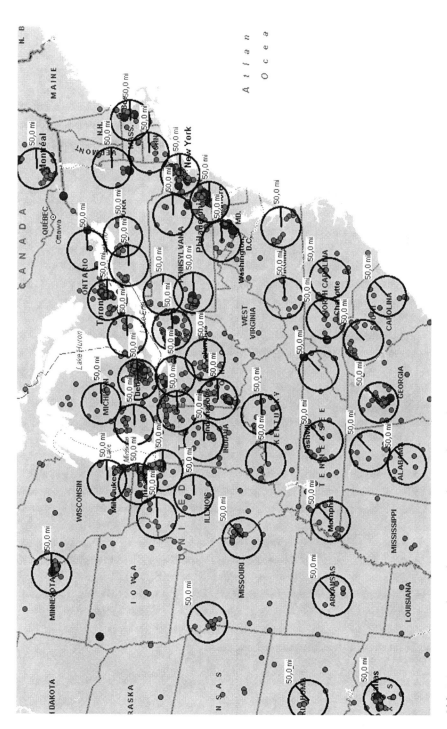

Abb. 7.3 Hotspots und Verteilung von A- und B-Kundenstandorten

- Mitarbeiter reisen an 43 Wochen im Jahr. Der Rest steht für Urlaub, Schulungen und Vertriebstreffen zur Verfügung

Diese Annahmen ermöglichen die Berechnung von maximal möglichen Kundenbesuchen pro Jahr in Abhängigkeit der Anzahl an Hotspots sowie der A- und B-Kunden innerhalb und außerhalb von Hotspots. Die Rechnung in der untenstehenden Box verdeutlicht dies beispielhaft. Es sollte darauf geachtet werden, dass grundsätzlich ein Puffer zwischen maximaler und zu erwartender Besuchszahl besteht. In den seltensten Fällen dürfte es einem Mitarbeiter gelingen, eine gesamte Woche lückenlos mit Besuchen für A- und B-Kunden zu füllen. Termine werden kurzfristig verschoben oder storniert, C-Kunden in der Region benötigen Hilfe, die eine Mitarbeiterpräsenz voraussetzt etc.

> **Beispiel**
>
> **Berechnung der maximalen Kundenbesuche je Hotspot** Angenommen, ein Hotspot hätte sechs A- und 35 B-Kundenstandorte. In einer Woche sind maximal 14 Besuche möglich. Um sechs A-Kunden einmal zu besuchen, sind zwei Besuchswochen notwendig, da nur ein Besuch pro Tag für A-Kunden vorgesehen ist. Um jeden A-Kunden viermal im Jahr zu sehen, sind daher acht Besuchswochen erforderlich, in denen an maximal 32 Tagen Kundentermine vereinbart werden können. Benötigt werden jedoch nur 24, sodass acht Tage übrig bleiben. Für die 35 B-Kunden sind insgesamt 70 Besuche zu vereinbaren. Alle 70 Besuche lassen sich rechnerisch an den 24 Tagen, an denen A-Kunden besucht werden, realisieren. Damit reichen im Jahr acht Besuchswochen aus, um sämtliche A- und B-Kunden in dem Hotspot zu besuchen. Dabei sind maximal $8 \times 14 = 112$ Besuche möglich, wobei $24 + 70 = 94$ für „mandatory visits" gebraucht werden und somit 18 als Reserve übrig bleiben.

Auf Basis dieser Annahmen und der Hotspots konnten alternative Gebietsabgrenzungen schnell und umfassend hinsichtlich ihrer Machbarkeit von Besuchsterminen evaluiert werden. Die Tab. 7.1 zeigt Kennzahlen für die entwickelten Verkaufsgebiete. Für die acht erstellten Verkaufsgebiete zeigt sie in der zweiten Spalte die geografische Größe anhand des Umfangs. Dabei wird der Umfang als Index ausgewiesen, wobei alle Größen auf den Umfang des Gebiets 5 normiert sind. Somit ist beispielsweise Gebiet 1 genau zweimal so groß wie Gebiet 5. Spalte 3 zeigt die Gesamtzahl an A- und B-Kundenstandorten im jeweiligen Verkaufsgebiet, während Spalte 4 den Deckungsgrad anhand der Anzahl an A- und B-Standorten, die innerhalb von Hotspots liegen, auflistet. Je höher der Deckungsgrad, desto konzentrierter sind die Kundenstandorte in einem Gebiet. Die Spalten 5 und 6 listen die maximal möglichen Besuche sowie die erwarteten „mandatory visits".

Die Tabelle macht folgende Zusammenhänge deutlich:

- Geografisch große Gebiete haben tendenziell niedrigere, maximal mögliche Kundenbesuche und niedrigere Deckungsgrade.

Tab. 7.1 Gebietskennzahlen

Gebiet	U	#	DG	MaxV	MV
1	2,0	105	73 %	520	343
2	1,2	123	89 %	594	410
3	3,1	97	74 %	506	280
4	2,7	101	87 %	596	305
5	1,0	167	96 %	582	553
6	1,1	124	97 %	594	413
7	2,3	100	82 %	570	309
8	1,2	111	89 %	580	302

mit: U = Umfang (Gebiet 5 = 1); # = Anzahl A, B Kundenstandorte; DG = Deckungsgrad; MaxV = Maximale Jahresbesuche; MV = Mandatory Visits

- Kleinere Gebiete haben mehr Kundenstandorte als größere, da dort durch höhere Konzentration mehr Besuche in gleicher Zeit erreichbar sind.
- Größere Gebiete weisen tendenziell eine größere Differenz zwischen maximal möglichen und erforderlichen Besuchen auf. Dies ist deswegen nötig, weil in großen Gebieten die Wahrscheinlichkeit geringer ist, dass durch Terminverschiebungen oder -stornierungen entstandene Lücken durch Neutermine in der Nachbarschaft geschlossen werden können.

Abschließend sei erwähnt, dass die Kennzahlen in Tab. 7.1 typischerweise kein ausgewogenes Bild über alle Gebiete ergeben können – Gebiet 5 hat beispielsweise einen sehr hohen Deckungsgrad sowie die höchste Anzahl an Kundenstandorten mit dem niedrigsten Planungsfreiraum (nur 29 Termine). Daran wird deutlich, dass man bei der Verkaufsgebietsabgrenzung keineswegs mechanisch vorgehen kann. Nicht alle Gebiete grenzen aneinander, sodass Umschichtungen möglich wären, die Anzahl an Hotspots führt zu sprungfixen Veränderungen in den Kennzahlen, und zudem kommt es auf die absolute Anzahl an Standorten je Hotspot an.

7.3 Vertriebscontrolling auf der digitalen Landkarte

Von Nicole Lahr, GfK GeoMarketing GmbH

7.3.1 Vertriebsabteilungen als Vorreiter in Sachen „Location Intelligence"

Eine wesentliche Aufgabe des Controllings ist die Bereitstellung von Unternehmenskennziffern in den unterschiedlichsten Aggregationsstufen. Dies gilt für Arbeitsbereiche oder

Produktlinien, genauso aber auch für die räumliche Verteilung der betrieblichen Leistungserstellung. Die meisten Informationen können einem Kundenstandort, einer Geschäftsstelle oder einer Gebietseinheit (z. B. einer Postleitzahl) eindeutig zugeordnet werden – sie haben also eine geografische Referenz. Daher liegt es auf der Hand, zentrale Kennziffern wie Absatzmenge, Absatzpotenzial oder auch die Entwicklung des Marktes wie beispielsweise die Wettbewerbsaktivitäten über eine geografische Datenbank auf einer digitalen Landkarte zu „verorten".

Die Verortung von Informationen erlaubt es, diese nach beliebigen räumlichen Kriterien zu selektieren bzw. zu „aggregieren": beispielsweise für einen Ortsteil, einen bestimmten Fahrtzeitradius, ein Außendienstgebiet oder auch ein ganzes Land. Erst durch die geografische Zurechenbarkeit von Unternehmenskennziffern ist es möglich, den Effekt lokaler Werbeaktionen, die Performance einzelner Vertriebsgebiete oder auch die Auswirkung eines veränderten Wettbewerbsfeldes richtig zu bewerten und so angemessen steuernd einzugreifen.

Die Vertriebs- und Controllingstellen vieler Unternehmen waren daher auch die ersten, die schon Mitte der 1990er Jahre in großer Breite die digitale Landkarte als Analyse- und Planungsgrundlage für sich entdeckt haben. Mit der stetig steigenden Leistungsfähigkeit der Büro-IT sind auch die Einsatzbereiche für das so genannte Geomarketing umfassender, komplexer und detaillierter geworden. Wesentliche Aufgabe der digitalen Landkarte bleibt bis heute die Planung und Kontrolle von Außendienst- bzw. Vertriebsgebieten.

7.3.2 Methodisches Vorgehen bei der Gebietsplanung

Beim Vorgang der Gebietsplanung werden kleine Gebietseinheiten, in aller Regel einzelne Postleitzahlen, systematisch zu Gebieten aggregiert. Numerische Daten, die auf PLZ-Basis hinterlegt sind, können pro Gebiet aufsummiert werden (vgl. Abb. 7.4). Das wiederum erlaubt es, Gebiete zielgerichtet nach bestimmten numerischen Kriterien auszulegen. So kann beispielsweise die maximale Einwohner- oder Kundenzahl für ein Außendienstgebiet begrenzt werden.

Planungsbasis: die Postleitzahl
Der zentrale Vorteil des Vertriebscontrollings auf der digitalen Landkarte besteht in der Möglichkeit, unternehmensrelevante Informationen unterschiedlichster Art miteinander zu verknüpfen. In der Praxis kommt dabei fast immer der Postleitzahl die Funktion des „gemeinsamen Nenners" zu. Denn nicht nur Unternehmensdaten wie Kundeninformationen und Absatzmengen sind einer Postleitzahl normalerweise leicht und eindeutig zuordenbar. Auch viele externe Steuerungskennziffern sind auf Postleitzahlenebene verfügbar: Neben demographischen Basisinformationen wie den Einwohner- oder Haushaltszahlen können – je nach Branche – alle nur denkbaren unternehmensrelevanten Marktdaten je PLZ zugeordnet werden, seien es Kaufkraftvolumen, Absatzpotenziale für einzelne Warengruppen, Wettbewerberdichte, die wettbewerbsrelevante Verkaufsfläche usw. Die Postleitzahl

7.3 Vertriebscontrolling auf der digitalen Landkarte

Abb. 7.4 Veranschaulichung der Aggregation von Gebietsdaten. In der Abbildung wurden Postleitzahlen zu zwei Gebieten zusammengefasst. Die pro PLZ vorliegenden Daten (hier: Kundenzahl) werden automatisch aufsummiert und können beispielsweise in Relation zum Kundenpotenzial des jeweiligen Gebietes bewertet werden. (Karte erstellt mit RegioGraph)

hat sich aufgrund einer ganzen Reihe von weiteren Eigenschaften als elementare Analyse- und Planungseinheit bewährt:

- Postleitzahlen sind eindeutig und flächendeckend: Ein PLZ-Gebiet bildet sich aus der Einfassung aller Briefkästen mit derselben Postleitzahl. Daher lässt sich für jeden Punkt eines Landes ermitteln, welcher PLZ er angehört.

- Postleitzahlen bilden ein heterogen feinmaschiges Netz und spiegeln damit die wirtschaftlichen Ballungsräume eines Landes wider: In dicht besiedelten Regionen sind die einzelnen PLZ-Gebiete viel kleiner als beispielsweise in unbewohnten Gegenden.
- Postleitzahlen sind der Topografie angepasst: Das heißt, ihre Grenzen verlaufen in aller Regel entlang von realen Objekten wie Straßen, Flüssen oder Ortsteilen.

So gut wie niemals reicht ein PLZ-Gebiet über unüberwindbare Barrieren hinweg, beispielsweise über Flussabschnitte ohne Überquerung.

- Postleitzahlen sind in fast allen Ländern der Erde verfügbar, ein Planungssystem kann – beispielsweise im Zuge einer Expansion – in jedes Land adaptiert werden.
- Postleitzahlbezogene Informationen können intern wie extern besonders leicht kommuniziert werden. So können beispielsweise Außendienstmitarbeiter oder Handelsvertreter mit PLZ-Listen versehen werden, die „ihren" Zuständigkeitsbereich festlegen. Kunden können bei Kassenbefragungen nach ihrer PLZ befragt oder Lieferzonen nach Postleitzahlen dargestellt werden usw.

Kurz: Postleitzahlen bilden in jeder Hinsicht sinnvolle geografische Einheiten, die gleichzeitig einfach handhabbar und detailliert genug sind für den täglichen Praxiseinsatz in den Controlling-, Vertriebs- und Marketingstellen von Unternehmen.

Planungsinstrument: Gebietsplanungs-Software

Bei der Planung und Steuerung einer optimalen Gebietsstruktur kommen die Vorteile der EDV voll zum Zuge, handelt es sich doch – zumindest auf der strategischen Ebene – um ein sehr komplexes, aber rein rechnerisch lösbares Optimierungsproblem. Die klassische Aufgabenstellung für einen Vertrieb lautet beispielsweise:

Wie teile ich die über 8200 deutschen PLZ-Gebiete unter den X Geschäftsstellen/Außendienstmitarbeitern so auf, dass die Arbeitslast, die Kundenzahl, die Verkaufs- und Akquisechancen sowie der Reise- und Fahrtaufwand optimal verteilt sind?

Nach solchen Vorgaben berechnen spezielle Gebietsplanungs-Softwares eine flächendeckende Aufteilung aller Postleitzahlen. Jeder numerisch fassbare Parameter kann in diese Berechnung mit einbezogen werden, genauso wie geografische Restriktionen wie Erreichbarkeit, Standortentfernung, Gebietsgröße etc.

Eine per Computer entworfene Gebietsstruktur ist – anders als eine Wandkarte – flexibel und kann regelmäßig mit aktuellen Unternehmenszahlen hinterlegt werden. Veränderungen und Abweichungen einzelner Regionen werden dadurch sofort erkannt. Gegebenenfalls erforderliche Gebietsanpassungen können dann am Computer vorgenommen, die Konsequenzen simuliert und Änderungen ggf. auch sehr zügig vorgenommen werden. Das macht die digitale Landkarte zu einem machtvollen und inzwischen weithin etablierten Controlling-Instrument (vgl. Abb. 7.5).

7.3 Vertriebscontrolling auf der digitalen Landkarte

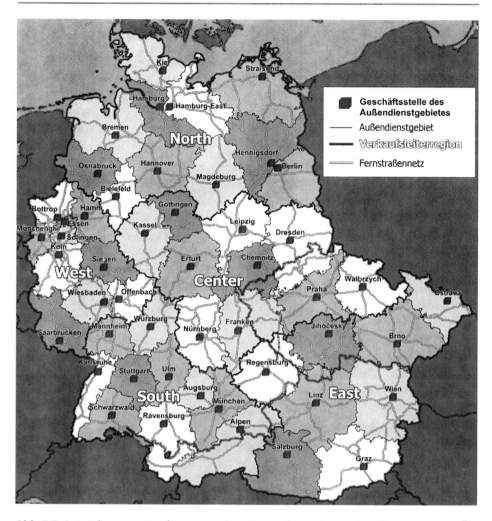

Abb. 7.5 Beispiel einer zweistufigen, grenzüberschreitenden Gebietsstruktur für Deutschland, Österreich und Tschechien. Im gezeigten Beispiel war das primäre Planungsziel eine erreichbarkeitsoptimierte, nach Arbeitslast gewichtete Zuordnung von Postleitzahlen zu den Geschäftsstellen. Die Außendienstgebiete sind ihrerseits fünf Verkaufsleiterregionen zugeordnet. Landesgrenzen waren als Planungskriterium von nachrangiger Bedeutung. (Karte erstellt mit RegioGraph)

Das Prinzip der Aggregation von Gebietseinheiten kann auch auf mehrstufige Gebietsstrukturen ausgedehnt werden; sprich: Postleitzahlen werden zu Außendienstgebieten aggregiert, die wiederum zu Verkaufsleiterregionen aggregiert werden. Diese können dann Bezirksdirektionen zugeordnet werden usw. (vgl. Abb. 7.4).

7.3.3 Fallbeispiel: Gebietsplanung bei Atlas Copco

Atlas Copco ist ein international führender Anbieter für Industrie-Lösungen. Die Leistungspalette umfasst Ausrüstungen rund um die Bereitstellung von Druckluft, Generatoren, Bau- und Bergbauausrüstung sowie Industriewerkzeuge und Montagesysteme. Im Bereich Industrie- und Montagewerkzeuge bündelt die *Atlas Copco Tools Central Europe GmbH* hierbei die Vertriebsaktivitäten für Deutschland, Österreich, Schweiz, Niederlande und Belgien. Aufgrund des internationalen Aktionsradius beschränkt sich die Gebietsplanung daher nicht auf Landesgrenzen, sondern ist immer auch ein europäisches Projekt, bei dem es gilt, die Verantwortlichkeiten länderübergreifend zu integrieren.

Seit Ende 2000 verwendet das Unternehmen die Gebietsplanungs-Software RegioGraph, um Vertriebs- und Gebietsstrukturen kontinuierlich zu überprüfen und zu optimieren. Der geografische Bezug kann für die meisten Unternehmensdaten (Kundenanfragen, Absatzmengen etc.) über die Postleitzahl hergestellt werden. So ist Atlas Copco in der Lage, wichtige Basisdaten auf regional kleinsten Einheiten auszuwerten. Diese Daten bilden die Grundlage für weitere Überlegungen und werden in RegioGraph importiert.

Diese Abbildung der Nachfrage ist jedoch nur ein Faktor, den es zu beachten gilt. Für das Unternehmen ist der ständige Kontakt zum Kunden erfolgsentscheidend. Bei der Auslegung von Vertriebsgebieten spielen deshalb sowohl die Standorte der Verkaufs- und Servicemitarbeiter als auch die Autobahnen- und Straßennetze eine wesentliche Rolle. Entfernungs- und Fahrtzeitberechnungen für die Geschäftsstellenstandorte bilden daher eine weitere wichtige Grundlage. So ist es möglich, jeweils die räumlich sinnvollste Zuordnung zwischen Mitarbeitern und Kunden zu finden und zu visualisieren. Weitere Bausteine, die eine Gebietsstruktur beeinflussen, sind natürliche Barrieren (in Form von Gebirgszügen insbesondere in der Schweiz und in Österreich) und die regionale Kundenabdeckung durch Fachhändler.

Atlas Copco aggregiert Postleitzahlen zu Vertriebsgebieten, die wiederum teils länderübergreifenden Vertriebsregionen zugeordnet werden. Die resultierende hierarchische Gebietsstruktur kann jederzeit durch das Verschieben von Grenzen angepasst werden, wobei das im Hintergrund liegende Datenmaterial automatisch neu berechnet wird. So sind auch unterjährige Änderungen innerhalb von Minuten umsetzbar. Diese Flexibilität erlaubt es dem Unternehmen, die Gebietsstruktur auf das dynamische Marktgeschehen anzupassen: Sind in einer Region überdurchschnittlich viele betreuungsintensive Kunden hinzu gekommen, wird das Gebiet verkleinert (beispielsweise zugunsten angrenzender Vertriebsgebiete mit geringerer Auslastung). Ebenso können kurz- und mittelfristige Änderungen der Vertriebsstruktur aufgrund eines Wettbewerbsumfeldes oder Marktpotenzials erforderlich werden. Im Ergebnis bedeutet dies, dass bei einem minimierten Kosten- und Reiseaufwand der Vertrieb immer gleichmäßig ausgelastet und somit optimal im Einsatz ist.

Das Analysieren und Planen auf einer digitalen Landkarte erhöht ganz wesentlich die Transparenz und verbessert die Kommunikation: So können im Erfahrungsaustausch mit den Vertriebsmitarbeitern vor Ort auch Ideen für zukünftige Änderungen umgesetzt und deren Konsequenzen simuliert werden. In den späteren Planungsgesprächen können diese Dateien schnell miteinander abgeglichen werden, was die Diskussion bezüglich neuer Strukturen erheblich vereinfacht und beschleunigt.

„Als Fazit ist festzuhalten, dass RegioGraph unseren Planungsprozess spürbar vereinfacht hat", berichtet Mark Ebbinghaus, Business Intelligence Manager bei Atlas Copco Tools. „Durch die ebenfalls gestiegene Transparenz wurde letztlich ein deutlicher Produktivitätszuwachs erzielt."

7.4 Optimierung des Vertriebscontrollings am Beispiel eines Unternehmens im Telekommunikationsumfeld

Von Siegfried Schallenmüller und Hans Martin Czermin, Siemens Enterprise Communications GmbH & Co. KG

7.4.1 Einleitung

Der Markt für Unternehmenskommunikation ist seit Jahren geprägt durch eine kontinuierliche Konsolidierung der Hersteller und ein sich stets wandelndes Wettbewerbsumfeld. Besonders der technologische Umbruch, der durch die Einführung von Internet-basierenden Protokollen und Standards eingeläutet wurde, hat den Markt und die Marktteilnehmer nachhaltig verändert. Die etablierten Hersteller wie Siemens Enterprise Communications Group müssen sich auf offene IT-basierende Standards und neue Wettbewerber aus dem IT-Umfeld einstellen. Die Hardware-basierenden Systeme werden zunehmend von Software-basierenden Lösungen abgelöst, die sich in die unternehmensweiten IT-Plattformen integrieren. Der Wechsel von Hard- zu Software, von geschlossenen zu offenen integrierten Lösungen, erfordert von den traditionellen Marktplayern ein Umdenken in ihren Go-to-Market-Ansätzen, Vertriebsstrategien und Vertriebssteuerung.

Ein wesentliches Merkmal dieses Transformationsprozesses ist die Notwendigkeit, eine deutlich höhere Komplexität im internen/externen Partnermanagement und langfristige Akquistions- und Deliveryzyklen zu managen.

In dieser Fallstudie konzentrieren wir uns darauf, wie Optimierungen im Vertriebscontrolling und in der Vertriebssteuerung diesen Wandel aktiv mitgestalten.

7.4.2 Ausgangssituation

Die Siemens Enterprise Communications Group (SEN) befindet sich genau in dem oben skizzierten Transformationsprozess. Daher ist es erforderlich, die Werkzeuge und Methoden zum Vertriebscontrolling und zur Vertriebssteuerung auf die neuen Anforderungen zu adaptieren und zu optimieren. Bisher basierten viele der bei der SEN Group im Vertriebscontrolling genutzten Key-Performance-Indikatoren (KPI) auf quantitativen

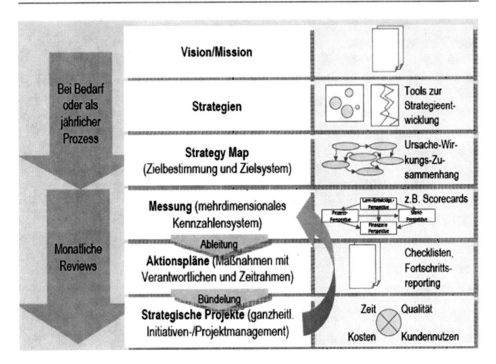

Abb. 7.6 Integrierter Planungsprozess (Quelle: Pfläging 2003)

vergangenheitsorientierten Werten wie Umsatz, Stückzahlen oder Margen pro Vertriebsmitarbeiter.

Durch ein optimiertes Vertriebscontrolling, das den aktuellen Stand der strategischen und operativen Methoden integriert, wurde eine neue Dimension der Unterstützung der Unternehmensführung durch Information, Steuerung und Kontrolle konzipiert und eingeführt. Um diese neue Art des Vertriebscontrollings aufzusetzen, musste dieses in den gesamtheitlichen Planungsprozess integriert werden.

Abbildung 7.6 verdeutlicht die enge Integration von Unternehmensvision und Strategie mit einem umfassenden Zielsystem, aus dem sich Kennzahlensysteme, Aktionspläne und strategische Projekte ableiten.

Hier sind die im Einleitungsteil formulierten Rahmenparameter der speziellen Veränderungen im Markt für Unternehmenskommunikation zu integrieren. Um eine angemessene Erfüllung der in der „Strategy Map" formulierten Ziele zu erreichen, bedarf es einer konkreten Planung und Kontrolle. Nachdem die Zielbestimmung hauptsächlich Teil des strategischen Vertriebscontrollings ist, erfolgt die Umsetzung im operativen Vertriebscontrolling.

Die Umsetzung der oben genannten Optimierungen des Vertriebscontrollings wurde durch die Definition einer neuen, erweiterten Balanced Scorecard eingeleitet.

Zusätzlich wurde die operative Umsetzung und Datengewinnung für den Controllingprozess durch die globale Einführung eines neuen standardisierten CRM-Systems begleitet, das vergangenheitsorientierte Kennzahlensysteme um zukunfts-orientierte Elemente ergänzt.

Besonders in einem sich dynamisch verändernden Markt- und Wettbewerbumfeld können jetzt frühzeitig Ableitungen über die erfolgreiche Erreichung des definierten Zielsystems getroffen und gegebenenfalls Maßnahmen definiert oder Veränderungen in der Strategy Map initiiert werden.

7.4.3 Optimierte operative Vertriebssteuerung durch Einführung einer Balanced Scorecard mit erweiterten KPI-Elementen

Die umfangreichen Änderungen im Vertriebscontrolling der SEN Group sind vielfältig. Daher haben wir uns entschieden, ausgewählte KPIs und Methoden – besonders aus dem Bereich des extern gerichteten Vertriebscontrollings und der durch das eingeführte CRM-System zur Verfügung stehenden zukunftsorientierten Werte – eingehend vorzustellen.

Neben dem bereits verwendeten quantitativen Vertriebskennzahlensystem basierend auf

- KPIs aus Finanzzahlen wie Umsatz, Deckungsbeitrag, Kosten, Business Mix pro Mitarbeiter, Bereich oder Produkt,
- Leistungskennzahlen wie Marktanteil, Wachstumsraten, Bekanntheitsgrad oder Reaktionszeiten pro Mitarbeiter, Bereich oder Produkt,
- Kundenkennzahlen wie Kundenzufriedenheit, Share of Wallet, Kundensegmenten, Empfehlungsraten oder Auftragsgrößen,
- Vertriebskennzahlen wie Neukundenanteil, Hit Rate, Auftragskosten, Besuchsfrequenz oder Besuchsberichten,
- Mitarbeiterkennzahlen wie Kompetenzlevel, Qualifizierungsstunden oder Fluktuation

fließen in die neu entwickelte Balanced Scorecard außerdem Informationen aus zusätzlichen Analysen ein, die auch qualitative und zukunftsorientierte Aussagen zulassen.

7.4.4 Potenzialanalysen

Potenzialanalysen sind wichtige Instrumente, um Informationen über Kunden und Strukturen zu gewinnen, die in neuen Go-to-Market-Modellen für bestimmte Produkte und Kundensegmente resultieren.

Abbildung 7.7 zeigt eine häufig anzutreffende Struktur von Kunden- und Volumenrelation. Häufig sind 15 bis 30 % der Kunden für 70 bis 90 % des Umsatzes oder der Profitabilität verantwortlich. Dies kann man auch auf Produktgruppen oder Dienstleistungseinhei-

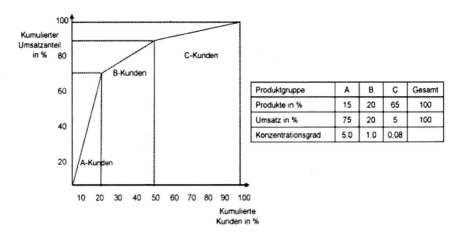

Abb. 7.7 ABC-Analyse

ten anwenden und kommt so zu ähnlichen Ergebnissen. Das hat zur Folge, dass man die Vertriebskapazitäten auf die werthaltigeren Kundensegmente konzentriert und für B- und C-Kunden alternative Vertriebswege und Konzepte entwickelt. Besonders in einem sich konsolidierenden und gesättigten Markt wie in der Unternehmenskommunikation haben diese werthaltigen Segmente einen hohen Stellenwert.

7.4.5 Benchmarking

Internes und externes Benchmarking von Produkt, Dienstleistungssegmenten und Bereichen hilft, Best-of-Class-Methoden zu identifizieren und einzuführen.

Der Markt für Unternehmenskommunikation, der momentan durch die technologischen Veränderungen neue Wettbewerbssituationen generiert, ist hierfür ein hervorragendes Umfeld.

Neue Wettbewerber aus dem IT-Umfeld haben komplett andere Strukturen und Modelle, die den traditionellen Unternehmen bisher meistens unbekannt waren oder in dem ehemals geschlossenen Markt für Unternehmenskommunikation nicht benötigt wurden. Die neuen Marktteilnehmer haben jedoch genau aufgrund dieser Strukturen Wettbewerbsvorteile im Vertrieb, Go to Market und in der Produktentwicklung.

Diese Strukturen können im Rahmen eines externen Benchmarking identifiziert und teilweise übertragen werden.

Benchmarking ist aber auch im internen Umfeld eine effektive Methode, um im Unternehmen nach regionalen Aspekten oder im bereichsübergreifenden Vergleich Best-in-Class-Ansätze und Verfahrensweisen zu identifizieren (vgl. Abb. 7.8).

7.4 Optimiertes Vertriebscontrolling im Telekommunikationsumfeld

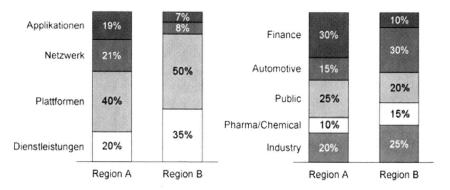

Abb. 7.8 Benchmark zwischen Regionen mit unterschiedlicher Branchenstruktur

Ein Beispiel hierfür (s. o.) ist ein systematischer Vergleich des Portfolio-Mixes über den Zeitverlauf, der in verschiedenen Regionen bei gleichen Kundentypen abgesetzt wird. Aus dieser Analyse lassen sich nachhaltige Schlüsse über Vertriebssteuerung ziehen.

Wichtige Erklärungsgrößen können dabei neben Skill der Vertriebsmannschaft unterschiedliche Konkurrenzsituationen oder Branchenstrukturen je Vertriebsregion sein.

Die oben beschriebene operative Portfoliostrukturanalyse betrachtet in jedem Berichtszeitraum die tatsächliche Verteilung der Umsätze nach strategischen Portfolioelementen und stellt so sicher, dass neben der reinen totalen Zielerreichung auch der Entwicklung der einzelnen Portfolioelemente Rechnung getragen wird.

Damit wird frühzeitig erkannt, wenn beispielsweise in einer Region die Zielerfüllung im Absatz von Applikationen deutlich hinter der Zielerfüllung von traditionellen Systemen zurückfällt.

Obwohl die Region aus einer totalen Zielerfüllungsperspektive bei 100 % liegen kann, ist dennoch ein mittelfristiger Handlungsbedarf gegeben, um der Gesamtunternehmensstrategie zu folgen.

7.4.6 Pipelineanalysen

Um die Transformation und das Erreichen des Zielsystems vorherzusagen und entsprechende Maßnahmen aufzusetzen, ist ein Pipelinetool unerlässlich. Besonders bei der Einführung von neuen Produkten und Portfolioelementen kann man die zukünftige Entwicklung auf Basis von Opportunitäten, die eine detaillierte Betrachtung von

- Volumengröße wie Auftragseingang, Umsatz, Profitabilität,
- eingesetzten Produktgruppen und Portfolioelementen,
- Gewinn-/Verlust-Wahrscheinlichkeiten und Phase des Salescycles,
- Kundensegmenten, die neue Produkte und Portfolioelemente annehmen (Early Adopters),

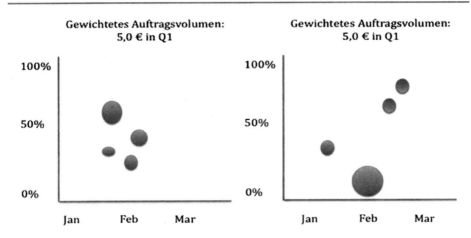

Abb. 7.9 Pipelinestruktur Auftragsvolumen je Portfolioelement

- Opportunitätsverteilung der neuen Produkte und Portfolioelemente nach Vertriebsmitarbeitern,
- Veränderungen in der Struktur der Opportunität

nach oben aufgeführten Kennzahlen zulassen, generieren.

Dies ermöglicht eine Einführung eines Frühindikatorsystems, das zuverlässige Aussagen zu den erwarteten Entwicklungen des Gesamtunternehmens gibt. Neben den oben beschriebenen Möglichkeiten eines Pipelinemanagements verfügt ein modernes CRM-System über Account Planning, Kontaktmanagement, Kampagnenmanagement und Marketingtools, die miteinander vernetzt werden können. Zusätzlich ist ein Up- und Cross-Selling auf Basis der eingetragenen Opportunitäten automatisiert möglich.

Bei der Interpretation von Kenngrößen wie z. B. einem gewichteten Auftragsvolumen ist besondere Vorsicht geboten. Häufig vermitteln vermeintlich hohe Werte ein falsches Bild der Geschäftssituation.

Die nachstehende Grafik (Abb. 7.9) zeigt den Interpretationsspielraum der Aussage, die in einer Geschäftsdurchsprache am 20. Dezember eines Jahres aus der Pipeline abgeleitet wird: „In Q1 gehen wir von einem gewichteten Auftragsvolumen von fünf Millionen Euro aus."

Während im linken Teil der Grafik mehrere Projekte in einem Auftragswahrscheinlichkeitsbereich zwischen 30 und 60 % liegen, wird im rechten Teil der Grafik deutlich, dass der Wert in massiver Weise von einem Großprojekt abhängig ist. Die Umsetzung der Projektlisten in diese einfache grafische Repräsentation erleichtert es, auf einen Blick die Risiken einzuschätzen, und hilft, den Verlauf von Projekten einfacher zu verfolgen.

7.4 Optimiertes Vertriebscontrolling im Telekommunikationsumfeld

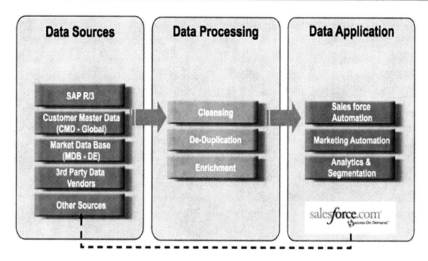

Abb. 7.10 Datenstruktur und Integrationsanforderungen eines CRM-Systems

7.4.7 IT Enabled Sales Controlling

Die oben beschriebene, auf Kennzahlen basierende Vertriebssteuerung setzt eine aussagefähige Datenbasis voraus. Der Einsatz von Salesforce.com ging daher mit erheblichen Anstrengungen einher, die Rohdaten aus den operativen Systemen automatisiert zu extrahieren und mit Zusatzinformationen anzureichern.

Besonderes Gewicht wurde hier auf eine durchgängige Systematik in der Bewertung der Auftragswahrscheinlichkeiten gelegt.

Die Abb. 7.10 zeigt den Prozess der Datenversorgung und Aufbereitung für die Vertriebssteuerung in salesforce.com.

7.4.8 Transformations- und Changeprozess

Mit der globalen Einführung eines webbasierten Vertriebsinformationssystems wurden einerseits erhebliche Verbesserungen in der Transparenz der geschäftlichen Realität geschaffen, andererseits mussten zahlreiche Change-Management-Maßnahmen ergriffen werden.

Eine wesentliche Barriere waren zu Beginn die unterschiedlichen existierenden Systeme in den verschiedenen Landesgesellschaften, die in den letzten Jahren teilweise sehr rudimentär, teilweise sehr speziell gewachsen waren.

Die wesentlichen Ansatzpunkte für das Top-Management zur schnellen Umsetzung der regionalen und globalen Vertriebssteuerung waren:

- die absolute Fokussierung des Berichtswesens auf die neue standardisierte Berichtssystematik und die ausschließliche Verwendung der erweiterten Analysen in allen Geschäftsdurchsprachen,
- eine nachhaltige Kommunikation vom Top-Management über alle Vertriebsebenen, die Qualität in der Dateneingabe sicherzustellen,
- die Regel, nur Projekte zu akzeptieren, die korrekt in salesforce.com erfasst und überwacht wurden,
- die Einbindung der Prozesskette vom Vertrieb bis zum Bid- und Projektmanagement,
- eine verbindliche Vorgabe der Begrifflichkeiten und Interpretation von Messgrößen und KPIs,
- Kontinuierliche Förderung eines Change-Prozesses und Umdenkens, wobei neben operationaler Vertriebseffizienz analytische Kompetenz einen hohen Stellenwert hat.

7.4.9 Ergebnisse/Zusammenfassung

Die Einführung einer Balanced Scorecard mit neuen Kennzahlen und KPIs im operativen Vertriebscontrolling plus die Verzahnung des ganzheitlichen Planungsprozesses mit dem operativen und strategischen Vertriebscontrolling ermöglicht es der Siemens Enterprise Communications Group, den Wandel im Markt für Unternehmenskommunikation aktiv mitzugestalten. Besonders die neue Dimension der Transparenz für die zukunftsorientierte Entwicklung auf Basis eines Pipelinemanagements unterstützt den nötigen Wandel im Go To Market und in der Portfolioausrichtung. Ein verlässliches Cockpit in Form einer Balanced Scorecard unterstützt die Unternehmensführung in der Betrachtung der Ist-Situation und besonders auch in einer Prognose für die zukünftige Entwicklung. Damit kann eine Rückkoppelung zu der Zielbestimmung und des Zielsystems realisiert werden, die bei möglichen Abweichungen davon eine schnelle und zuverlässige Maßnahmengenerierung ermöglicht. Damit kann man kurzfristig in einem von Veränderungen und Konsolidierung geprägten Marktumfeld reagieren und Wettbewerbsvorteile erzielen.

Literatur- und Quellenverzeichnis

Ackerschott, H.: Strategische Vertriebssteuerung. Wiesbaden (2001)

Acquisa: Vertriebsmethoden im Überblick. Freiburg 07/2002

Adam, D.: Planung und Entscheidung. Wiesbaden (1996)

Ahlert, D.: Distributionspolitik: Das Management des Absatzkanals. Stuttgart (2005)

Backhaus, K.: Industriegütermarketing. München (2003)

Backhaus, K., Erichson, B., Plinke, W., Weiber, R.: Multivariate Analysemethoden. Berlin (2006)

Becker, J.: Strategisches Vertriebscontrolling. München (2001)

Bleymüller, J.: Statistik für Wirtschaftswissenschaftler. München (2004)

Coenenberg, A.: Kostenrechnung und Kostenanalyse. Landsberg am Lech (2003)

ec4u expert consulting ag: Studie Vertriebscontrolling. Karlsruhe (2010)

Eisenfeld, B.: Evaluating Field Sales Projects With a Balanced Scorecard. Gartner Group, USA, (2000)

Hoffmann, M., Mertiens, M.: Customer-Lifetime-Value-Management. Wiesbaden (2000)

Horváth, P.: Controlling. München (2006)

Internationaler Controller Verein e.V.: Kundenorientiertes Vertriebscontrolling. www.controllerverein.com

Kaplan, R.S., Norton, D.P.: Balanced Scorecard – Strategien erfolgreich umsetzen. Stuttgart (1997)

Klenger, F.: Operatives Controlling. München (2000)

Kilger, W.: Flexible Plankostenrechnung und Deckungsbeitragsrechnung. Wiesbaden (2002)

Link, J.: Customer Relationship Management. Berlin (2001)

Meffert, H.: Marketing: Grundlagen marktorientierter Unternehmensführung. Wiesbaden (2000)

Miller, R.B., Heiman, S.E.: Strategisches Verkaufen. Landsberg (1997)

Pilger, J.: Segmentierungs- und Klassifikationsmethoden der Statistik und des Data Mining. Einsatzmöglichkeiten und Früherkennungspotenziale im Vertriebscontrolling eines Direktvertriebs. Hamburg (2008)

Pfläging, N.: Better Budgeting. Ohne feste Budgets zielorientierter führen und erfolgreich steuern. Freiburg (2003)

Plinke, W.: Grundlagen des Business-to-Business-Marketing. In: Kleinaltenkamp, M., Plinke, W. (Hrsg.): Technischer Vertrieb: Grundlagen. Berlin et al. (1995)

Porter, M.E.: Wettbewerbsstrategie (Competitive Strategy). Frankfurt a. M. (1999)

Preitler, P.: Instrumente des Vertriebscontrollings. Saarbrücken (2010)

Pufahl, M., Laux, D., Gruhler, J.: Vertriebsstrategien für den Mittelstand. Wiesbaden (2006)

Price Waterhouse Coopers: Erfolgsfaktor Vertriebscontrolling. http://www.pwc.de/de_DE/de/energiewirtschaft/assets/vertriebscontrolling_studie_pwc.pdf (2011). Zugegriffen: 12.02.2012

Rapp, R., Schindler, C.: Customer Relationship Management. Frankfurt a. M. (2005)

Ringhut, E.: Das „Hotspot-Konzept" zur Planung, Steuerung und Koordination von Vertriebstätigkeiten. Düsseldorf (2006)

Stahl, H.W.: Controlling: Theorie und Praxis einer effizienten Systemgestaltung. Wiesbaden (1992)

Stokburger, G., Pufahl, M.: Kosten senken mit CRM. Wiesbaden (2002)

Weber, J., Schäffer, U.: Balanced Scorecard & Controlling. Wiesbaden (2000)

Wessling, H.: Aktive Kundenbeziehungen mit CRM. Wiesbaden (2001)

Der Autor

Nach der Ausbildung zum Industriekaufmann und anschließender Tätigkeit im Marketing in der Großchemie absolvierte Mario A. Pufahl ein Studium der Betriebswirtschaft an der Universität Münster mit den Schwerpunkten Marketing und Internationales Marktmanagement.

Mehrjährige praktische Erfahrung sammelte er bei Großunternehmen bei der Planung und Durchführung von Marketing- und Vertriebsprojekten als Berater bei Cap Gemini Ernst & Young sowie als Manager in der Pharmaindustrie mit Schwerpunkt Vertriebscontrolling & CRM.

In seiner heutigen Funktion als Managementberater bei Horváth & Partners ist er angesehener Experte und Trusted Advisor für die Bereiche Marketing und Vertrieb sowie dem damit verbundenem Berichtswesen für das Management von mittelständischen und großen Unternehmen in Europa.

Mario A. Pufahl ist darüber hinaus Autor der bei Gabler erschienenen Fachbücher „Kosten senken mit CRM" und „Vertriebsstrategien für den Mittelstand" sowie Mitherausgeber des Buches „Innovatives Vertriebsmanagement". Zudem hat er zahlreiche Fachbeiträge und Studien zu seinen Schwerpunktthemen verfasst.

Seit dem Jahr 2006 unterrichtet er an der International School of Management (ISM) das Fach CRM in mehreren Master-Studiengängen. Darüber hinaus ist er Dozent an der Steinbeis SMI für Vertriebscontrolling. Mario A. Pufahl doziert auch in zahlreichen Vorträgen zu seinen Schwerpunkten Vertriebscontrolling und Vertriebssteuerung.

Kontakt zum Autor können Sie unter folgender Internetadresse aufnehmen: www.vertriebscontrolling.net

Hier finden Sie auch weitere Informationen zum Vertriebscontrolling.